本书由山东省一流学科山东师范大学文学院中国语言文学学科
建设经费资助

朱本轩语文教育论稿

朱本轩 著

中华书局

图书在版编目（CIP）数据

朱本轩语文教育论稿/朱本轩著. —北京：中华书局，2019.12
ISBN 978-7-101-14300-3

Ⅰ.朱… Ⅱ.朱… Ⅲ.语文教学–教学研究–文集
Ⅳ.H19–53

中国版本图书馆 CIP 数据核字（2019）第 276881 号

书　　名	朱本轩语文教育论稿
著　　者	朱本轩
责任编辑	俞国林　白爱虎
出版发行	中华书局
	（北京市丰台区太平桥西里 38 号　100073）
	http://www.zhbc.com.cn
	E-mail:zhbc@zhbc.com.cn
印　　刷	北京市白帆印务有限公司
版　　次	2019 年 12 月北京第 1 版
	2019 年 12 月北京第 1 次印刷
规　　格	开本/920×1250 毫米　1/32
	印张 11¼　插页 2　字数 250 千字
国际书号	ISBN 978-7-101-14300-3
定　　价	78.00 元

目 录

下编　语文教育文选

序　言

曹明海

　　新时期起始语文教育的研究,是在高扬人文精神和科学精神的新文化氛围中开展的。语文教育观念的更新、教学内容的更新、教学方法的更新,打破了过去的封闭性教学模式,在阔大开放的天地中显现了语文教育改革与发展的生机活力。如朱本轩老师致力于语文教学系统论、语文教学大纲、语文教材研制与设计、语文阅读与写作教学等一系列课题的研究,打破过去语文教育的旧有秩序,探寻并建构语文教育的新结构和新思路。从 20 世纪90 年代初期以来,语文教育的变革和发展、更新与创造,每一个行程都无不昭示着广大语文研究专家学者和教学一线语文教师的教学创新实践。尽管应试文化的喧嚣干扰着教学心灵的净化,语文课改出现困惑甚至不知所措的教学状态,但不少语文教育专家学者、教学一线语文老师仍然痴心探求着"教学的真义",执着于语文科研与教学的实践探索。他们拓开了语文理论、教学大纲、教材编制、阅读与写作课改的研究新境域,也表现出对语文教学真义的更热切的思考和追问。这不仅体现在他们已经完成的语文教育探索的显性成果中,还表现在他们的教学探索逐渐促成了一支科研队伍,这就是富有生气活力的语文教育专家学者和语文教师,他们超越过去的教学与科研视界,着眼于语文教育探索和语文课改中的颠覆与重建,在语文教育理论建构与语文课改实践探索的更高层次上获得了对改革与创新的重新认识,从而为语文课程与教学带来了勃勃生机。

　　长期以来,一直致力于语文课程与教学论研究的朱本轩老师,就是语文教育研究这个队伍中一位执着探索而富有教学科研个性特色的专家。他是教学科研的领路人,也是我同甘共苦的同事。当年还年轻的时候,我们一起去西安、成都、重庆、武汉、上海等地考察听课,他既有语文教学实践的丰富经验,又有语文教育研究的理论底蕴和实践视野,是我们山东师大中文系语文学科的"顶梁柱"之一。特别是朱老师学问好人也好,为人真诚、清正、温和,他那种智者的厚道风度和对教学科研的认真扎实而精于授业解惑的态度和精神,一直使我倍加敬重。他最近编写完成的语文教育论著《朱本轩语文教育论稿》一书,读来令人感到特别亲切,有意味,有启迪,有厚重感,蕴含着他对语文教育独到的思考和见解,显然是来自他多年来对语文教育的潜心研究和教学一线的实践感悟;是教学科研过程中深切的自我体验和研究积累;是教学科研实践中生成的理论和经验智慧,有着引人思考和透视语文教育研究深层的思想启示性,颇有语文教研实用性价值。当我满怀着兴致读着朱老师这部书稿的时候,我倾听到了语文教学系统论的那种唤醒思考的声音,感悟到了语文教材研制与设计的智慧。这部书昭示出了作文教学的真义所在,从总体上揭示了语文学科特定的本体内涵。无疑,这对在继承教学传统的基础上重建语文教育新秩序有切实的意义。

　　作为一种理论和实践相结合的探索,朱本轩老师的这部《语文教育论稿》,旨在从多层面、多视角探讨语文教育活动。它立足于语文教育的理论阐释,探讨语文课改实践的实用性规律,揭示

语文理念与教学智慧共存共生的血肉关系,透析语文教育本体的
意义生成观与教学实践的语用原理,开启语文教学系统智慧和主
体情感智慧。在这里,我们以此为基点对朱老师这部论著的理论
建构和实践探索解读透视。

**一、探究语文教学系统论思想与整体性教学智慧,重在阐释
教学系统构成的整体特征和构成要素**

（一）语文教学系统论的构成与发展

对于语文教学系统论的构成与发展,朱老师在书中开宗明义,
首先就明确指出,语文教学系统论是系统科学与语文教学论的交叉
与渗透,是二者重新改组、高度综合的结果。朱老师把语文教学看
作是一个整体系统,运用系统科学的理论和方法来研究语文教学系
统运作的内部规律,探讨语文教学系统的整体构成及方法论原理,
即对语文教学进行系统论分析与解释。系统论既是一种科学,也
是一种研究方法。世界上的一切事物,大至海洋,小至分子,都是
一个有机整体,都是一个系统,一个按照一定的方式联系起来的
统一体,它们无不是由许多复杂的要素组成的。任何一门学科作
为理论化和具体化的知识,也都无不是一个由各种复杂的要素构
成的系统体系。要进行学科研究,就必须具有系统论的思想和方
法。只有运用系统论方法才能更好地揭示这个学科构成的内在
奥秘,把握这个学科构成的内在规律。毋庸置疑,用系统论来研
究语文教学,也必将更全面、更深刻地认识语文教学内部构成诸
要素的联系,揭示语文教学的本质与规律,从而加快由"应试教
育"向"素质教育"的转轨,实现语文教学的科学化和现代化。

其次,朱老师着重论述说明,语文教学系统论的构成是语文

学科教学研究与发展的必然。一方面,它是系统论和语文教学论相互渗透的产物;另一方面,它又是系统科学理论在语文学科教学领域的应用和落实。具体来说,语文教学系统论研究,是以语文教学系统为对象,探讨语文教学系统的本质与特征、结构与功能、原则与方法等基本原理和规律的。需要指出的是,"教学系统"与"教学系统论"并不是相同的概念,我们应当对这两个不同的概念范畴有清楚的界定:"教学系统"指的是语文教学的整体构成及诸种要素的联系与存在方式;而"教学系统论"与之有着完全不同的性质,它是研究语文教学系统的一种理论,是用系统科学的原理探讨语文教学系统的构成特征和基本规律,是对语文教学整体构成的科学分析和论证。这就是说,语文教学系统论是研究语文学科教学系统构成体系的科学,是具体探讨语文教学系统本质、特征和基本规律的一种新的理论结构。它既具有理论上的综合性,又具有实践上的应用性,是一种交叉性学科教学理论。从这种理论研究的整体构成来看,语文教学系统论研究大体上可以分为三类:一是基本理论研究,主要探讨语文教学系统的本质、特征、原则及其构成要素等;二是应用理论研究,主要探讨语文教学结构系统,如各种教学结构模式的建构与运用,语文教学管理系统的原则与过程等;三是方法论研究,主要探索语文教学系统方法论的特征与分类、选择与应用等,旨在揭示语文教学系统运作的基本规律。

再次,朱老师特别强调,语文教学系统论的发展,是语文教学理论不断更新、整体调节的过程。就像波浪对堤坝的冲击,总是在最薄弱处打开缺口一样,每一个新的科学发现和经验总结,都对既有的学科逻辑体系产生冲击,显现出后者的逻辑破绽,推动特定学科的结构更新。所以语文教学系统论具有现代科学理论的两个基本特征:一是与实践检验相联系,就是具有客观真理性;

二是与形式结构相联系,就是构成严密的逻辑体系。这两个特点相互作用、相互补充,意味着系统科学理论可以反映语文教学现象的本质。系统科学解释是有许多层次的,小到对一篇课文、一节课或某一个语段、教学环节的解释,大到对语文教学整体系统及其本质的解释。所有这些解释,在最本质意义上可以归结为四个基本类型:一是因果解释,这种解释试图找出制约某些语文教学现象发生、某种教学规律存在的原因。二是概率解释,它试图解释语文教学遵循着怎样的统计规律,如语文教师的智能结构、素质结构及创造力的统计联系等等。三是结构解释,这是系统分析最重要的方面之一,它阐明语文教学系统的结构,揭示语文教学系统各要素之间的联系,用结构解释语文教学系统的某些属性、行为和结果。四是功能解释,这也是系统分析的重要方面,它把语文教学系统的某个因素看作整个系统发挥正常功能的必要条件,通过阐明由这个因素所实现的功能,帮助我们增加对语文教学系统整体的认识。

　　(二)语文教学系统论的启示性意义

　　应该说,朱本轩老师探讨的语文教学系统论,实际上是一种教学系统论智慧,是多维系统因素构成的复合体。它呈现的是一种动态性的生成系统结构,是多层次、立体性的。从其生成与发展的基础层次来看,朱老师的论述对知识整合系统和教学能力系统具有重要的启示性意义。

　　知识整合系统,即教学主体习得、积累、整合而成的知识结构。知识整合系统是教学主体智力智慧生成的基本条件。朱老师论述的启示性主要是三个方面:一是人文知识信息储存,即教学主体所具有的人文知识结构。如政法的、经济的、哲学的、历史的、科技的、艺术的等方面的人文知识。广博的人文知识是教学主体智力智慧生成的基础。人文知识信息储存越丰富、充实，教学的思路与视野便越宽阔、开放。二是专业学科知识基础，即教学主体所具有的专业学科知识结构。如古代汉语的、现代汉语的、古代文学的、现代文学的、文学理论的、文艺美学的等诸方面的专业学科知识。深厚的专业学科知识，是教学主体智力智慧赖以生成的主要凭借。专业学科知识越深厚，智力智慧的发展就越有潜力。三是教育理论知识素养，即教学主体所具有的教育理论知识结构。如现代教育学的、教育心理学的、课程教学论的、中国古代教育理论、西方现代教育理论等方面的教育理论知识。扎实的教育理论知识素养，是教学主体智力智慧赖以生成的直接依据。

教学能力系统，即教学主体所必备的和在教学实践中体现出来的各种智能与技能。教学能力系统是教学主体智力智慧构成的重要因素。朱老师的论述启示性主要在三个方面：一是听说读写能力，即听话能力、说话能力、阅读能力、写作能力。语文教学的基本目标，是培养学生的听说读写能力。教师本身也就必须具备更强的听说读写能力。如果教师本身的听说读写能力不过关，那么，培养学生听说读写能力的智力智慧就无从谈起。二是语文教学能力，包括驾驭教材能力、教学设计能力、教学管理能力、教学表达能力、教学考核、评价能力等。三是教学发展能力，包括教学总结能力、教学自修能力、教学科研能力等。教学能力系统在教学实践中是相互贯通、渗透互动的，但在功能、性质上又各有侧重和不同。

另外，朱老师的系统论探讨也说明，语文教育活动作为人类生存与发展的基本方式之一，不可能脱离教育主体的道德伦理、意志品性和灵魂人格。因为真、善、美的完美统一和完满实现，是一切教育教学活动系统所追求的终极目标。教学主体的道德智慧系统结构主要由道德模式、道德情操与品质、道德理想与信念、道德行为与品格,以及教学的使命感、价值观和目的性等系统因素构成。教学主体的道德智慧系统整体特质在于以教学创造为社会、生活与人类寻求实现道德理想的途径和培养高尚人格品性的策略,以"完美的人格境界"、"高洁的情操品质"来唤醒生命与人性、理智与心灵,开启生命成长与灵魂提升的大门。可见,教学主体的教育道德智慧,就是一种"安身立命"的学问,一种生命与灵魂的系统建构工程。

　　从这个意义上说,教学主体的教育道德系统性智慧,就是把教育实践作为化育天下的整体场,在教学对象学生的心中竖起一座挺拔的道德高墙,一座巍巍的精神长城,使他们获得生活的真谛,人生的智慧,生命的觉悟。这就是说,教育道德系统性智慧的实质是教化与陶冶。教化即生成人的一种高尚品性,这种品性从知识以及整个精神和道德所追求的情感出发,和谐地融注到情操与个性之中。陶冶着重于心灵的自我唤醒,参与人的精神的内在深刻转变和自我形成。当教学主体的教育道德系统性智慧唤醒灵魂和生命的觉悟,便可发现它就是关怀生命的意义与价值,关怀人性的养成与人格的发展,是从生命深处唤醒沉睡的自我意识,唤醒人的创造力、生命感和价值感。

二、探究语文教材的历史演变与编写的原则方法,重在透视分析教材构成的基本特质与主要内容

　　(一)对语文教材历史演变的探讨

　　朱老师在本书中对语文教材历史演变的探讨,包括三个方面:

一是古代语文教材,主要有两类:(1)儒家经典。其代表性著作即"四书"、"五经",是我国封建时代教育的主要经典教材,也是古代语文教育进行读写训练的基本教材。学生在学习礼教思想、典章制度、伦理道德的过程中进行了书面语言的基本训练。因此,它是我国教育发展史中,产生最早、流传较广、影响较大的古代语文教材。(2)文选读本。东汉以后,文人的别集渐多,各类文章的写作也日益兴盛,读者全看或选读均非易事,于是各类选本应运而生。这也正适应学校教学的需要,用来作为读写训练的基本教材。其中影响最大、使用时间最长者,当推《昭明文选》与《古文观止》。

朱老师对这个方面的论述启示我们,古代语文教材是教化教材,是为教化教育所用。这种教化教材理念认为人的道德的养成实则是陶冶、体悟、践行的过程,作为教化的道德教育与语文教育是融为一体的。传统语文教育所选择、认可和利用的教化知识和教材内容,都是根据道德教育的目的与任务来确立的,呈现出鲜明的道德伦理教化的特征。语文教育的教化教材内容等同于"道",传授具有道德价值的知识学问是根本任务。特别是古代语文教化教材就是以经史为基础,形成了一个道德教化的体统。如孔子根据道德价值标准整理了西周的文化典籍,编撰成诗、书、礼、乐、易、春秋——"六艺",被奉为经典,成为此后历代语文教育主要的教化教材。这些教化教材的构成突出的就是陶冶的特点。实际上,陶冶是古代语文教化教材观的核心指向和基本出发点,陶冶是教化的目的。

二是近现代语文教材。1903年语文单独设科,《奏定中学堂章程》称"中国文学"。语文教材的编写进入新的阶段。在编写的目的、要求等方面都有了变化。清政府制定的《学务纲要》中指出:"其中中国文学一科,并以随时试课论说文字,及教以浅显书信、记事、文法以资官私实用。但取理明词达而止,以能多引经史为贵,不以雕琢藻丽为工,篇幅亦不取繁冗。"这是对当时的语文教学所提出的明确要求,也应视为语文教材编写的具体依据。五四运动以后,在新文化运动的推动下,白话文和新文学兴起,白话文取得了合法的地位,并进入语文教材,把教材建设推向一个新阶段。这一时期,中学学制改为六年,初中、高中各三年。为适应这种新学制和新形势,又出版了一批新编语文教材,比较流行的主要有:顾颉刚、叶绍钧合编的新学制初中《国语教科书》。

朱老师通过对这个方面的论述说明,民国教育初期,对语文工具观的弘扬,也直接影响了这个时期语文教材的编写思想,即立足实用的教材理念。并由此发生了一个"语文大事件",这就是将语体文引进中小学语文教材,使当时的语文教材内容和编写方法发生根本性变化。语体文与文言文"两文并举",这是史无前例的语文开拓和发展。随即对中小学语文教材的编写,提出具体的要求:一是强调语体文教材及其教学内容,要注重"发展语体文的技术","养成学生运用语体文正确周密隽妙地叙事及表达情意的技能";二是加强"习作实用文","学习实用文的格式",重视"使用实用文教材"。应该说,民国教育时期语文工具观的基本思想,显然是从语文教育的语用本体出发,以语文运用为着眼点,来探讨语文教材与教学内容的实用性问题,立足于"实",倡导的是实实在在的、可操作的语文教材及其教学内容和目标。而且,还讲求有趣味的有用教材,摒弃花哨不实的无用教材等,明确要求语文教材及其教学,应让学生在汉民族语言文化的传承和民族精神的熏陶中掌握语文运用工具。这种语文工具观的思想,对我们现在的语文教材编写和教学实施,都具有重要的借鉴价值和启示性意义。

三是当代语文教材。新中国的诞生,标志着语文教材的建设进入一个新的发展阶段。随着语文教学改革的深入发展,全国统一编写的语文教材先后投入使用。朱老师通过分析概括认为,这些教材从整体编排上可归纳为两种类型:综合型与分科型。综合型教材,也叫合编型或混编型教材。这类教材是将阅读、写作、语文知识等内容合编在一起,采用选文章、作注释、配练习、组单元、附短文的方法编排而成。分科型教材又叫分编型教材。它是按照语文训练和语文知识的体系,把阅读、写作、语文基础知识分别编成几种不同的本子。朱老师指出这两类教材各有特点,在不同历史阶段交替产生,均发挥了应有的历史作用。其中最具代表性的有:

其一,《汉语》、《文学》课本。20世纪50年代,也重视强调语文工具观。在这个时期有一个重要的教改启动,即"汉语言文学分科"。特别是语文分科教材的编写使用,初创了较为系统的分科教学系统,加强了语言、文学知识教育,克服了重道轻文的倾向,提出要"教给学生有关的、汉语的、基本的科学知识,提高学生理解汉语和运用汉语的能力"。对汉语言文学分科教材和教学,不少人直到现在还对此有不少怀恋。但其存在的问题也是显而易见的:汉语教材编写的系统化语言知识体系,并不是学生所实际有用的知识;文学教材编写的文学史作家作品知识体系,也超出了学生"学语文"的范畴,而是重在"学文学"。这种倾向只注重研究语言内部的组织规则,而忽视语言系统外部的制约因素;只注重文学史知识去"学文学",而忽略了"学语文",缺失了语文基本技能的训练教学。

其二,《九年义务教育三年制初级中学教科书语文》。朱老师指出，这套教材是根据《九年义务教育全日制初级中学语文教学大纲》的有关精神编辑出版的，属综合型教材。编写的指导思想是"联系生活"，扎实、活泼、有序地进行语文基本训练，培养学生正确理解和运用祖国语言文字的能力；在训练的过程中传授知识，发展智力，进行思想教育"。编写的体系作了三个方面的探索：一是"课文按照其反映的生活内容分类编排"，"认识学习语文与生活的关系，着重培养一般的语文能力"；二是从语文基本训练上，"从综合（初步）到分解再到综合"，"体现互相承接，逐步递进的训练程序"；三是从单元与课文的具体编排上，每册有八个单元，语体文与文言文混合编排，每单元有"单元提示"，教读课文前有"训练重点"、"预习提示"，后面有练习，一般分三个层次：理解·分析，揣摩·应用，积累·联想。

（二）对语文教材研究原则的探讨

首先，朱本轩老师认为，语文教材研究的原则，主要包括：（1）整体性原则，是指语文教材研究中要有整体意识，即依据中学语文教学大纲总的要求，从整体上把握教材。作为教师，只有从整体上了解并把握教材，才能做到胸有全局，整体理解，整体把握，使教学活动科学有序。（2）独特性原则，主要是研究教材的个性化问题。如果说，整体性是对教材一般的全面的把握，主要是解决共性问题；而独特性，则主要是对一类或一篇课文具体的重点的把握，即解决个性问题。现行的语文教材，是以文质兼美、适合教学的典范文章为主。而这一篇篇文章，又分属于不同文体，具有不同的风格，在时间与空间上也有较大跨度。即便是同一个国家、同一个时代，甚至同一个作家的文章，也是风格各异，各有千秋；其表达手法，更是五彩缤纷。因此，深入研究一类或一篇课文的主要特色，即准确地把握其独特性，不但是文章的客观存在，也是教学的实际需要。（3）创造性原则，是教材研究中的高级形式。它不仅把注意力集中在作者（即文章）身上，即研究作者在文章中提出了什么，怎样提出的，以及怎样论证或记叙、说明等等，而且把注意的中心集中到读者身上，即学生的实际和教师的感受，对教材作纵深或横向研究，从而发现新意，使学生了解文章更深刻的内蕴，阅读能力也能得到更有效的训练。（4）实用性原则，即真正适应教学的实际需要。因为教材研究，不同一般的文章的分析，更有别于文学评论；而是要依据教学大纲的要求、教科书编者的意图以及学生的实际基础，来展开研究的。它并不要求把研究的全部结果，完全传授给学生，而是要根据教学的实际要求，认真筛选，灵活处理。朱老师对这四个研究原则的论述，从不同的层面揭示了语文教材的特质，说明语文教材既是独立的结构形态，又有超越、选择的特性和教育品格，从根本上对语文教材进行了研制设定，用教学的眼光、课程的思考，定位和探究语文教材，赋予它一种教学主体地位，使其具有教学的属性和品格，对语文教材的研制和建设具有重要的启示性意义。对此，我们可从三个方面来分析。其一，朱老师的论述说明，语文教材是在教育语境中使用的语言文本，它应当体现教育的品性，具有超越性的特质，因为只有这种超越性的特质，才使其意味着课程与教材是一种着眼于人的生命成长而富有培育性特点的语文教本，是一种人文化成的教材文化。它的意义、价值与旨趣则在于人的内在的超越性精神、意识、品质及能力的形成与升华。体现了以人的发展与建构为最终指向的教育的根本内涵与使命。语文新课标对此也做了规定，要求语文教材编制应"符合学生的身心发展特点，适应学生的认知水平"，"教材要有开放性和弹性"，"符合语文能力形成和发展的规律"。朱老师特别强调,教材的编写体例和呈现方式应充分考虑学生的年龄特征、兴趣特征和认知水平,有利于激发学生的求知欲。具体到语文教材的编制,其超越性的文化品格突出表现在教材的组织形式和呈现方式上。也就是说,语文教材的编排及内容呈现既应符合汉语言文化的特点,又应符合学生学习汉语文的认知图式和情意发展的文化心理规律。有人认为,学习的实质在于具有内在逻辑结构的教材与学生原有认知结构的相互作用,从而使新内容在学生头脑中获得新的意义。这显然是注重知识结构在学习上的作用、能动性和整体性。但是,朱老师启示我们,仅仅强调教材内在的序列性、逻辑感,不与学生的认知结构和文化心理图式发生联系,教材难以成为佳作。只有当教材内容的呈现方式与学生认知结构和文化心理图式的组织特征保持一致时,学习和迁移效果才能最好。而学习心理学也研究证明,要有效地开展教学活动,学习者对学习内容的认识兴趣与智力积极性是首要的条件,而后者只有当教学活动同学习者原有的经验、知识、能力联系起来时,才能在最大程度上得到诱发。而且学习者认知的发展也有内在的序列性,如从已知到未知、从感知到理解、从巩固到应用、从具体到抽象、从易到难、由简趋繁等等。因此,语文教材的编制必须从文化和人这两个维度出发,考虑学习者现有的智力水平和个性倾向性等心理特征,并按照认知结构、文化心理发展图式和情意发展的规律进行精心营构。对此,顾黄初也曾经指出,从学习者的角度说,要求教学内容符合他们的接受能力,适应他们的文化心理特征,使教学内容的序列同他们知识水平、生活阅历、文化心理因素的发展尽可能地协调一致,则是实现语文教学人本化的一个重要方面。这就是说,把语文教学放在整个教育发展的宏观语境下来考察,毫无疑问,语文教材必须要加强这种人本化的建构,注重语文教材对于促进学生语文能力和文化素质的发展所具有的内在的动态有序性,发掘语文教材应有的文化灵性和弹性向度,以体现语文教材建构的特性和品格。基于语文课程与教材选择理论以及母语教育的民族性特质,朱老师的论述说明,语文教材体系内部各组成结构就应协调搭配,以达到最适宜的状态,充分发挥教材对学生的灵魂、人格、精神发育、生长的最大效力,故而要求语文教材内容体系的优化与选择。语文教材内容在一定的课程体系中主要以知识经验的形态呈现,因而,语文教材内容的优化选择,首先体现为知识的优化选择。这种优化选择不仅更易于学生学习掌握,还有助于其心理图式的丰富,更好地实现有效的迁移。特别是汉语文知识本身纵横交错,头绪复杂。从语言形式看,有字、词、句、篇;从语言运用规律看,有语、修、逻、文;从语言行为看,有听、说、读、写,而语言能力的培养和发展,又离不开人的思想水平、文化视野和生活阅历。要把这庞大而复杂的汉语文知识体系全部吸纳进教材,几乎是不可能的,也是不必要的。这就需要对知识进行优化选择。因此,依据汉语文本身的特点,同时兼顾到学生和社会的需求,一方面要简化知识头绪,对编进教材中的有限的内容进行精心剔选,从中提炼出中心元素,并充分注意去显示这些中心元素的派生力和结合力。另一方面重在知识和技能的运用。学习汉语文,静态上显示为字、词、句、篇等语文知识,动态上则是听、说、读、写的语文行为,汉语文的知识多需经过改造方能构成教材体系。为此,朱老师认为,应把语文知识按其本身的构成的内在特点编制合理的体系,并对其规定听、说、读、写等单一或综合的学习行为,使静态知识结构化为语文能力训练的动态结构。其二,朱老师的论述说明,语文教材要还原为生活的经验,加强生活化教材的研制和建设。所谓生活化教材,就是力求与学生的生活相联系,贴近学生的生活,贴近学生的情感,贴近学生的心灵,让学生在生活中学习语文,建构语文与生活相联系的教材新模型,即注入生活内容,创设生活情境,倡导生活化学习,使学生在学习语文的同时学习生活,体悟人生。它能够突出语文教材的情感性、开放性和整合性特征,有助于学生进行高质量高效率的语文学习。所以,语文课标指出,要让学生在生活和跨学科的领域中学语文、用语文,"留心关注生活,丰富生活经历和人生体验","以适应现实生活和学生自我发展的需要"。这显然就是要求语文教材的编制必须注意密切联系学生的现实生活和言语实践活动,注重从学生的经验和生活实际出发,选择学生最喜欢的、在学习中最有乐趣的文本和材料,设计学生主动参与的新鲜、活泼、有创意的生活化语文学习活动。语文教材作为一种文化性构成,应与学生的生活有着内在的一致性。丰富多彩的生活其实是语文教材的源头活水。生活既能为学生的言语交际活动提供直接的经验和基本的动力,又能为学生言语交际活动设置特定的对话情境,激发交流的欲望,使学生的言语交流获得一种持续的、稳定的内驱力。所以朱老师强调,作为母语的语文教材,具有直接贴近学生生活的可能性。听、说、读、写活动就属于学生的生活形式,其本身就是学生情感活动、生命活动、心灵活动的主要渠道。这种生活的听、说、读、写可与语文教材中的听、说、读、写合而为一。只有这种与生活密切相联系的语文教材才能唤起学生自主学习、自我探究和发现的原动力,促进学生的主体性发展,实现自我建构。

朱老师指出,学生语文学习的内在规律也要求语文教材必须根植生活。这主要表现在三个方面:一是语言的发展与思维的发展紧密相连、相辅相成,而思维的发展是一种经验的建构过程,起源于生活中的动作与活动；二是语言的习得必须借助于特定的生活情境，语言能力不是一种抽象的形式，它必须包含实质性的生活经验与价值体验；三是语言的学习是实践性的，它的途径不应局限于课堂教学，而应面向生活实际，因为生活的变化对语言学习具有实质性的影响。这三个语文学习基本规律，决定了语文教材必须要贴近学生的生活。

从生活的发展变化对语文学习的影响来看，语文教学必须联系现实生活，才能使学生的语文发展获得源头活水，变得生气勃勃。因此，朱老师的探讨启示我们，生活化语文教材的选文和其他所用的训练材料应尽可能来自生活，贴近学生生活与文化心理发展水平，即使是"练习设计"，也应挖掘它与生活的联系，要善于在教材中创设生活情境。这就是说，语文教材必须从学生的生活中发掘语文学习的各种因素，把学生在生活中的许多不自觉的运用语文工具的机会变成自觉有意识的语文能力训练，并千方百计为学生设计一个良好的语文生活化学习环境；同时，引导学生在生活中处处做有心人，主动寻找语文学习的各种时机，积极地把语文教材中学到的东西在生活中有意识地进行实践。特别是要依据学生的文化心理特征和认知规律来编制语文教材，使教材既紧扣教学内容本身的教育因素，又符合学生的思想实际和生活实际。可以说，语文教材的生活化，就是既要重视学生直接生活经验的重要作用，积极鼓励学生参与到社会生活中去，从生活中提高语文能力，形成思想文化观念，又要坚持生活本身对学生语文学习的激励、启发、引导作用，使学生在语文学习中善于发现生活、表现生活、创造生活。

语文是生活的需要，语文教材要贴近生活。但是，并不是所有的社会生活都可以选择、无限制地进入语文教材，也并不是所有的学生喜欢的东西都应作为语文教材的内容。语文教材不应消极地适应生活,而应超越现实生活,追求一种人生文化理想,创造可能的生活。因此,朱老师的论述强调,语文教材的生活化,意味着语文教材的内容既要贴近生活、取材于生活、满足学生现实生活的需要,同时又要着眼于学生未来生活发展的文化需要。

其三,朱老师的探讨告诉我们,语文教材的研制要将静态结构化为动态结构,加强活动化教材的研制和建设。所谓活动化教材,就是以学生的活动性学习为主线,将教材的知识型静态结构化为自主性学习活动的动态结构,体现教材结构的活动性和动态化,使教材结构与活动性学习融为一体,让学生在活动中求得发展,建构活动与发展型教材新体系。传统的语文教材是以学生掌握静态的知识为目标,采用知识型体系进行编制,忽视学生的活动性学习设计。语文课标也明确指出,新课程教材必须打破这种忽视学生主体发展的知识型体系,建构有利于学生形成语文素养,促进学生学习与发展的活动性教材新模型,即把学生的探究学习活动、体验学习活动、审美学习活动、参与学习活动、实践学习活动、应用与创新学习活动作为教材编制的基点。这就是说,语文教材的编制要以学生活动性学习为主线,以活动性学习为中心编制教材结构,倡导体验活动、感悟活动、对话活动、探究活动、鉴赏审美活动、应用与创新活动等多元化的活动性学习方式,让学生在多元化的活动中学习语文,从而使教材结构与活动性学习融为一体,建构以学生为主体的活动与发展型教材新体系。

建构这种以学生为主体的活动与发展型教材新体系,是当代课程改革与发展的一个必然要求。朱老师认为,就活动性学习的价值而言,并非是只局限于活动课程中,而要体现在所有的课程形态中,体现在整个教学过程之中。要让学生在活动中求得发展,就必须将活动性学习引入课程、引入教材,引入教学过程,使课程、教材与活动性学习融合于一体,实现课程的活动化,教材的活动化,教学的活动化。语文课程与教材教学的实践说明,将知识技能教学与实践性活动学习结合起来,不仅使学生习得人类正确的认识成果本身,而且占有人类认识过程的活动方式与活动能力。只有从这个意义上来理解活动性学习的价值,理解活动性学习在实现教育目标中的作用,才能树立正确的活动化教材观,从而建构以学生为主体的活动与发展型教材新结构。

皮亚杰曾经指出,人对客体的认识是从人对客体的活动开始的。活动既是认识的源泉,又是思维发展的基础。只有活动,才能引起思维和认识的发展。所以朱老师的论述启示我们,建构活动与发展型教材新体系,以学生的活动性学习为主线编制教材,就是要以人的主体性发展为指向,让学生在活动性学习中求得发展。因为这种活动性学习强调以人的发展为本,强调人的发展必须以活动作为中介和手段,活动是人的主体性的生成和发展机制。活动性学习不仅重视活动在学生认知发展中的作用,更重视活动在学生个性形成中的价值。它能够给学生以更多的自主探究、自主实践、自我建构与发展的空间,能够给学生以更多的自主选择、自主体验、自主判断与评价的机会。对于个体来说,只有在从事不同性质和不同水平的活动中才能逐步获得人类的主体意识和主体能力;只有在社会的实践和生活的交往中才能使自己的能力获得发展,个性获得张扬。这就是说,人只有在活动中才能形成主体性,只有在活动中才能表现出主体性,因而活动性学习是人的主体性发展的决定因素。对学生来说,活动性学习是其认知、情感、行为发展的基础,唯有活动,才能提供学生发展的最佳途径与手段;唯有活动,才能使实现多种潜在发展的可能性向现实发展的确定性转化,学生发展只有在一系列的活动中才能实现。因此,建构活动与发展型语文教材新体系,就是重视活动性学习在学生发展中的独特价值,即通过教材结构的活动化设计,使学生在活动中学习,在活动中发展,成为"语文学习的真正主体"。

（三）对语文教材研究方法的探讨

朱老师认为,语文教材研究的方法,如同教学的方法一样,"基本问题是选择",因为"没有一种最好的教学方法或任何一种方法能适应各种教学情境"。至于教材研究的方法,也没有任何一种方式方法能适用于所有课文。一般,对于教材研究的对象不同,研究的方法也应有所不同。如有一套书的研究方法,一本书的研究方法,一篇课文的研究方法,以及一类课文的研究方法等。但最基本、最关键的是一篇课文的研究方法,它是教材研究的基础,是教材研究的起点与归宿,也是教师教材研究能力的具体体现。（1）通读,指通篇阅读课文,即从头到尾、逐字逐句的阅读全文,是研究教材的第一步。目的是对课文的全貌有一个初步的、轮廓式的而又完整的认识,为进一步分析理解课文打下基础。人们认识事物,总是要经历一个由粗到细、由略到详、由模糊到清晰的过程,教师对教材的认识,也有一个逐步深入的过程。而通读,就是认识教材的初级阶段,而且是不可逾越的一步。既要观其大略,也要观其表达方面的特点。（2）精读,这是教材研究的核心问题。是指逐字逐句,精读细研,以达到对教材充分理解而进行的阅读方式,也是熟读精思的阅读方法。这种方式在通读的基础上,认真精细地研读课文,最后达到完全理解其内容、见解和表达方法的境地。对教材的精读,是以掌握课文内容为核心,是一个由形式到内容,再由内容到形式,在循环往复中逐步深化理解的过程。(3)品读,是以品评体味课文选词用语、艺术构思和表情达意之妙为目的的阅读方式。这种方式,是通过精读,对课文有了全面理解,并作出一般评价之后,更深入地理解、品味,以期探得文章精华之所在。品读,需要反复阅读,仔细品味,深入体会其在语言、构思以及内容方面的精妙之处,从而领悟其语言美、体察其构思美、想象其意境美和感受其思想美之所在。(4)参读,是指教师为更加深入准确地理解教材而参阅有关资料的阅读方式。它不同于为扩大阅读范围,培养学生参读习惯与能力的参读。后者是指引学生以精读课文为出发点,参阅相关的读物,来增加阅读量,来比勘、印证、补充和扩展精读的阅读。这里说的"参读",是专指教师在独立地研究课文,对其内容、形式有了基本的理解,甚至是独特的见解之后,再参阅相关的资料,以扩展或提高个人已有的认识,或者受到新的启示,产生新的见解,以使对课文的理解掌握得更全面、更准确、更深刻。朱老师对语文教材研究方法的规律性探究和概括,对广大语文教师"教材研读"问题具有重要的实用价值。

三、探究作文能力的构成与发展,重在揭示学生认识与表达能力及从积累到倾吐、从模仿到创造的过程

朱老师对作文教学的探讨是多层面、立体性的,但其重点却是对作文能力构成与发展的深层探讨。他认为,从作文的基本过程和作文活动的心理因素可以看出,有两种能力是贯穿全过程的,这就是认识能力与表达能力。因为作文是现实生活的反映,而要认识生活则必须具有一定的认识能力,反映生活则需要一定的表达能力。所以,作文能力应由认识能力和表达能力两个方面构成。

（一）对作文认识能力构成的分析

朱老师认为,作文认识能力的构成,包括观察力、思维力、联想力、想象力等。其中构成的要素有三:一是观察力,它是一种特殊的、发展水平较高的知觉能力,是智力的窗口、思维的触角。观察是获得作文材料的重要途径,通过观察,可以获得亲自体验,积累丰富的表象材料,为作文提供大量的素材,还可以获得某些写作灵感,触发写作的动因。二是思维力,它是认识能力构成的核心因素,是运用分析、综合、比较和概括等思维方式,获得事物本质的和内部规律性的认识能力。从观察到审题立意,到选材组材,到表达方式和语言运用,到修改定稿,都离不开思维力。三是联想力,它是依据事物之间的内在联系,由一事物想到另一事物的思维能力。它有助于开阔思路,获得更多的作文素材,丰富文章的写作内容。对认识能力的构成,朱老师强调它是属于智力因素。培养学生的认识能力,是语文教学的整体,乃至各科教学共同肩负的任务,而作文教学在此有其特殊的意义与作用。

（二）对作文表达能力构成的分析

朱老师认为,作文表达能力的构成包括审题、立意、布局谋篇、遣词造句、运用表达方式等多种能力。其中构成的要素有三:一是审题能力,它是对题目的书面语言的分析综合过程。无论是片段练习、命题作文,还是非命题作文,都要有一个审题的问题。审题有着定向、定位、定重点的作用。因此,审题能力应是作文的首要能力。二是立意能力,它是确定文章主旨的能力。意,是文章的灵魂。所以古人说"文章以意为主"、"意犹帅也",立意是作文第一义。学生作文与作家创作的立意能力有所不同,应注意加以区别,从而把握学生作文立意的特点。三是布局谋篇的能力,即根据文章主旨的需要,对材料加以分析、比较、筛选,给予恰当的组织安排,是一个复杂的、细致的、富有创造性的思维过程。

（三）对作文能力发展规律的分析

朱老师对作文能力发展的探讨,是一个颇具作文教学启发性的创新点。他认为,任何事物的发展与演变都是有规律的。而规律则是客观事物必然的本质的联系,研究事物的发展过程,就能发现其必然联系,从而认清其规律。作文能力的发展过程,也是有规律可循的:一是从积累到倾吐。学生作文,就是用语言来表现社会生活的智力活动。叶圣陶指出:"写东西靠平时的积累,不但作家、文学家是这样,练习作文的小学生也是这样。小学生今天作某一篇文,其实就是综合地表现他今天以前的知识、思想、语言等等方面的积累。"这里强调说明了积累的重要性,它是作文即倾吐的前提。没有较多的知识、思想、语言的积累,就不会有倾吐的内容,而作文能力的形成与发展,也就无从谈起。因此,从积累到倾吐,便是作文能力发展的一条规律。二是从模仿到创造。学生作文,一般应从模仿入手。模仿是作文训练的一种有效形式。朱熹说过:"古人作文作诗,多是模仿前人而作之,盖学之既久,自然纯熟。"这是从大量的写作实践中总结出来的经验。如何模仿?古人的主张是模仿名家名篇,即所谓走"正路",研究大家的文章作品,汲取其所长。同时,朱老师强调模仿切实注意融会,而不是抄袭性的模仿,应做到由简单到复杂,由单一到综合。

很显然,朱老师对作文能力的构成和发展,是从理论和实践的结合上进行实用性的深层探讨的。从作文本身来说,它是一种很强的个人化活动。因为作文的过程离不开学生对生活的积累、体验、感悟和思考,是学生生活和情感的记录。学生在写作中,积累体验到了什么,就会写什么,没有生活和情感积累体验,就写不出作文。即便是写出了作文,也不会表达真情实感。学生作文的模式化、生编硬造现象,其实都是因为没有积累体验所致。所以,朱老师提出并强调的"从积累到倾吐"、"从模仿到创造"的实践命题,既是对长期应试作文教学的颠覆,也是对作文教学秩序的建构。他要求改变传统作文教学的方式,引导学生回到生活,在生活体验中学会写作,学好写作,真正实现学生自主作文的目标。但从目前的作文教学实际来看,积累体验式作文教学,还缺乏理论上的深入把握,在实践操作层面上也处于盲乱状态。为此,我们有必要对朱老师有关作文能力发展的论述加以具体分析。

首先,体验与生活。朱老师特别强调"作文,同一般写作一样,是生活在头脑中的反映"。这就是说,体验对生活与主体关系的把握不单是认知把握,更为重要的是一种内心的感受和情绪的把握,体验需要情感的介入,更多时候是情感体验。如果说学生主动积累体验,发现生活的多姿多彩是他们获得生活体验的前提条件,那么,学生投入浓浓的情感,对生活进行"移情别恋"才是他们获得生活体验的关键。生活展现在学生面前,如果他们不投入情感,那么生活就不会进入他们的内心世界。只有把外物与学生内在的感情连接起来,触景生情,睹物生情,情景交融,才能产生丰富的内心体验,所以刘勰在《文心雕龙·物色》中指出:"写气图貌,既随物以婉转;属采附声,亦与心而徘徊。"对生活投入浓浓的情感,学生会对之产生一种强烈的趋近感,形成与生活同步的心理倾向,从而揭示和发现生活对于自我的意义。在体验中引导学生作文,关注学生的情感体验,这是朱老师的作文能力发展论述给我们的重要启示。

其次,体验与积累。朱老师的论述说明,作文是体验积累的表达,没有体验积累,或体验积累不够丰富,学生是难以喷薄为文的。高中语文课标提出的"留心观察社会生活,丰富人生体验,有意识地积累创作素材"、"珍视个人独特感受,积累习作素材"等,都强调了积累体验的重要性。学生有了丰富的积累,才能有丰富的体验,所以,引导学生积累体验是搞好作文教学的重要途径。体验的过程就是积累的过程。首先,体验作为动作历程的结果,是可以积累的。体验者在其体验活动的历程中,"物"与"我"的距离缩短乃至最后消失,进入"物我统一的境界"。对象进入体验者的生命中,甚至成为体验者生命中的一部分,体验者加深了对对象的理解,对象对体验者生发了意义,所以体验者在其体验活动中所收获的结果或许是意义、印象、感情、感受、感觉、经验等。正如苏联心理学家瓦西留克所说:"体验活动的结果总是一种内部主观的东西——精神平衡、悟性、心平气和、新的宝贵意识等。"它们正是丰富的、活跃的、感性的创作素材。其次,体验不是一次就能完成的。体验作为生活的超越,它实际上是一种无限循环的中介,通过它,同类体验的无数过程才得以凝聚、沉积、内化于心。体验的这种无限循环的特质更符合柏拉图所举过的蜜蜂采蜜的例子,像无数次的采蜜才能酿出佳蜜一样,无数次体验的积累才有可能靠近那终极境界。真正伟大的诗作,必然是从这种体验的循环中汲取养分的。

朱老师反复强调引导学生积累体验,搞好作文教学要从两个方面引导学生积累体验:一是多读,重视阅读体验,是写好作文的基础,也是学生积累思想、情感、语言的重要途径。记得鲁迅曾说过:"文章应该怎么做,我说不出来,因为自己的作文,是由于多看和练习,此外并无心得或方法的。"这说明只有多读,重视阅读体验,才能有较丰富的积累,形成良好的语感。多读,就要涉猎广泛,不仅要读文学作品,还要读科技、历史、哲学等方面的书;不仅要读中国的作品,还要读外国的作品;不仅要读中国现当代的作品,还要读中国古代的作品;不仅要读纸质的书,还要学会网络阅读。对一些优秀作品,尤其是经典作品,学生还要反复读、反复咀嚼,不要满足于粗枝大叶的扫描、走马观花的掠影,而是要如朱自清所主张的那样"设身处地的融入",要把自己摆进去,"烧"进去,不能"隔岸观火",要在一刹那间与这个人物打成一片。二是多思,重视生活体验,也是积累思想、情感、语言的重要途径。杂文家吴非先生指出:"对于写作者而言,缺乏思考的观察是没有意义的。"强调学生多观察生活,更为重要的是要不断思考生活。对于善于思考人生、社会的学生而言,他们不仅能摒除先入为主的观念、观点、价值,忠实于生活,以真诚的情感面对生活,通过对原生态客观生活的审视、感悟和评价,形成真情愫。同时,学生也总能于惯常生活中见出一点特别来,如后园同样两株枣树,在善思的鲁迅笔下,却别有蕴涵。所以,学生要留意生活中细微的情感变化,留心大脑中冒出的小见解、小感受,并随时记下它们。因此要像元末明初的文学家陶宗仪那样,想起什么,见到或听到什么,就立即摘取身边的树叶录之,以至于"积叶成章"。引导学生及时记下偶尔闪现在脑海中的想法、念头,以及情感波澜,并仔细地玩味、分析、挖掘它们的蕴涵,往往可以使之成为日后写作的"酵母"。

　　应该说,对于朱老师对作文能力发展的论述,我们要重视把握四个方面的问题:其一,让学生认识积累体验与生活的关系,引领学生自觉地学会积累体验,主动地参与生活、体验生活、感悟生活。其二,认识积累体验是瞬间的、稍纵即逝的,作文教学要引领学生及时感受、把握与捕捉生活中的瞬间体验,并随时随地记录下来,不断积累,养成作文的积累习惯。其三,认识积累体验总是个体生活的独特体验,作文教学要让学生表达个体的独特体验。其四,认识积累体验的人文价值,积累体验是主动而非被动的主体生命活动,它直接指向意义的生成。作文教学要引导学生在积累体验中,不断丰富自我的生活和情感世界,敞开自我世界。

　　以上所述,是我阅读书稿的一些感受和叙述,不能说是序言。这是因为朱本轩老师的这部论著写作过程穿越不同的时空境域,其研究的理论形态和构成方式也别有特色,洋洋洒洒写了多个专题篇章。在我写的这样一个有限篇幅里,很难读透其丰厚的理论与实践同构生成的意义世界。特别是有不少章节,朱老师把语文生活与哲学理思及其独到的教学体验融注在一起。语文思想意蕴深厚而富有启悟、唤醒的内在张力,往往给人以重重层层的教学深思和寻味,使我在这一篇幅里无法进行深入的具体诠释。作为一个阅读者,也作为朱老师多年的同事,我是怀抱着一种曾受人事和生命困扰的深切感念,来写这些阅读感受的,是以个人的视角窥视朱老师研究与写作的体悟和哲思、文品与人品的美质,即凭借着朱老师的那种真诚宽厚、守护清正、助力于人、温暖人心的光华,藉以激励人生。

2018 年 9 月 2 日
于山东师大龙泉山庄

上编　语文教育著述

第一章　语文教学系统论

第一节　语文教学系统论阐释

随着当代教育、教学改革的深入,语文教学理论研究也不断开拓和发展。广大语文教育工作者积极综合广义的语文教学经验,探索语文教学理论研究新的视点和结构,展现了语文教学理论建构的新气象。尤其是多种学科的参与和方法论的移植,开拓出了不少全新的研究领域和重要课题。可以说,拓展与深化的潮流涌动,理性思考与教学试验纷呈,形成了语文教学理论研究范畴和命题的"更新期",在整体上表现出一种滚动式发展的态势,为语文教学研究与发展灌注了新的生机和活力。语文教学系统论作为一个新的课题,它以跨学科、横断式、综合性的研究和独特的理论视野,深层拓展了语文教学研究领域,更展示出特有的生命活力,成为推动语文教学研究与改革的重要动力因素之一。

一、语文教学系统论的构成

现代科学发展的一个重要趋势是各种知识的重新分化与组合,多种学科的相互渗透与交叉。因此,国内外不少专家早就提出了"知识改组"的新概念,认为把本来彼此并不相关的学科知识联系起来,进行交叉组合,使之相互渗透,不仅能够开拓新的科学领域,创立新的研究学科,而且是现代自然科学和社会科学发展的必经之路。现代科学研究的这种发展,也早已引起教育科学研究的巨大变化与反应。如在教育学、经济学、数理统计学等学科的边缘和接触点上建立起来的经济教育学,既可说是教育学的重新分化,又可说是教育学与经济学、数理统计学等学科的高度综合。同样,也正由于有教育学、心理学、生理学、工艺学、建筑学等多种学科的组合,才会有工艺教育学(也称教育工程学)的出现。此外,哲学、心理学、伦理学、人格学、审美学、管理学、技术科学等,也早已渗入教育学领域,与教育学构成交叉与综合,由此而产生了不少跨学科的边缘性学科,如教育哲学、教育心理学、教育管理学、教育技术学、审美教育学等等。纵观现代教育科学研究的历程,我们可以发现,这种由多学科知识组合而产生的边缘科学、跨学科的综合性研究领域的开拓,是推动教育科学发展的基本动力。

语文教学系统论,毫无疑问,是系统科学与语文教学论的交叉与渗透,是二者重新改组、高度综合的结果。它把语文教学看作是一个整体系统,运用系统科学的理论和方法来研究语文教学系统运作的内部规律,探讨语文教学系统的整体构成及方法论原理,即对语文教学进行系统论分析与解释。系统论既是一种科学,也是一种研究方法。我们的古人早就具有了系统论思想与观念。如《周易》中的八卦,代表天、地、雷、风、水、火、山、泽八种自然事物构成的宇宙整体;中医的经络学说,也是关于人的生理的系统论学说。世界上的一切事物,大至海洋,小至分子,都是一个有机整体,都是一个系统,一个按照一定的方式联系起来的统一体,它们无不是由许多复杂的要素组成的。任何一门学科作为理论化和具体化的知识,也都无不是一个由各种复杂的要素构成的系统。要进行学科研究,就必须具有系统论思想和方法。只有运用系统论方法才能更好地揭示这个学科构成的内在奥秘,把握这个学科构成的内在规律。毋庸置疑,用系统论来研究语文教学,也必将更全面、更深刻地认识语文教学内部构成诸要素的联系,揭示语文教学的本质与规律,从而加快由"应试教育"向"素质教育"的转轨,实现语文教学的科学化和现代化。

语文教学系统论的构成是语文学科教学研究与发展的必然。一方面,它是系统论和语文教学论相互渗透的产物;另一方面,它又是系统科学理论在语文学科教学领域的应用和落实。具体来说,语文教学系统论研究,是以语文教学系统为对象,探讨语文教学系统的本质与特征、结构与功能、原则与方法等基本原理和规律的。需要指出的是,"教学系统"与"教学系统论"并不是相同的概念,我们应当对这两个不同的概念范畴有清楚的界定:"教学系统"指的是语文教学的整体构成及诸种要素的联系与存在方式;而"教学系统论"与之有着完全不同的性质,它是研究语文教学系统的一种理论,是用系统科学的原理探讨语文教学系统的构成特征和基本规律,是对语文教学整体构成的科学分析和论证。这就是说,语文教学系统论是研究语文学科教学系统构成体系的科学,是具体探讨语文教学系统本质、特征和基本规律的一种新的理论结构。它既具有理论上的综合性,又具有实践上的应用性,是一种交叉性学科教学理论。从这种理论研究的整体构成来看,语文教学系统论研究大体上可以分为三类:一是基本理论研究,主要探讨语文教学系统的本质、特征、原则及其构成要素等;二是应用理论研究,主要探讨语文教学结构系统,如各种教学结构模式的建构与运用,语文教学管理系统的原则与过程等;三是方法论研究,主要探索语文教学系统方法论的特征与分类、选择与应用等,旨在揭示语文教学系统运作的基本规律。

任何一种科学理论的建构,都必须立足于实践的基础上,都应是经过实践检验而反映客观世界现有关系中所具有解释和预见功能的原理的体系。因此,要探究和建立一种理论结构,就必须把握相互联系的概念、规律,经过科学思维的加工和抽象,构成一个严密的理论系统。语文教学系统论的研究,自然更重视理论结构体系的建构。它既讲求理论上的科学性,揭示语文教学系统的本质规律,体现语文教学系统的本质特点,又讲求逻辑上的严密性,使整个理论系统的各个要素、层次、结构与功能等构成一个有机的整体。它的概念的形成、推理的过程都必须是系统的而且具有逻辑的严密性。同时,它还讲求实践的应用性,因为语文教学系统论是一种科学方法论,只有具备实践的应用性,才能使这种理论的建构具有实际的价值和意义。因此,语文教学系统论的研究,要求力避在形而上学的理论思辨中徘徊,应当深层切入语文教学的实践,以丰富的教学事实为依据进行理论的探索。它所包容的教学事实越多,就越使其理论的建构具有丰满的血肉,从而更有力地发挥其指导语文教学实践的应用性。

二、语文教学系统论的发展

语文教学系统论作为一种交叉性理论,为语文教学的实践和理论研究带来了新的气象。它对更新语文教学观念,实现语文教学的科学化和现代化所起的重大作用正在逐渐地显露出来。它仿佛是苍郁群山中积聚的溪塘和山泉,随着雨水的增加、能量的扩大而渐渐汇集溢出、汹涌奔腾、越流越快,在一个可预见的临界点上,一泻而下,展开宽阔的瀑布,去灌溉语文教学这块神圣的土地。

应该说,这是一个不容否认的事实:系统科学和系统理论正以其特有的方式深入语文教学领域,使语文教学的理论与实践勃发出强旺的生机与活力。如系统论的整体性原则,它指导我们进行语文教学研究,对其构成的各个要素不能孤立来分解,而应把它们放在整体系统中加以考察。如果对分解出来的各个部分作孤立的探讨,然后再把各个部分相加成整体,那么就不能对研究对象作出客观的分析与评价。系统论的整体性原则要求我们运用的系统分析方法,是从整体中把握部分、从系统中把握要素的一条全新的途径——从整体到部分,再从部分到整体,剖视整体与部分、部分与整体的内在联系和有机性。这种整体性原则在语文教学实践和理论研究中处处发挥着极其重要的作用。以语文教学过程来说,作为一个系统,它体现着三个构成要素——主体(学生与教师)、客体(教材与内容)、手段(方法与条件)——之间的相互联系、相互制约、相互影响的有机统一性。只有使这三者优化协同地发挥作用,才能使教学过程优化整体效能;其手段的选择,必须受主体与客体的制约,否则就破坏了整体性,教学效果也就不会好。再就语文单元教学来说,单元教学要通过连续性、循环性、阶段性而"成为一个有机整体",整体性是单元教学中最突出、最基本的特征。从整个教材来看,每个单元是其中的一个要素,对它的地位与作用不能孤立地来分析,而应当把它置于整本(或整套)教材之中来考察。每个单元教学的目标、内容、教法与功能都是受整本(或整套)教材制约的。从单元内部结构来看,它由各单元的具体课文、语文知识、读写训练与教学目标、要求等各个要素组成。一个单元就是一个综合整体,每篇课文、每项语文知识及每种读写训练都必须置于整个单元之中,它受整个单元目标要求的制约。任何脱离单元整体要求而孤立进行的教学与训练，都会有损单元的整体性，而不能发挥单元的整体功能。可见，用系统科学与系统理论来指导语文教学的实践和理论研究，可以使语文教学科学化，从而使提高教学质量与效率成为可能。

有不少科学理论在建立之初，都纠结于基本对象、基本属性、基本范畴的界定及基本体系的建构。这是因为科学理论的重要性特征之一就是概念的体系性，只有达到一定的体系性水平，才能形成理论的自我说明和对经验的整体解释性。因此，几乎每一门新学科理论的出现，都受到研究范畴与其结构体系独立性的挑战，使新学科理论的建构者不得不在一开始就致力于捍卫他的研究领域的独特性，捍卫他的理论的现实性。正因为如此，许多新学科理论的兴起，起初总在抽象原理的层面上纠缠不清，在思辨的过程中踌躇不前。但是，语文教学系统论的研究与建构却超越了这个阶段，迅速形成了自己理论构造的相对系统性和独立性，拿到了被语文教学界承认的理论"出生证"和"户口簿"，而且很快扎根并使语文教学发生了很大的变化。它的基本理论概念和基本方法，如同黑格尔所说的那样，犹如一次新的日出，给人们描绘出整个新世界的形象。广大语文教育工作者迫切希望用它来解释语文教学研究，语文教学中的新现象、新问题。于是，语文教学系统论在应用性、实践性的层面上获得了长足的发展，出现了大量应用语文教学系统论原理的研究课题。这种系统理论的迅速发展，迎合了广大语文教育工作者寻求新科学理论解释语文教学的迫切心理。大量实践已经说明：任何科学事实都不是单凭直观而能够得到的。就拿最简单的对杯中水的观察和描述来说，没有掌握"液体"和"玻璃杯"这两种概念，你就不能在科学意义上准确描述杯中之水。再如对文学语言的描述和分析，不掌握语言学及符号学的基本原理，就无法在科学意义上描述它们的实指、能指以及多种引申义。反过来说，对于富有创新精神的语文教学研究者来说，一旦有了新的理论观念和方法，总是会被激发起一种重新描述语文教学现象的强烈冲动。于是，在语文教学系统论继续构建和完善理论本体的同时，大量应用性的研究课题及成果早已出现，其发展的迅速且富有的生机与活力，表现了语文教学系统论研究大有作为的发展前景。

语文教学系统论的发展，是语文教学理论不断更新、整体调节的过程。整个语文教学理论的宏观发展，又是一个在最有启发性的理论重点上突破、带动语文教学理论发展的过程。就像波浪对堤坝的冲击，总是在最薄弱处打开缺口一样，每一个新的科学发现和经验总结，都是对既有的学科逻辑体系产生冲击，显现出后者的逻辑破绽，从而推动特定学科结构更新的。

我们知道，语文教学系统论，也具有现代科学理论的两个最基本的特征：一是与实践检验相联系，就是具有客观真理性；二是与形式结构相联系，就是构成严密的逻辑体系。这两个特点相互作用、相互补充，意味着系统科学理论可以反映语文教学现象的本质。系统科学解释是有许多层次的，小到对一篇课文、一节课或某一个语段、教学环节的解释，大到对语文教学整体系统及其本质的解释。所有这些解释，在最本质意义上可以归结为四个基本类型：一是因果解释，这种解释试图找出制约某些语文教学现象发生、某种教学规律存在的原因。二是概率解释，它试图解释语文教学遵循着怎样的统计规律，如语文教师的智能结构、素质结构及创造力的统计联系等等。三是结构解释，这是系统分析最重要的方面之一，它阐明语文教学系统的结构，揭示语文教学系统各要素之间的联系，用结构解释语文教学系统的某些属性、行为和结果。四是功能解释，这也是系统分析的重要方面，它把语文教学系统的某个因素看作整个系统发挥正常功能的必要条件，通过阐明由这个因素所实现的功能，帮助我们增加对语文教学系统整体的认识。通过上述四种解释，还可以从这些理论有逻辑地推导出有关未知事实的结论，通过预见理论提出时尚且未知的现象来扩展我们的知识和理解，也就是发挥理论的预见功能。作为一门新的学科理论，语文教学系统论必然包含着对语文教学现象独到的、系统的解释与预见。从学科发展动力学角度看，语文教学系统论的发展，是一个内在动力逐渐集中的过程。具体地说，就是语文教学研究者寻求最大的科学启发性，或是更新，或是发展，或是改换若干最基本的先行解释，从而推动整个语文教学理论研究的发展和前进。

第二节　语文教学系统本质论

语文教学系统本质论，是语文教学系统论的根本问题、核心问题，也是研究语文教学系统诸多问题的理论基础。只有准确地揭示语文教学系统的本质属性及其特征，才有可能深入研究语文教学系统的内部结构和外部运动规律，进而探究语文教学的要素系统、结构系统、方法系统、管理系统与评价系统等。

一、语文教学系统的概念界定

现代科学研究认为，概念是思维的起点，而界定概念则是研究问题的起点。因此，研究语文教学系统的本质问题，只有首先界定系统科学中有关的重要概念，以及教学系统、语文教学系统等基本内涵，才能全面阐释语文教学系统的本质特征、构成要素、结构秩序以及运动状态与演化变异等问题。

（一）系统科学的基本概念

1.系统概念阐释

系统，是系统科学中的核心概念，也是语文教学系统论中最重要的概念。

什么是系统？人们对其有不同解释：系统论的创始人贝塔朗菲认为："系统的定义可以确定为处于一定相互联系中并与环境发生关系的各组成部分（要素）的总体。"①这是最权威的解释。英国《牛津词典》的解释认为："由互相连接或互相依存的组成事物或集聚的事物所形成的复杂统一体；根据某种方案或计划有秩序地安排各个部分而组成的一个总体。"②钱学森则认为："系统是指依一定秩序相互联系着的一组事物。"③以上是从不同角度对系统作出的不同解释。尽管它们在文字表述上有所不同，但一般都包括这样几个意思：系统是由若干（也可说成两个或两个以上）要素组成的；这些要素相互联系、相互作用，并按一定的组织方式形成系统结构，构成一定的层次；组成系统的诸要素总是与周围的环境存在着某种联系，这就使系统释放一定的信息，产生相应的功能。

据此，对系统的确切解释应当是：由相互联系、相互作用的若

---

①王雨田主编：《控制论、信息论、系统科学与哲学》，中国人民大学出版社1986年版，第428页。

②转引自文旱：《系统科学与文学》，辽宁大学出版社1986年版，第39页。

③高振荣等：《信息论、系统论、控制论120题》，解放军出版社1987年版，第88页。

干要素按一定的结构方式组合在一起,并与外部环境发生某种联系的有机整体。简言之,"处于一定相互联系中,与环境发生关系的各个组成部分的整体即系统"。

系统存在于广阔的时间空间,大大小小,难以数计。但系统是可以分类的。分类的标准是复杂的,它既是多样的,又是多维的,反映了认识主体不同的视角方位。最常见的相对应的三组系统是:人工系统与天然系统,这是从系统形成的原因上归类的;动态系统与静态系统,这是从系统的表现形态和性状上来归类的;开放系统与封闭系统,这是从系统与外部环境发生的关系上来归类的。

语文教学系统主要应属于人工系统、动态系统、开放系统。

2. 能量与信息

能量,在物理学上的含义是指物质运动中做功的本领,亦即物质运动的功能。信息,有广义、狭义之分。广义的信息是人类行为所能感知的一切事物的概念和动态;狭义的信息是指消息、指令、信号以及知识等。能量与信息,是系统的两个基元,是系统相互联系的中介。能量的相互传递,信息的相互交流,是确认系统建立相互联系的标志。一般地说,能量表明了系统的运动性,信息表明了系统的关联性。而能量既是信息产生的原因,又是信息传递的中介。一般是能量先于信息,但在许多情况下,能量与信息几乎是同时产生的。

3. 结构与功能

结构,是指系统内部要素之间联系的方式和秩序,即各要素的组织形式,是从内部反映系统的整体性的;功能,是指系统在一定环境中所能发挥的作用,它是系统与外部环境相互联系、相互作用所反映出的能量,是从系统的外部反映系统的整体性。结构与功能之间,既相互依存,又相互制约。在一定条件下,二者又是可以相互转化的。

结构与功能,也是语文教学中常用的概念。从教学内容上看,有知识结构、能力结构、智力结构等;从教学过程上看,有教学结构、课堂教学结构、阅读教学结构等;从教学的作用上看,则有阅读教学功能、作文教学功能等等。

在语文教学中强调结构、重视功能,就是要求学生在语文学习中,要明确概念,学习规律,运用原理,重视应用,也就是强调从整体上把握结构,争取整体的最佳功能,既使学习的内容对学生而言便于记忆,便于应用,又能使学生做到举一反三,触类旁通。

4.过程与状态

过程,指系统状态的变化,是显示系统稳定性的一面,这是相对而言的。在系统状态的变化中,过程决定和影响着新的状态。状态,指系统特性的量度,是显示系统变化性的一面,也是相对而言的,它决定和影响着过程。过程与状态相互依存、相互制约,在一定条件下,也可以相互转化。

语文教学活动中,也十分重视过程的设计与运作,重视对状态的分析与把握,这是能够取得最优效果的关键环节。同时,过程与状态的研究告诉我们,在语文教学过程中,一定要认真研究学生的认知心理状态和认知心理过程,从而明确学生所处的状态,选择恰当的教学过程,争取教学的最佳效应。

(二)语文教学系统解析

教学系统,是一个特殊的社会活动系统。它具有专门的构成要素和特定的功能,服务于一定的社会目的。根据我们对系统这一基本概念的界定,教学系统的含义应该是:为了一定的社会目的,由若干相互依存、相互作用的教学要素构成一定的组织形式,并且在特定的环境中实现一定教学功能的整体。

语文教学系统是教学系统的一个子系统,它和教学系统一样,具有自身的内部结构形态与外部运动规律。因此,可以说,语文教学系统是由教师、学生、教材和教学环境等要素,有规律地相互联系、相互作用,组成一定的结构秩序,并与外部环境发生关系,实现特定的教学功能的有机整体。这样表述,就把构成语文教学系统的必要条件,即要素、结构、功能、秩序、环境等全部包括了。同时,也较为客观地显示了语文教学系统本身的自然机理与运动规律。

二、语文教学系统的性质特征

在明确了系统与语文教学系统的定义之后,就应进一步研究语文教学系统的基本性质及其特征。在系统科学研究中,对系统的基本性质有不同的理解,作出不同的解释都是允许的。但为了准确地认定语文教学系统的基本性质,应切实把握以下几点:一是对系统性质的认定,要依据系统的定义及其所揭示的自身的机理,从中把握系统内部的结构特征和外部的运动规律;二是要正确区分系统性质的客观性和系统方法的主观性,即系统性质是系统自身具有的,是一种客观存在,而系统方法是认识主体对系统客体的认识与把握;三是对系统基本性质的概括,还应反映出系统的整体面貌,防止以偏概全,即最好能依据德国数学家闵可夫斯基的“四维坐标”理论,运用四维时空的观点,从结构、功能、涨落、时间诸角度来概括系统的整体性质。

据此,我们认为,语文教学系统的性质特征,主要包括整体性、相关性、层次性和有序性四个方面。下面,我们依据系统论的基本原理,运用系统的方法,在揭示一般系统性质的基础上,研究语文教学系统的性质特征。

（一）整体性特征

整体性,是语文教学系统最基本的属性。作为性质特征,它不是单指语文教学系统组合形式方面的集合体,而主要是指系统的整体功能性,或整体效应。

系统科学研究认为,系统论的宗旨就是要追求最佳系统功能,创建功能优化系统。而任何系统只有通过要素间的密切关联,形成系统结构,才能发挥整体功能。反之,没有系统内部的相互联系,就没有系统结构,也就不可能产生整体效应。著名的古希腊哲学家亚里士多德曾提出"整体大于各部分之和"的命题。恩格斯也曾指出:"许多人协作,许多力量融合为一个总的力量,用马克思的话来说,就造成'新的力量',这种力量和它的一个个力量的总和有本质的差别。"完形心理学家一再申述:"整体多余其各部分的总和。"这些论述,与整体性的内涵是一致的。许多系统论的研究者也均赞同亚里士多德的命题。贝塔朗菲针对机械论的系统观提出了系统的这种整体性,并在他的著作中列举了大量的事实和例证来论述系统的这种"整体性"。他主张从事物的相互关系、相互作用中发现系统的规律性,并用亚里士多德的这一著名命题表述出来,人们称之为"贝塔朗菲定律"。这是一个重要的系统论原理,它揭示了系统的整体性这个最基本的性质特征的内涵。

整体功能大于各孤立部分之和的现象,在日常生活和语文教学活动中是屡见不鲜的。如电视机的组成部件大致相同,但组装工艺至关重要。工艺水平的高低,直接决定着电视机效果的好坏。在语文教学活动中,教师、学生、教材是构成语文教学系统的基本要素。这在不同学校、不同的语文教学中是相同的,但实际上所取得的教学效果却迥然有异。如大家熟知的青年语文教育改革家魏书生,其学历并不高、资历也并不深;所用的教材是全国通用的;所在的学校又属于"第三世界",即所谓发展中的学校;学生则几乎是其他学校录取后剩下的"差生"。从以上三个基本要素的实际看,除教材外,教师、学生的客观情况都不占优势。这样的基本条件,在一般情况下,很难想象能取得什么"整体效应"。但由于他具有高度的敬业精神和强烈的改革意识,同时,他又掌握了系统思想与系统方法,这便有可能充分发挥他的潜在素质,增强"教师"这个要素的功能。他一方面能科学地、创造性地运用教材,积极探讨最优化的教学过程与教学方法;另一方面,他实施科学的民主管理,相信学生、尊重学生,充分调动了学生的主动性与群体性,使学生学习的积极性与创造性得到了极大的发挥,改善了"学生"这个要素的内部结构以及与其他要素的联系,形成新的结构秩序,产生了新的功能。这样,三者间便形成了一股强大的合力,取得了令人赞佩的教学效果,有力地印证了"整体大于各孤立部分之和"这一定律。相反,有的学校虽然教师、学生的水平优于魏书生和他的学生,但由于他们不能立足于系统的整体性,各部分之间不能实行有机的组合,就不能形成合理的结构,也就不可能发挥其整体功能。由此可见,系统的若干组成部分,即单个要素,按照某种合理结构组合起来,形成优化结构时,就会产生出一种所有单个要素在分散状态下所不具备的新的特征、新的功能,进而获得一种新的整体效应。

在语文教学中,整体功能小于各部分功能之和的现象也是存在的。当若干组成部分处于一个不合理的组织结构之中,单个部分的功能难以正常发挥时,整个系统的功能就会大打折扣,甚至还抵不上某个部分的功能。在教学过程中,如果教师的主导性与学生的主体性得不到应有的发挥与充分的体现,教材得不到科学的运用,三者之间就不可能形成一个合理的结构,其教学效果之差将是不言而喻的。当然,整体功能小于或等于部分之和的现象的存在,不是人们所追求的目标,也不符合系统论研究的宗旨和人们改造世界的意向。因为没有任何一个语文教师不愿意把自己的学生教好,也没有任何一个学生不想提高自己的语文水平。人们在各自的实践中,总是要竭尽全力地探寻理想的境界,获取最佳的效果。这也正是我们之所以要深入研究系统论,力求把握系统的整体性特征的意义所在。

整体的功能大于或小于各部分功能之和的原因何在呢？这要从系统内部功能变化中去寻找。用事物辩证发展和系统质变的观点来分析,语文教学系统与其他系统一样,其内部的功能可分为三个层次:一是基本层次,事物的"元功能",即系统各孤立部分要素(元素),如教师、教材、学生等的功能;二是各部分相加的功能,即诸要素的"加功能";三是由系统各要素按一定秩序组合形成的结构所产生的功能即"构功能"。系统理论研究告诉我们,构功能只存在于整体状态中,不存在于整体内的某些要素之中。构功能是以元功能为基础,但又不等于元功能的加和。而构功能的产生,在于有一个合理的结构,即按有序性、有目的性把要素组合起来,形成优化的系统结构。在这种合理的结构中,各要素的功能可以得到充分的发挥,形成新的构功能,这样,系统就能获得一种整体效应和系统功能的"附加量",也就是马克思所说的"新的力量",其宏观上就会呈现出整体功能优于部分功能之和的现象。至于整体的功能小于部分功能的加和,是一种系统功能的减值效应。在一种杂乱无序的结构中,各要素的功能不仅受到干扰、压抑,而且还要被破坏。其效果必然小于部分的功能,甚至等于零。从系统整体功能大于或小于部分功能之和的形成原因,我们可以领悟到:要追求语文教学系统的最佳整体效应,一要注意努力,即摒弃其不良属性,保留、发展其优良属性,并设法最大限度地发挥它们的潜能,汇合成一种新的能量,这是提高整体功能的基础;二是必须使语文教学系统中各要素之间实现有机组合,形成一种合理的结构,使系统、要素、环境之间的关系和谐,达到辩证的统一并协调发展,这是增强系统整体效应最基本的条件。

综上所述,语文教学系统的整体性特征,是指系统的整体功能,即追求大于"元功能"加和的系统"构功能"。这是一种新的系统。据此,我们如果能使语文教学中各系统的整体构功能都优于各要素的元功能之和,那么,语文教学系统的整体功能与效率就会大大提高。

(二)相关性特征

相关性,又叫关联性或有机关联性,是语文教学系统的又一重要属性。具体表现在语文教学系统内部,诸要素始终处于一种相互联系、相互依存、相互作用的状态,系统与环境之间也同样处于相互联系、相互制约之中。因内部矛盾的发生或外部环境的变化,其中一种要素的特征或数量发生了变化,其他要素也必将随之变化。

作为一般系统论核心的整体性,是由系统内部诸要素之间以及系统与环境之间的有机关联性来保证的。也就是说,只有诸要素之间存有不可分割的相关性,才可能形成具有整体性的系统。

这是由于组成系统的要素之间保持着相互联系、相互作用的关系。因此,如果说系统的整体性特征主要是研究系统的整体功能性或整体效应,以及追求最佳整体功能性的话,那么系统的相关性,则是研究整体性为什么能够具有这种整体功能性,甚至是最佳整体效应。从这个意义上讲,相关性是系统整体性的具体化、深刻化,其研究结果,将是对整体性特征的重要补充。

语文教学系统是一个相对独立的系统,据其要素的表现形态,可分为实体系统与非实体系统。实体系统在一定意义上,可视为表层结构系统,其要素包括教师、学生、教材、教学环境、教学设备等。当然,从其自身固有特征上,又可分为活要素,即教师、学生;非活要素,即教材、环境、设备等。非实体系统,也可视为深层结构系统,其要素包括教学目标、教学内容、教学程序、教学方法、教学评价等。我们之所以确认相关性是语文教学系统的一个重要属性,就是因为语文教学系统中的诸要素之间,同样存在不可分割的有机关联性。而要追求语文教学的最佳整体效应,就必须保持、完善要素之间,以及系统与环境之间的相关性。如果在实体系统中缺少了教师,那将无法构成真正意义上的教学活动;而学生如果完全处于被动状态,失却与其他要素的有机关联,教学效应也必然受到很大影响。同样,非实体系统中如果没有了"教学目标"这一要素,教学就没有了方向,教学内容的确定就失去了依据,教学程序的设计也就无所遵循。即使是组成要素中有"教学目标"一项,如果目标确定得不清晰、不适当、不相对集中,那么,将同样使教学活动失去方向,与其他要素也难以形成有机联系,这就难以形成优化的系统结构,也就不可能具有相应的功能。

所以,有机关联性是一切系统整体都具有的共同特征。贝塔朗菲认为,应当树立"把世界'看作一个巨大组织'的机体主义观点"①。这里所说的"机体"概念,是从生命科学中引申来的,但在今天的使用中已超出了生命科学与有机化学的意义。换言之,有机关联性并不单是生命系统所具有的,它的范畴应扩大到一切有意义的系统,即只要要素间有相互联系、相互作用的关系,并在与一定环境联系中能发挥功能的系统,都应包括在内。

语文教学系统的相关性,就其表现及特点来看,可大致概括为两个方面,一方面是系统内部诸要素之间的有机关联,另一方面是系统同外部环境的有机关联。

系统内部诸要素之间的有机关联性,是指处于系统整体中的部分(要素),不论该部分是否能独立存在,它只有在整体中才能体现存在的价值和意义。换句话说,要素的功能、作用,只有对整体负责,且与其保持一致,才有不可分割性,才能显示出要素的功能。当然,作为系统整体的要素,有的不能离开整体而独立存在,如同头脑之于人体,二者便是不能分割的;有的可以离开整体而相对独立地存在,如草原上的一株草,森林中的一棵树,便属此类,但它们仍然是有构成草原或森林那种整体的内在根据的。而语文教学系统中的教师与学生,便是不可分割的。一旦缺少了教语文的教师或学语文的学生,那么语文教学系统这个整体也就难以形成。同样,教师或学生离开了语文教学系统这个整体,那么,教师教授语文的主导性功能或学生学习语文的主动性与群体性功能也就无处发挥。因此,尽管系统(整体)与要素(部分)的关系有某些区别,但在二者关系中都存在着一个共同点,即对于任何一种系统的要素来说,都存在构成系统整体性的内在根据以及与

----

① 黄麟雏等:《系统思想与方法》,陕西人民出版社 1984 年版,第 49 页。

系统的不可分割的相关性,否则,这个要素就不能成为系统的要素,即使在系统中,也不可能对系统整体功能起到正面作用。

系统内部要素之间、要素与整体之间的有机关联性只有在系统的动态中,即运动过程中才能体现出来。恩格斯说过:"物体的属性只有在运动中才显示出来。"①这里说的"物体",也应包括一切系统客体,系统属性之一的有机关联性,也必须在运动中才能显示出来。系统科学研究认为,系统只有在运动状态中,才能按照一定的规律进行系统与要素、要素与要素,以及系统与环境之间的信息、能量、物质的交换。并且只有在交换中,才能保持系统各要素间的相应关系,系统整体才能呈现出一定的系统质,取得相应的整体效应。如果系统在运动过程中动态平衡受到干扰,或者信息、能量、物质的交换受到破坏,系统整体的相关性就会受到相应的影响甚至丧失。从语文教学系统的相关性来看,它是系统中要素之间具有不可分割关系的反映。语文教学系统不仅要由具有特定特征、功能及应有位置的诸要素构成,而且其在发展过程中,还应符合动态平衡原则,这样才能使语文教学处于不断发展的状态之中;反之,便不可能取得应有的整体效应。如语文教学中曾一度致力于教法的改革,虽有一定的成效,但由于没有对其他因素进行相应变革,因而语文教学不可能发生根本性的转变。这正像社会上对待某些脏、乱、差现象,必须采取综合治理的办法方能奏效一样,语文教学的改革,也应当着眼于系统整体的发展,即通过信息反馈、自我调节,促使诸要素和谐转化。

系统的相关性还表现在系统整体与外部环境的有机关联上,即系统、要素与环境的关系应是统一的。按照哲学上的辩证统一

---

① [德]恩格斯:《自然辩证法》,人民出版社 1971 年版,第 226 页。

论的观点,只有系统、要素、环境具有一致性,才能体现出系统整体的相关性。三者的统一,显示了这个系统的生命。反之,系统要素不一致,或系统与环境不一致,就说明系统整体仍然处于无序状态,亦即尚未具备有机关联性。因此,它就不可能形成一定的结构,也不可能发挥什么功能。要改变这种不一致的状态,就需要通过反馈、调节,使之从无序到有序,从而达到有机关联,发挥相应的功效。

系统与其外部环境的有机关联,使系统具有开放的性质,这类系统可简称为开系统。一般系统论所研究或处理的系统基本上都是开系统。当一个系统被认定为开系统,就是说它与外部环境具有信息的、能量的、物质的交换,有相应的输入和输出及量的增加或减少。因此只有保持系统、要素与环境的统一,才能保持系统的整体性,从而有效地发挥整体功能。另一方面,由于组合方式与特点的不同,不同的系统总是呈现不同质的系统整体形式,如要素形态上的实体与非实体系统,要素间的严格结构的整体系统与非严格结构的整体系统,等等。但不管哪一类系统,其整体性都应表现为系统、要素、环境的有机关联与辩证统一。这样,系统整体才能有规则地运动,才能出现要素与整体所不具有的系统质,才能形成整体功能大于部分功能加和的态势,表现出特定的整体效应。

语文教学系统与其外部环境同样存有这种相关性,同样需要系统、要素、环境三者的辩证统一,并且要始终保持这种"关联"与"统一",才能发挥语文教学系统的整体功效。语文教学系统与教育系统有着直接联系,当前教育系统面临一种大的变革,即"应试教育"向"素质教育"的转轨,作为特定整体环境中的这一新的变革必然向语文教学系统输入相应的信息、能量、物质。而语文教学系统及其构成要素,便要相应地进行变革,即调整各要素自身的构成因素,形成新的功能,以适应实施素质教育的要求,保持系统、要素与环境在发展过程中的有机关联与辩证统一。只有这样,才能使语文教学系统保持生命活力,发挥其新的整体效应。总之,语文教学系统的相关性,首先应是系统内部诸要素之间的有机关联,只有内部要素间密切关联,才能与系统的开放性质结合,进而与外部环境有机关联,且随着内部需要或外部环境的变化,通过相互或自我调节,形成新的有机关联,从而保持语文教学系统的不断发展。

（三）层次性特征

层次性,或叫等级性,是语文教学系统的另一重要属性。它表现为:系统是一个多层次的有机结构,大系统与小系统之间呈现一定的层次性,系统内部各要素之间也呈现一定的层次性。系统的层次性,是由结构的层次性决定的,层次分明的系统,有助于发挥系统的整体效应。

系统理论研究发现,系统是具有层次性的,这是因为任何系统都是复杂的,是由多要素构成的。而系统（要素）又有大有小。系统与子系统（要素）是相对的,构成系统的要素本身也是一个系统。一个系统向下延伸,具有自己的子系统,而子系统又有其构成要素,即次系统,以至无穷;向上追溯,系统又是一个大系统的子系统,而大系统又是超大系统的子系统,以至无穷。从现代科学的认知范围或对象出发,我们可以将物质系统分为宇观系统、宏观系统、微观系统;可以将生物系统分为亚细胞、细胞、器官、机体、群体、群落、生物圈。这就是说系统都具有层次性特征。

语文教学系统同样是复杂的,它由多个子系统（要素）构成,而且具有多层次性。如语文教学内容系统从其低层次说起,汉字,其自身又包括字音、字形、字义及量化要求;而作为要素之一,它与语素、词、短语、句子、修辞、标点符号等要素构成汉语知识系统。而汉语知识又作为要素之一,与读写知识、口语知识,文学知识、文言知识、工具书知识等,从属于基础知识系统;而基础知识又与阅读训练、写作训练、听说训练、课外语文活动一起,构成语文教学内容系统。由此可见,系统各组成要素(小系统)的纵向联系与横向联系,或纵横交错的联系,便呈现出系统与子系统之间、系统内部要素之间的层次性。明确了系统间的层次转换,就便于发现系统运动的规律。在语文教学中,认清系统的层次性,掌握其变化规律,处理好一定的层次结构与相关的层次结构的关系,将会有效地提高教学质量。

任何系统都有一定的层次结构。所谓结构就是指系统内部各要素的组织形式,也就是系统内部各组织要素之间在空间和时间方面的有机联系与相互作用的方式或顺序。仅有要素,还不能算是系统,要素仅是组成系统的必要条件,还应在要素的基础上,以某种方式使要素相互关联、相互作用,形成整体结构,才具有系统的整体性,才算形成系统的一定层次。如果系统内部诸要素间不具备一定的组合方式,而只是量的叠加,便不能形成系统的结构,也就无法构成系统的层次。所以,从这个意义上说,系统的层次性是由结构的层次性决定的。

语文能力系统,是语文教学系统的子系统,其构成要素有七项:一是较高层次的理解和运用语言的能力和素养;二是较强的现代文阅读能力、写作能力;三是较敏捷的口语交际能力;四是初步的文学鉴赏能力;五是阅读浅易文言文的能力;六是独立自学语文的能力;七是掌握与语文相关的文化常识的能力。它是根据学生语文能力全面发展的需要组合在一起的。这一阶段的能力系统结构,较好地体现了学生所应具有的语文素质的整体要求,因而也就显示其相对的层次性。同样,其中的要素之一的"初步的文学鉴赏能力",如果把它视为一个子系统,它又有自身构成的要素,并有自己的排列组合方式,形成低一级的系统结构,具有相应的层次性。而语文能力系统与语文基础知识系统、课文系统,作为构成要素,按照一定的组织方式,形成了高一级的系统结构,即语文教学内容系统。

　　系统的层次性,对于发挥系统的功效具有重要作用。一个层次分明的系统,即系统内部诸要素之间、系统与要素之间,具有分明的层次性或等级性,那么,系统的功效就高;反之,如果系统的层次混乱,功效就会降低。这是因为层次的混乱实是结构的不合理,缺乏有序性,也就必然导致系统功能的减弱或抵消。因此,认真研究系统的层次性特征,把握系统的层次性原理,就能更好地发挥系统的整体功效。对于同一层次的组成要素(小系统),要认真处理,协调发展,切不要顾此失彼,或有所偏重。如教育系统的遗传与环境是两个重要的构成要素,如果只强调遗传因素,就会否定教育的功能,忽视人的可变化性;只强调环境因素,就会否定人的主观能动性,忽视人的个性发展。再如,在当前"应试教育"向"素质教育"转轨的过程中,有的单位领导为有效地实施素质教育,提出了"解放教师,解放学生"的方针,这是为了保护系统的层次性,为了更好地发挥教师和学生层次的积极性。就语文教学来看,如果把教师从"应试教育"的指挥棒下解放出来,真正自主地按大纲要求,切实发挥主导作用,精心组织教学与训练,那将取得较高的效果。解放学生这个层次的效应也是如此,如果统得太死,层次本身不能发挥功能,整体系统的功能也就无从发挥。当然,这里倡导的"解放",绝不是放任不管,而应有更高的要求、明晰的目标以及相应的评价措施或监督机制。

研究系统的等级性不等于要求无限度地增加系统的层次,层次分明也不等于层次复杂。发挥系统功效的关键不在于层次的多少,而在于每一层次是否处于一种合理的结构之中。如果结构不合理,层次越多,则负效应就越大。所以在研究系统层次性时,应当注意系统层次与系统结构的关系。

(四)有序性特征

有序性,是语文教学系统的本质属性之一。系统的有序性,是系统内部的诸要素以及同外部环境的有机联系与层次结构的反映,稳定的联系构成一定的层次结构,形成系统的有序性。

所谓"序",是系统的各要素之间相互联系的总体面貌。它包括系统的结构,又大于结构。它是系统内部结构与外在状态的总和。也可以说,它保持了一定系统的整体特征和功能的内部结构方式与运动秩序,体现了整体与部分的对立统一。所谓"有序",是指信息量增加,组织化程度增强,系统由较低级的结构变为较高级的结构;反之,就是无序。而要做到有序,任何系统都应开放、涨落,远离平衡态。即通过开放的有序,通过涨落的有序,而"非平衡是有序之源",也就是通过远离平衡的有序。

据此,语文教学系统的"序"、"有序"以及有序性特征,则应是语文教学系统诸要素的有机联系与一定的层次结构的反映,它保持了该系统的内部结构与外部状态。现以语文教学系统的内容系统为例。据现行语文教学大纲的规定,高中语文教学的内容系统构成要素包括三部分,即能力训练系统、基础知识系统、课文系统。其排列顺序也是如此。"能力训练"是语文教学所要达到的主要目标,将它列于首要地位,体现了语文是文化载体和交际工具的特性,也是对我国传统语文教学历来以选文为主要教学内容体系的一个变革。"基础知识"是语文教学内容不可或缺的重要组成部分,因为它是进行能力训练的基础。语文知识的教学是为提高语文能力服务的,是以提高语文能力为主要目的的。而"课文"则是教学的范例,正如叶圣陶先生所指出的"语文教材无非是例子,凭这个例子要使学生能够举一反三,练习阅读和作文的熟练技能",即以其作为能力训练的凭借,培养学生的语文能力。以上三要素的组合,是相互联系、相互作用、有机关联的,从而形成了语文教学内容系统这一系统层次的优化结构,其整体功能得到有效的发挥,且显示出这一系统层次的有序性。

系统的"序",包括有序与无序。"有序"主要表现为以下三个方面:

一是纵向有序。从垂直方向看,一般系统中有大系统、系统、子系统、要素等。以语文教学系统为例,该系统可剖分为:语文教学系统——初中语文教学系统——教学内容——基础知识——汉语知识——句子——单句的成分——谓语等。等级分明,井然有序,这种稳定的层次联系便构成了系统的纵向有序。

二是横向有序。从水平方向看,系统的各要素之间,系统与环境之间以及各系统之间,一旦形成有序的、稳定的联系,便构成系统结构,呈现系统的横向有序。现以语文教学内容系统为例,该系统包括能力训练、基础知识、课文三个子系统。其中基础知识系统又包括汉语知识、读写知识、口语知识、文学常识、文言知识、工具书知识,而文学常识又可作为一个小的子系统,包括文学鉴赏常识、文学发展常识、传统戏曲和影视文学常识三方面的要素。这样,每一个层次的系统,都包括自身的构成要素。这些要素之间有机地组合在一起,形成稳定的联系,从而使得各层次的系统横向有序。

三是过程有序,也叫动态有序。系统的有序发展,一般是从较低级的有序状态走向较高级的有序状态,系统的有序性是在发展中构建和完善的。作为"序",它不是凝固不变的恒量,它是一个不断更新的变量。而有序状态也不是永恒不变的,有序与无序是对立的统一,是会相互转化的。如语文教学目的系统的有序性,便是在长期的发展过程中逐步构建与完善的。由于外部环境不断地向语文教学系统输入某些信息与能量,因而,语文教学的目的系统时有变化。有时只强调德育,即思想政治教育;有时只强调智育,即培养语文能力;有时又二者并重。这样,目的系统的构成要素便出现无序的状态,有时则是残缺不全。随着社会的发展,教学改革的深入,现代人才观的主要目的系统的构成要素日臻完善,要素之间也能有机联系,形成有序的层次结构。现行教学大纲所规定的语文教学目的便由三个子系统(要素)组成:一是智育目的,包括知识教学、能力训练、智力开发;二是美育目的;三是德育目的。

系统的有序性,即一个系统要走向有序,必须具备相应的必要条件。系统科学的组织理论研究认为,系统走向有序的必要条件有:要开放,有涨落,远离平衡态。

所谓"要开放",是指系统"通过开放的有序"。系统开放,与外界、能量和物质的交换,使系统由简单到复杂,由无序到有序。如语文能力训练系统,就是开放系统,其开放性表现为,以社会的需要和实践为出发点,以适应未来的信息社会、未来的快节奏生活、未来的高效率工作为目标,这种现实的、未来的人才素质规格需求,便要求能力训练系统应具有相应的构成要素(子系统),要做到有机组合,稳定联系,形成新的系统有序状态。

所谓"有涨落",即比利时科学家普利高津所说的"通过涨落的有序"。"涨落"是耗散结构论的基本概念,是指对系统稳定状态的偏离,是对对称性的破坏,它是实际存在的一切系统的固有特征。涨落的特点是大小、形状、范畴都是随机变化的。当一个系统处于非平衡态,随机的涨落开始时强度较弱,但很快随时间而加强,从而演化到新的状态点,使系统走向新的有序状态。

所谓"远离平衡态",普利高津认为"非平衡是有序之源"。当任何一个系统处于平衡态或近平衡态,即便是开放系统,因外部环境的信息、能量、物质的交换达不到足够的量,系统也就达不到新的状态点。所以系统只有远离平衡态,才可能进化而走向有序,从而形成新的稳定的有序结构,这就是所谓的"通过远离平衡态的有序"。

认识到语文教学系统的有序性特征、有序走向以及所应当具备的必要条件,就要努力促使语文教学系统成为开放系统,与外界交换信息、能量、物质,使系统整体走向有序;系统内部的各子系统(要素)之间也需要开放,需要交换信息、能量,才能使它们走向有序。如学习语言,一般都要进行听、读、说、写的训练,并要反复多读,在大脑皮质的有关部位建立语言中枢、听觉中枢、视觉中枢、运动中枢四者对应的联系,这个过程便是一个有序的过程,而听、读(视)是信息输入,说、写是信息输出,同时也起反馈作用。输出信息经过评价,必要时可以再次输入,以强化所学的内容,这是一个完整的学习过程,也是一个有序的学习系统。

总之,有序性是语文教学系统的本质特征。因此,我们要把语文教学系统建成为与外界有信息、能量、物质充分交换的开放系统,远离无活力的、僵化的平衡态,在语文教学充满生机、不断吐故纳新的发展中,追求系统的有序。

第三节　语文教学系统要素论

　　社会是个巨系统,由若干要素构成;教育是个大系统,由诸多要素构成;而语文教学系统是一个子系统,也是由种种要素构成。由此可见,要素是系统的组成部分,系统必须由要素构成。没有要素就无法构成系统;没有系统,要素就永远处于无序的状态,甚至失去存在的价值。因此,系统的要素问题,是一个需要深入探讨的问题。

　　语文教学系统要素论,研究的主要问题是构成语文教学系统的要素的含义与特征。对其中最基本的要素,逐一作静态描述,以全面认识其外部形态与内部结构,进一步理解它们的特征与作用,进而对这些基本要素之间的关系作动态分析,从系统中了解要素之间的内在联系,更深入地认识要素间的结构方式与变换特点。这样,我们就可以从整体上把握语文教学系统的要素与要素之间、要素与系统之间,以至系统与外部环境之间的结构状态、整体功能和演化规律。

一、语文教学系统要素的特征

　　语文教学系统是一个相当复杂的结构,构成语文教学系统的要素是多种多样的,而诸要素之间的关系也是纵横交织的,并形成不同形态的结构网络。因此,研究语文教学系统的构成要素,就应当从廓清要素的含义入手,进而研究其一般特征,以至结构、功能等问题。

（一）语文教学系统要素的含义

系统论研究认为："处在一定相互联系中，与环境发生关系的各个组成部分的整体即系统；组成系统的各个单元、因子、部分即要素。"①所谓要素，就是系统的组成部分、因子。语文教学系统的要素，就是组成该系统所必要的元素、部分。如语文教学大纲、语文教材、教语文的教师、学语文的学生、供语文科教学的环境以及语文教学的目标、内容、过程、方法等等，都是构成语文教学系统的因素、部分，也就是要素。

语文教学系统的任何要素同一般系统的要素一样，都可能同时兼有两种身份，即既是要素，又是系统。一个系统，可以把一个子系统作为要素包容在自己的结构中；同样，一个系统包容的要素，也可以包括低一级的若干要素，而自成系统。因此，对于要素及其含义的认定，要从相对固定的系统层次上来进行。从这个意义上讲，要素是一个具有相对意义的概念。

（二）语文教学系统要素的特征

语文教学系统是由若干要素构成的，而其各个子系统（即组成该系统的要素），又各自由另一层次的若干要素构成。这些要素，都具有其自身的内涵与结构，相关要素又具有依存关系，并相互作用，同时还和一定的外部环境发生联系。这样，语文教学系统的种种要素，便呈现出以下几个方面的特征：

1.普遍性

如果说，要素与系统这对概念，在自然、社会、思维各个领域

① 查有梁：《系统科学与教育》，人民教育出版社 1993 年版，第 48—49 页

中普遍存在的话,那么,语文教学系统的要素及其相应系统,也存在于全部语文教学活动之中,即具有普遍性特征。从整体看,语文教学是系统,组成语文教学的教师、学生、教材、教学环境等就是要素;现行高中语文教学大纲所规定的"教学内容"是系统,组成教学内容的能力训练、语文基础知识和课文则是要素;一种语文能力,如阅读能力是系统,组成阅读能力的认读能力、理解能力、评价能力等就是要素;一种语文知识,如口语知识是系统,组成口语知识的实用口语和演讲、辩论即是要素;一种能力训练的要求,如写作能力训练中的语言要求是系统,组成语言要求的规范、简明、连贯、得体等便是要素。总之,从语文教学的整体,到语文教学的某些细小部分,都是由若干要素组成的。系统所有的组成部分是要素,所有的系统都由要素组成。语文教学系统也是如此,即语文教学系统及其子系统、次子系统等等都有各自的要素,亦即都由相关的要素所组成。所以,要素具有鲜明的普遍性。

2.相对性

要素的相对性表现为两个方面:一是纵向相对,即要素与系统之间是对应的,具有某种从属关系。一定层次的要素,向上,它作为高一层次系统的组成部分;向下,它又因包括低一层次的诸要素而自成为一个系统。这样,向上或向下,还可以继续类推。如语文教材,与语文教学相对应,它是要素,是组成部分;而与语文教科书、语文辅助教材、语文音像教材等相对应,它又是一个系统。同样,语文教学与学科教学相对应,语文教学则又成为要素,而学科教学是系统。语文音像教材与语文教材相对应,它依然是组成要素;而与录音教材、录像教材、光盘教材等相对应,则又自成为系统。要素(也是低一级要素的系统)与系统(也是高一级系统的要素)是逐级对应,具有相对性。二是横向相对,即要素与要素之间是相对的,具有某种并列关系。一个系统所包含的几个要素,在同一个层次上相对独立地存在着,它们各自又具有特定的内涵与结构,相互之间又有一定的联系。如文言知识是一个系统,它包括常见文言实词、虚词、句式和固定格式等要素,要素之间既相对独立,又有某种内在联系。明确了要素的相对性,就能更好地认识与处理要素之间、要素与系统之间的关系,也为研究系统的结构、层次、功能等打下坚实的基础。

3. 统一性

要素的统一性,是指其内在的有机关联性。要素与系统之间、要素与要素之间在形式上是相对独立的,但在实际上,它们之间是相互依存、紧密相连的。毫无联系的要素是不可能存在于同一个层次并构成系统的。语文教学系统诸要素在相互作用中,它们之间联系的性质与强度不同,每一个要素的作用也因具体的教学过程中的不同情况而有所不同,但每一个要素都有其自身的性质与结构,也都具有直接影响教学效率的特殊功能。所以,尽管要素间的作用、功能有某些差异,但从整体上、从性质上,它们之间是相互联系,不可分割的。如现行高中语文教学大纲所规定的教学内容,作为一个系统,它包括能力训练、语文知识与课文三个要素。如前所述,它们各自都有特定的性质特征与结构体系,作为教学内容并存的三个组成部分虽然相对独立地存在着,但它们在教学过程中又是有机关联、高度统一的。能力训练是该系统中最重要的因素,它是系统的方向、追求的目标,它借助知识与课文来具体实施;语文知识,是关于语文基础知识的系统阐释,它是能力训练的基础,没有这个基础,训练将无所遵循;而课文则是范例,它既是能力训练的例子,也是语文基础知识教学的例证。如果没有课文这个范例,能力训练、语文知识教学就失去了参照。同样,课文教学如果与能力训练、知识教学分割,即单纯地进行课文教学,那也就失去了存在的价值。而要素与系统之间的关系也是如此,即语文教学系统如果没有语文教学内容这个要素,就难以成为一个完整的系统;而教学内容如果离开了语文教学系统,也就失去了它自身存在的意义。所以,充分认识要素与要素之间、要素与系统之间的有机统一性,就能做到系统使要素具有新的特征,要素使系统具有新的功能,从而更好地发挥系统整体的最优效应。

二、语文教学系统要素的静态描述

语文教学系统作为一种客观存在的社会现象,它与其他系统一样,都是由若干要素构成的。语文教学系统一定层次中的诸多要素本身呈现出静态特征;在相互依存和作用的动态过程中,又呈现出动态特征。

语文教学系统的组成要素是有层次的,从纵向看,包括三个层次。各层次中又包括若干要素,即宏观层次(调控):语文教学大纲,语文教学总目标,语文教学原则;中观层次(中心):教师、学生、教材、教学环境;微观层次(运作):教学目的、教学内容、教学程序、教学手段、教学方法、学习考核与评定等。

在语文教学系统各层次的诸要素中,教师、学生、教材(有的主张包括教学环境)是最基本的要素,也是最活跃的因素。它们决定着语文教学过程(系统)的变换与发展,是直接影响教学整体效应的最重要的变量。下面,我们对这三大基本要素作静态描述。

(一)教师

教师,是语文教学系统中最关键的构成要素。这是因为,教师在语文教学中担任着众多的角色：是知识、技能的传授者和智力的开发者，是情感、文化、价值观的体现者，是教学活动的组织者，教学秩序的维护者，教学效果的检测者，又是为了教学发展的需要，不断更新知识的学习者，等等。语文教师的这些重要角色，充分显示其在教学过程中的主导性与主体性。

系统科学研究认为，教师既是语文教学系统中基本的关键的因素，同时，它自身又是一个复杂的、多侧面、多层次的系统，也由若干相关的要素所构成。这些要素有：身体素质、知识素养、能力素养、思想品德素养与人格特征等。

1. 身体素质

语文教师特定的工作特点，要求他们的身体素质要全面发展，而重点体现在以下几个方面：

（1）体质健壮，耐受力强

教师的劳动是异常繁重的，语文教师的工作尤为艰苦。无论是教学活动，还是管理工作，都需要付出巨大的脑力和体力。这种职业劳动的特点决定教师必须具有强健的身体和坚韧的耐受力。

（2）反应敏捷，精力充沛

教师是以教书育人，即以对学生陶冶情操、传授知识、训练能力为主要目标的，要实现这个目标，就需要具有畅达的表述力和敏捷的思维力。而反应敏捷是以人的中枢神经的功能作为物质基础的，只有人体各部机能运转正常、协调发展，使人保持精力充沛的状态，才能做到思维敏捷、表述畅达。教师的敏捷反应主要体现在感知、智能与思维等方面，亦即感知的敏锐性、智能的应变性与思维的创新性。

（3）耳聪目明，声音清晰

听得清楚，看得分明，说得明白，这是教师的身体素质所应具备的起码条件，也只有听觉灵敏、目光敏锐、表达流畅，才能圆满完成接收信息与输出信息的任务，达到预期的教学目标。①

从某种意义上讲，教师的身体素质也是一个决定性的要素。没有健全的身体素质，语文教学系统中的一切活动都将无法展开。

2. 知识素养

语文学科的内容具有综合性，教学对象的学习需求具有多样性，语文教学的目标又具有多元性。因此，语文教师应具备深厚的专业知识素养、系统的教育理论知识素养和广博的文化科学知识素养。

（1）专业知识素养

语文教师的专业知识结构，按照高师中文系本科教学计划的规定和中学语文学科的实际，一般包括：语言学基本理论，系统的汉语知识，丰富的中国文学、外国文学知识，文学基本理论和美学知识，文章学、阅读学、写作学与逻辑学等知识。同时，要密切关注各学科的发展，及时吸收前沿成果，以不断更新知识结构，适应语文教学发展的需要。

（2）教育理论知识素养

语文教师要胜任教学工作，一方面要有丰富的专业知识，这是主体；另一方面还应具有传授专业知识的理论与方法，这就需要有扎实的教育理论知识。首先要有教育学的理论知识，从宏观上把握教育的过程、本质规律与方法等；其次要有生理学、心理学

---

① 参见臧乐源主编：《教师学》，天津人民出版社1987年版，第201页。

的一般知识,了解学生生理、心理发展特点,培养其良好的心理品质;再次要有教学论、学科教育学的理论知识,以掌握语文教学的规律、途径与方法。在此,要强调的是,在世纪之交,教育已被许多国家视为第一战略产业,革新当代教育,探索 21 世纪未来教育、教学的新理论、新模式,已成为世界性的潮流。因此,当代语文教师除学习通常的教育理论外,还必须认真学习国外的现代教育学、现代教育哲学和心理学以及现代教学论与课程论等,了解其研究现状,掌握其未来发展走向,在可能的情况下,做有选择的研究,以更新教育、教学观念,树立现代教育、教学观,掌握现代教学方法。

（3）文化科学知识素养

面对文理学科渗透的趋势、培养"通才"的现实需要以及语文教材内容的丰富多样,语文教师还应具有广博的文化科学知识,包括哲学、政治、经济、法律、军事、天文、地理、历史、音乐、美术以及自然科学、思维科学等方面的知识。随着现代科学技术的发展,新的学科不断涌现,边缘学科也层出不穷。语文教师应密切关注新兴学科,要主动学习,了解其基本内容,以不断完善个人的知识结构。语文教师只有具备一定的百科知识才能更好地理解、驾驭教材,才能满足学生求知的欲望,激发其学习的热忱,从而提高语文教学效率。

3. 能力素养

能力,是指人顺利地完成某种活动的个性心理特征。任何一种单一的能力都不足以使某种活动顺利地进行,而任何活动的进行都需要多种能力的有机组合。心理学研究认为,任何一种活动的内容都有它自身的结构。语文教师要从事教学活动也必须具有多种能力,并形成系统。这些能力包括语文能力、教学能力与科研能力。

(1)语文能力

语文能力,是语文教师的基础能力。中学语文教学的根本目的就是培养学生的语文能力,即听话、说话、阅读与写作的能力。尤其是现行的高中语文教学大纲,把语文学科的性质定位为"交际工具",培养学生的语文能力就尤显重要。作为语文教师的基础能力,语文能力应包含两个方面:一是教师必须具备高水平的听说读写能力;一是教师必须具有指导训练学生获取听说读写能力的能力。

(2)教学能力

语文教学能力,是为了实现教学目标,取得良好教学效果的一种特殊的专业能力,包括语文教材的驾驭能力、语文教学的设计能力、语文教学的组织能力与语文教学的考核能力。语文教材的驾驭能力,指准确地理解教材、恰当地处理教材与熟练地运用教材的能力,这是最基础、最关键的一种能力。语文教学设计能力,是指在研究语文教材的基础上,具体设计教学目标、教学过程、教学方法、相关练习的能力。语文教学组织能力,是实施教学设计,具体开展教学活动的能力,包括课前预习指导、课堂教与学、课外语文活动的组织能力,它是教师智能与教学艺术的综合体现,是完成教学任务具有决定性作用的一种能力。语文教学考核能力,是指教学评价,包括掌握命题原则、选择考核方式、设计考核内容与题型,以及制定与掌握评分标准的能力。

语文教师的这四种基本能力,形成了一个完整的语文教学能力系统,贯穿于语文教学的全过程。

(3)科研能力

一般包括选择课题的能力,广泛收集与科学分析材料的能力,撰写研究文章或著书立说的能力。

4.思想品德素养

"教师"也是一种社会职业,教师的主要职责是教书育人。语文教师承担着基础教育阶段的基础学科的教学,这就要求语文教师应当具有高尚的思想品德修养,包括确立现代意识,热爱教育事业,要为人师表,要有创新精神等。

(1)确立现代意识

历史,将跨入 21 世纪;时代,将迈进信息社会。国际高科技迅猛发展,人才竞争空前激烈;国内教育也正在由"应试教育"向"素质教育"转变。语文教师应解放思想,更新观念,确立现代意识,即树立现代人才观与现代教学观,以适应改革开放的新形势和深化语文教学改革的需要。

(2)热爱教育事业

语文教师热爱教育事业,首先表现在热爱自己的教育对象——学生,把他们看成祖国的未来与希望,要精心地培育;为了他们尽快地成长与发展,要不惜倾注心血,并无怨无悔。其次表现在热爱语文教学事业,语文学科是基础教育中的基础学科,它在陶冶学生情操、培养交际能力方面,担负着其他学科难以承担的任务。这就要求语文教师应在充分认识本学科地位与作用的基础上,全身心地投入教学工作,力求最佳教学效果。

(3)要为人师表

教师是人类灵魂的工程师,应当成为学生的表率、楷模。凡是要求学生做到的,诸如爱祖国、爱人民、爱劳动等,教师都应做到。语文教师在教育、教学工作中,不仅要善于言传,而且要切实做到身教。

(4)要有创新精神

时代在发展,人们的观念在不断变化。人们传递和获取信息的方式与手段,也在随之发生变化。这就要求语文教师锐意进取,勇于开拓,敢于创新。要创新,就必须勤于学习,善于思考。在当代,知识剧增,新科技迅速发展,语文学科的课程体系、教学内容也在不断更新。语文教师应孜孜不倦,刻苦学习,不断扩大研究领域,增加知识拥有量,这样,才能有所创新。

5.人格特征

人格,即个性。从心理学意义上讲,"它反映了一个人整体的精神面貌,是相对稳定、具有一定倾向性的心理特征的总和"①。人格是人的素质的重要组成部分,是人的心理面貌的集中反映。

语文教师应具有完美的人格特征,"即具有理智和情感和谐发展的心理机制,高度创造力的活动效能以及符合共产主义道德的伦理内容"②。其主要表现有以下几个方面。

(1)改革发展的意识

这主要表现为乐于接受新的生活经验、新的思想观念和新的行为方式。这是现代人格特征的首要因素,也是语文教师必须具备的人格素质。

(2)豁达开朗的胸怀

教师从事的是传播人类文明,开发学生智慧,塑造学生人格的崇高劳动,其复杂性、艰巨性是显而易见的。因此,工作中必然充满喜悦与烦恼、欢乐与忧愁,教师要以豁达开朗的胸怀,充分理解,正确对待,认真分析,妥善处置所遇到的问题。

---

① 赵洪海等:《面向21世纪中小学素质教育论纲》,山东教育出版社1996年版,第266页。

② 赵洪海等:《面向21世纪中小学素质教育论纲》,山东教育出版社1996年版,第280页。

（3）坚韧不拔的毅力

毅力，是一种意志行为，是一种有目的的行动，它总是和克服一定困难、创造最佳效果相联系。坚韧不拔的毅力，一方面表现在要持之以恒，即坚持不懈地探求语文教学规律和改进教学方法，坚持不懈地积累知识与总结经验，坚持不懈地了解学生、促进学生的健康发展。另一方面则是知难而进，要有克服困难的勇气，战胜困难的决心与信心。

（4）充沛的精力与振奋的精神

精神状态是人们对外部环境中事物的一种内心体验。教学活动是教师与学生双方参与的一个十分复杂的动态整体，是学生在教师的引导、调整、控制下，积极主动参与的能动的学习过程。因此，教师在课堂教学与课外语文活动中，要以充沛的精力、振奋的精神，去激活学生的思维，调动学生的积极性。尤其在文学作品教学中，教师必须具有饱满的情绪，昂扬的精神，吸引学生的注意，激发其情感上的共鸣，从而取得良好的教学效果。

（5）真诚平等的态度

师生之间要有真诚交往、平等相待的态度。教师是学生的引路人，教师的任务就是促进学生健康全面地发展。俗话说，诚于内而形于表。教师应以最真诚的感情与平等的态度待人。教师应热爱学生、相信学生，尤其要尊重学生。要克服教师文化上、心理上的优越感，做到真诚平等地对待学生。

当然，在与学生真诚相交、平等相待的同时，教师还应坚持原则，要注意维护必要的民主和纪律。在教学活动中要适当施加必要的外部控制，为学生的自律创造条件，形成自律的平等意识。

（二）学生

现代教学理论研究认为,学生在教学过程中居主体地位。这是因为教学的任务就是培养学生,使他们获取知识,发展智能,完善人格。教学的全部活动,都是为了完成这一任务。因此,教师的活动是以学生的学习作为出发点与归宿点。正是从这个意义上说,学生是语文教学系统中的根本要素,而且其自身又是一个完整的系统,构成要素包括身体素质、心理素质、知能素质、智力素质、思想道德素质等。

1. 身体素质

身体素质,通常是指人肌肉活动的基本能力。从生理机能上看,身体素质包括力量、速度、灵敏、耐力、柔韧等。对学生身体素质的基本要求,即良好身体素质的标准有以下几个方面。

（1）身体各器官系统发育正常,并具有良好的功能状态

具体表现是,学生的外在形态与内脏功能都符合各自的年龄特征,发育状况与生理机能均属正常。

（2）体质健康,能抵抗一般疾病

体质是指人身体的质量。构成体质的成分有:人体的形态结构、各系统的生理功能和心理特点。只有各部分处于良好状态,人的体质才能健壮,才能具有抵抗一般疾病的能力。

（3）精力充沛,具有从事生活、学习、劳动所需要的基本能力

生活、学习、劳动都具有不同程度的复杂性与艰巨性,有了充沛的精力,才有可能参与这些活动,收到预期的效果。

（4）灵敏应变,具有较强的适应能力

灵敏性、应变力,均是身体素质的重要方面。人们所生活的外部环境是复杂多变的。要想做到达尔文说的"适者生存",就必

须具有灵敏性高、应变力强等素质,才能较快地适应外界环境的变化,才能生存与发展。

由此可见,良好的身体素质,健壮的体魄,是从事脑力、体力劳动的坚实基础。

2.心理素质

心理素质,是指学生心理发展的水平和比较稳定的心理状态。心理素质是先天遗传和后天影响,特别是经教育而内化后的"合金"。这种素质一旦形成,它就是一种稳定的、含于个体心理中的"固有"潜能。学生健康的心理素质的标准是:

(1)情绪稳定乐观

情绪稳定乐观,是心理健康的主要标志。具体的表现有:能面对喜怒哀乐等情绪而处于相对平静的状态,反应的强度适中,恰如其分;积极情绪居多,情绪倾向于轻松乐观。

(2)意志坚强自控

心理健康者,在思想上,具有自觉性、果断性和明确的目的性,并能随时调控自己的行动;在行为上,有条不紊,有始有终,遇到艰巨的任务,能不屈不挠地去完成。

(3)人际关系和谐

指在人际交往中,一般表现为真诚宽容,团结互助,与人为善,乐于交际。和谐的人际关系是维持心理素质健康的重要条件。

(4)情绪反应适度

指受到刺激的反应适度有差异,但总有一定的限度。尽管人们对刺激反应的强度与速度不一,但如果在刺激面前过度兴奋或冷漠,或惊慌失措,都是心理不健康的表现。

(5)能够自我悦纳

所谓自我悦纳,是指心理健康者既有自知之明,又能据此自处并继续自我完善。健康的心理素质的表现是既了解自己的优点与缺点，又了解个人的性格、能力与爱好等，并注意加强心理修养。这样就能保持清醒理智的状态：既不妄自尊大，也不沮丧自卑。人格发展健全也是心理素质健康的标志。

3.知能素质

知能包括语文知识、语文能力。学生的语文知识、语文能力，在其整体诸要素中处于中心地位，其整体结构具有鲜明的特点。

（1）语文知识

语文知识是训练与形成语文能力的基础，它可以自成系统。例如高中阶段学生应努力掌握的语文基础知识，由六个方面组成，即汉语知识、读写知识、口语知识、文学知识、文言知识、工具书知识等。

（2）语文能力

这是中学生学习语文所要达到的最重要的目标，也是最应具有的基本素质。它由四个方面构成：第一，听话能力，包括辨识语音的能力；理解语义的能力；品评话语的能力。第二，说话能力，说话能力不单是说话的技能、技巧，而是一种综合性的能力。它是一个人的思维能力、知识水平、口头表达能力和其他智力因素的综合反映。从口语表达的过程看，说话能力包括：组织内部语言的能力；快速的语言编码能力；运用语言表情达意的能力。第三，阅读能力，它是一个多层次、多侧面的结构，包括：认读能力（指对阅读材料中文字符号的感知能力，是阅读活动中最基础的能力）、理解能力（指学生把感知的材料联系起来，运用原有的知识储备与体验，经过分析与综合等一系列思维活动，了解文章或文本含义的能力，它是阅读能力的核心）、鉴赏能力（也称评价能力,是指对阅读材料的思想内容、表现形式、风格特点以及价值意义等进行鉴赏与评价的能力)、活用能力(指对于经过认读、理解、评价而贮存的各种知识,能根据需要灵活提取运用的能力,也就是心理学中所说的学习的迁移能力)。第四,写作能力,根据不同的理解,其构成要素有不同的划分。一般认为由两部分组成:一是认识能力,也就是由智力因素构成的写作基本能力,包括观察力、思维力、联想力、想象力和言语力;二是表达能力,即写作的专门能力,包括审题立意、布局谋篇、选用表达方式、运用书面语言与修改文章等方面的能力。另外,写作速度,也是一种应具有的重要写作能力。

4.智力素质

语文学习是一种复杂的智力活动。智力素质的构成要素,一般包括观察力、记忆力、思维力、联想力和想象力。

(1)观察力

观察力,是指善于正确、全面、深入地感知事物特征的能力。这是一种特殊的、发展水平较高的知觉能力,是智力的窗口,思维的触角。它具有客观性、敏锐性、条理性等品质。学生学习语文,尤其是在作文过程中,有了较强的观察力,就不仅解决了写作材料的来源问题,而且也提高了认识事物的能力。

(2)记忆力

记忆力是人脑贮存和重现过去掌握的知识经验的能力。良好的记忆能力,具有持久性、准确性与敏捷性等品质。记忆是学习的认知活动,一般包括识记、保持和重现三个阶段,这与信息的处理过程基本一致,即输入、储存、检索。记忆能力是语文学习的重要心理条件,又是智力活动的仓库。记忆、储存大量的信息材料,学习、交际便有了基础。

（3）思维力

思维力，也称思考力。指运用分析与综合、比较与概括等思维方式，对输入的信息加工整合，从而获得对事物的本质规律的认识能力，它是智力因素的核心。良好的思维能力，具有敏捷性、灵活性、深刻性、批判性与创造性等品质。思维能力的内涵十分丰富，就思维形态看，包括形象思维能力、逻辑思维能力、灵感思维能力、创造思维能力等等。其中创造思维能力，是思维力的高级形式，是当代思维科学研究的重点之一，也是现代社会的优秀人才必须具备的一种素质。思维能力贯穿语文学习的全过程。离开了思维力，阅读中的理解与评价，作文中的构思与表达，学习、生活中的交流与沟通等都无法进行。所以，学生只有具备了较强的思维力，现在的学习、未来的交际，才有可能顺利进行。

（4）联想力

联想力，是指对主体的有关记忆表象进行提取和组合的能力，也是依据事物间的内在联系，由一事物想到另一事物的思维能力。联想力具有广阔性、灵活性、深刻性等品质。在语文学习中，联想力有助于加深理解、促进迁移与开阔思路，获取较多的信息。

（5）想象力

想象，是在改造旧表象的基础上构建新表象的心理过程。想象力，是指在感知的基础上，对已有的表象进行加工组合从而创造出新表象的能力。它具有丰富性、广阔性、生动性、新颖性等品质。想象力是一种重要的智力因素，敢于想象、丰富的想象，往往是创造发明的前提。想象力的培养，在当前语文学习中，还是一个薄弱的环节，因而学生的想象力不强，这是师生教与学的活动中，应当引起重视和研究的一种现象。

　　心理学研究认为，人的心理活动，一般是由两大系统构成的，即认识活动系统和意向活动系统。这两个系统有机地组合成一个整体，方能形成完整的心理活动。这两个系统也就是我们所说的智力系统与非智力系统。以上我们已对智力系统的构成要素的含义、特征（即品质）、作用，逐一作了介绍，但还应认识到，智力的发展不仅仅是由智力因素决定的，它也受非智力因素的影响与制约。因此，要提高智力水平，还必须研究非智力因素，使二者协调发展，实现最佳组合。

　　5.思想道德素质

　　思想道德素质，是学生整体素质结构中的灵魂，是青少年个体发展的主导因素，它对于其他素质的发展有着重要的推动和保证作用。学生所应具有的思想道德素质，一般由两个方面构成。

　　（1）优良的思想品质

　　它表现为远大的理想，正确的人生观，爱国主义与国际主义精神等。其中，爱国主义思想具有极为丰富的内涵，它包括热爱祖国，热爱社会主义，热爱集体，热爱家乡，热爱人民，热爱祖国的语言文字，热爱灿烂的华夏文化，热爱中华民族的传统，为了国家的发展，还应热爱、吸收人类的进步文化等等。语文学科属于人文学科的范畴，具有深厚的思想教育因素。学生应在语文学习的过程中，自觉地吸取精神营养，不断提高自己的思想素质水平。

　　（2）高尚的道德素质

　　道德素质，根据形成的过程，有其独特的结构，即系统的道德认识，深厚的道德情感，坚强的道德意志和自觉的道德行为。其中，实践道德的行为，是衡量人们道德素质的一个最主要的标志。因为任何一种道德素质都要在转化为相应的道德行为时才能被确认，才能呈现出道德力量的效果与作用。

　　青年学生应逐步养成自己高尚的道德品质,包括尊重他人,关心他人,助人为乐,热爱集体,尊敬师长,热爱劳动,勤俭朴素;热爱科学,坚持真理,大公无私,忠诚老实,乐学敬业,竞争创新,遵纪守法,讲究文明等等。在我国,社会主义初级阶段是一个相当长的历史时期。当前计划经济体制正在向社会主义市场经济转轨,面对汹涌澎湃的改革大潮,学生应在学校与社会的双重作用下,主动了解道德素质生成与发展的过程,自觉加深对思想道德的认识,逐步培养与时代发展相适应的思想道德素质。

　　(三)教材

　　语文教材,有广义与狭义之分。狭义的语文教材专指语文教科书(或称语文课本);而广义的语文教材则不限于教科书,还包括学生的练习册(或称学习手册)、教学挂图、音像教材和计算机软件等。广义的语文教材中,教科书占主导、核心的地位,其他教材则处于次要地位,具有补充的性质,起着配合、辅助的作用。但从发展上看,电教软件的地位在上升。

　　语文教材与语文教学内容也是两个不同的概念。尽管二者有交叉重叠,但二者有明显的区别。语文教学内容"是教给学生的一切价值观念、知识、经验和能力的整体,是向学生灌输思想、传授语文知识和培养语文能力的总和,而语文教材则是教学内容的一种媒体。它是把教学内容用最规范的形式反映出来适于教学的客体"①。

　　1.语文教科书

　　语文教科书,是进行语文教与学的主要凭借,是现行中学语

---

① 朱绍禹主编:《中学语文教材概观》,人民教育出版社 1997 年版,第 8 页。

文教学大纲的物化形式,它体现着大纲的基本精神,规定了教学内容与顺序,规范着教与学的方式与方法。

(1)语文教科书的基本特征

规范性。语文教科书的规范性,首先体现为知识的规范性,即必须是正确的、准确的、公认的。其次是课文的典范性,入选的课文必须思想内容健康,语言文字规范,亦即文质兼美,同时还应具有较强的生成性与诱导性。再次是训练的规格性,指训练要有明确的规格要求,即每次训练的方式、内容、程序与要达到的目标都有明确要求,并把每次训练纳入一定阶段的训练系统。

实用性。实用性是语文教科书的基本特征,它应既适于教,也便于学,为教学服务。教科书的内容与编排应当符合学生的认识规律与学习规律,便于学生理解掌握。同时,也为学生的学习发展创造条件。现行语文教科书,几经改革、探讨后采用教学单元组织而成,即以教学计划为依据,把阅读与作文训练、语文知识三者结合起来,组成一个有机的整体,形成由点到线式的综合型教材。同时,增加学习重点(或要求)、学习提示(预习的、自读的)、阅读方法与习惯的知识,有助于培养学生的自学能力。

时代性,即具有鲜明的时代感。要贴近时代,必须把社会发展的信息,时代变动的脉搏及时地反映到教科书中,也就是把时代的活水注入教材,把先进的思想观念、最新的科技信息、当代的文学艺术新貌及新涌现的文化现象,通过教科书传递给青年学生,使他们开阔视野,增强时代精神和社会责任感。教科书的时代性,必然带来它的变革性,纵观中学语文教科书的历史,从内容到形式均在不断革新。变革性是教科书的生命。

趣味性。语文教科书应是最有魅力的教材。在内容上,选文应具有召唤性、生动性与深刻性,以引发学生的浓厚兴趣,使教师乐于教,学生乐于学;在形式上应讲究艺术性,做到图文并茂,字体美观,装帧精美等。

(2)语文教科书的类型

我国通用的语文教科书,从编写体系上看,大体可以分为两种类型,加上正在探索中的课程型,共有三种。

(1)综合型。综合型语文教科书编写的体系特点是,"把阅读训练教材、写作训练教材和语文知识三者综合编在一套教材里,采用读写结合的编排方法,课文分成若干单元,写作训练、语文知识都安排在一个单元里,每个单元是一个教学单位"①。这类教材的历史较长。现在使用的中学语文课本,几经修订,越来越好,但还有必要作系统的、全面的修订,以求更加完善。

(2)分科型。分科型语文教科书,"主要是按照语文训练和语文知识本身的体系分编成几种教材"②。如1956年的文学课本,按文学体裁和文学史的系统编写;汉语课本,按汉语知识的系统编写。

1982年编写的六年制重点中学语文实验教材,初中是《阅读》、《写作》分编,《写作》含汉语知识;高中的阅读教材采用"读本"的形式。高一为《文言读本》(上、下),以"文言阅读"为主要内容,培养学生初步阅读文言文的能力;以"文言诵读"、"文言点读"、"文言翻译"、"文言浏览"为训练重点。高二为《文学读本》(上、下),以"文学鉴赏"作为训练的主要内容,培养学生初步的文学鉴赏能力;以"诗歌鉴赏"、"散文鉴赏"、"小说鉴赏"和"剧本鉴赏"为训练重点。高三为"文化读本"(上、下),以"文化名著

①黄光硕:《语文教材论》,人民教育出版社1996年版,第38页。
②同上。

概览"为训练重点,把重点作品和重点作家评介及有关文化知识结合起来。

(3)课程型。课程型教科书,是当前正在探索、编撰中的体现课程结构的多课型教材。1996 年颁布的《全日制普通高级中学语文教学大纲(供实验用)》第一次规定了语文学科的课程结构(见图 2—1):

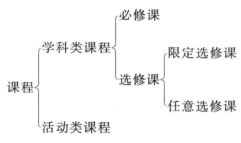

图 2—1

大纲规定:"课程由学科类课程和活动类课程组成。"这是一个崭新的课程体系,是为适应培养 21 世纪社会主义现代化建设人才的需要而研究设计的。根据新的课程结构体系,要编写配套的多课程型语文教科书。"大纲规定,采取'二一分段'的课程教材结构。高一、高二开设必修课,高三开设限定选修课,分别供给教材。此外,还要编写任意选修课教材和活动课教材,供学生自主选修。"①

(3)语文教科书的结构

语文教科书的结构,包括三个序列,即知识序列、训练序列和

---

①国家教委基础教育司编:《语文教学大纲学习指导(供实验用)》,人民教育出版社 1997 年版,第 26 页。

教学序列，也可以视为语文教科书结构系统的三个子系统。

知识序列。教科书的知识，包括汉语知识、文体知识、读写知识、口语知识、文学知识、文言知识和工具书知识等，它们是构成该序列的一级要素；而每个一级要素又可自成系统，有各自的子要素，它们是该序列的二级要素。以此类推，可以找出更高级的知识要素。各级知识要素可概括成一个个的知识点。知识点之间有着纵向的种属关系，也有横向的网络关系，形成复杂的网络结构。语文知识的序列化，为语文能力的形成准备了有利条件。

训练序列。教科书的训练序列，包括听、说、读、写四种能力训练主线，每条主线又下辖不同层次的支线。训练线由训练点组成。一个训练点由若干知识点组成，即知识指导，范文示例。基本的训练单位是单元。一个单元是一个综合训练点，包括一个主要训练点和若干辅助训练点。各单元之间，相互关联，形成系统。

教学序列。教学序列是一个纵向系统，它不像知识和训练序列那样分别以知识和训练点为其表征；教学序列是内隐的，它通过排列显示存在。如九年义务教育三年制初中语文教科书的编写体系，从课本的编排方式与教学重点的确定上作了探索。初中的学习过程被分为三个阶段：第一学期为第一阶段，课文按其反映的生活内容分类编排，主要是认识学习语文与生活的关系，着重培养一般的语文能力。第二、三、四学期为第二阶段，课文按表达方式编排，着重培养记叙、说明、议论的能力，三种表达方式依次分作三个学期的训练重点。第五、六学期为第三阶段，课文按文体分类编排，着重培养在生活中运用语文的能力，同时培养文学欣赏能力。以上编排的序列，也就是教科书所外显的教学程序序列。①

2.语文辅助教材

（1）练习册

练习册是为训练而设计的，目的是巩固教学效果，提高语文实践能力，它是对教科书训练系统的补充与加强。所设计的种种练习题大致可归纳为四类：感受性练习题，旨在培养阅读感知能力；理解性练习题，旨在培养阅读理解能力；评价性练习题，旨在培养阅读评价能力；操作性练习题，旨在培养动口、动手能力。当前的语文练习册名目繁多，几近泛滥成灾，语文教师应严格控制并精心选用。

（2）教学挂图

语文教学挂图，是指由教育主管部门审定，与教科书配套并正式出版的教学图表，其作用是增强教学的直观性和教学内容的形象性。教学挂图可分为两种：一是说明性挂图，着重对事物解说；二是艺术性挂图，它利用视觉形象增强学生对课文的艺术性感受和理解。

（3）音像教材

音像教材，是随着科技的发展而新兴的，正在发展中的一类语文教材。它对全面提高学生的语文素质，尤其是听说能力，进行思想道德教育以及智力开发，都具有特别重要的意义。

音像教材是根据教学大纲的规定和教学的需要，用图像与声音再现教学内容，用电、磁等技术进行制作与播放的教材。它与文字教材配合成为文图并茂、体形结合、动静搭配、声色并举的感性知识系统和理性知识系统紧密结合的教材体系。音像教材根

①参见陈菊先主编：《语文教育学》，华中师范大学出版社1994年版，第172页。

据传播手段的不同,包括录音带、录像带、幻灯片、投影片、电视片、电影片和激光盘等。随着教育事业的发展,现代科学技术的普及和教育经费投入的增加,音像教材将会有更大的发展。

三、语文教学系统要素的动态分析

教师、学生、教材是构成语文教学系统的三个基本因素,但它们并不是静止地、孤立地存在着的,三者之间具有内在的有机联系。它们相互依存、相互作用,相互交换能量、交流信息,形成动态的系统结构,即语文教学过程。语文教学过程是一个特殊的劳动过程,它不同于一般劳动过程。在一般劳动过程的构成要素中,具有能动性的,只有劳动者这一要素,所以,劳动者当然是劳动系统中的中心,是主体。而语文教学过程中的教师与学生都是活要素,都具有能动性。因此,在语文教学过程中实际上存有两个主体,即学生与教师;存有两种相应的活动,即教师组织教授,学生学习发展;存在着两个过程,即教授过程与学习过程。① 当然,这两个主体、两种活动、两个过程是相辅相成、协调发展、相对统一的。在这里,我们就教与学的过程,对教师、学生、教材这三个基本要素的相互关系作些动态分析。

第一,从教授过程看,教师是施教者,是主体;学生是受教者,是客体;而教材则是实施教与学的凭借与依据,是教师与学生的作用对象,也属于客体。作为施教主体的教师,其主要职责就是把教材中的相关知识结构,变为学生的认知结构,也就是教学生学习,教他们学会知识,练就能力。

教师,作为教授过程中的主体,要完成教授任务,教会学生学

---

① 参见颜泽贤、张铁明:《教育系统论》,河南教育出版社 1991 年版,第 331 页。

习,首先要认真研究面对的两个客体,即一要系统研究教材,二要全面研究学生。对教材,应先作整体研究,不只是一册教材,也包括全套语文教材。通过系统研究,了解其整体结构、内容体系、编写特点。对单元排列的逻辑顺序及其内部结构,也应整体把握。然后对一篇课文作系统研究,全面理解其结构层次、内容要旨、重点难点、章法技法以及语文能力的训练点与训练量等。对学生,应作全面研究。要了解学生语文知识与语文能力的基础,学习态度与习惯以及年龄特征,智力水平与非智力因素的状态;也要注意学生在不同阶段,各个方面发生的变化及原因。既要作静态分析,又要作动态研究,以期全面、准确地把握学生的整体面貌与特点。

在此基础上,教师以教材和学生的实际为依据,恰当地确定教学目标,精心选定教学内容,编制教学程序,选择教学手段与方法,设计相应的练习,进而编就施教的方案。这应属教授过程的准备。在施教过程中,教师既要发挥主动性,又要有受动性,因为教学过程不是教师以一种简单的、固定的形式进行单向灌输的过程,而是师生之间共同进行的一种双向互动的过程。也就是作为主体的教师在教学过程中应充分发挥主导作用,即把教材中的相关信息,逐步传输给学生。但在施教过程中,要随时吸取学生的反馈信息,及时调整教学内容与方式,以期取得教授的最佳效果。

作为受教者的学生,在教授过程中应属于客体。但不是消极的受动者,更不是静止的容器,而是活生生的人。对客观而言,人都有主体性。所以在这一特定过程中,学生是具有主体性的客体,即具有主观能动性的客体。他们能根据自己的基础与需要,能动地接受教师的传授并及时反馈,以帮助教师适时调控,保证教学过程顺利有效地进行。

　　第二,从学习过程看,学生是当然的主体,即学习和受教的主体。语文教材是学生认识的对象,是客体。而教师相对学生而言,是客体,是具有主导性、主体性的客体,也是主体学生认识客体教材的"中介"。

　　作为主体的学生,在与教授过程并行的学习过程中,其任务就是在教师的精心指导下,把教师所提供的信息能动地吸收、加工、贮存,进而转化为自己的知识与能力。因此,学生一方面要自觉地接受教师的教导,随着施教的过程,能动地接受教师的引导与调控,即主动地进行课前预习、课堂听讲、课后复习与练习,并及时向教师作出反馈。另一方面,也是更重要的方面,学生应积极参与语言实践活动,即主动进行听、说、读、写的语文训练,这是充分显示学生具有主体性的标志。所以,学生应把自己视为学习过程的主人,亦即学习的主体,把教师的教授目标作为自己的学习目标,把教师的要求视为自我要求,把提供的教学内容看作是个人应全部理解掌握的内容。同时,在接受过程中质疑问难,从而进行创造性的学习或超前学习。

　　作为客体与"中介"的教师,在学习过程中应充分发挥主导作用,帮助学生明确方向、激活动机、引发兴趣,指导吸收教材中的相关信息,调整信息量,评判与控制学习行为,以保证学生学习的发展。

　　第三,教授过程与学习过程,实际上是一个对立统一、不可分割的有机整体,是一个由若干要素构成并协调发展的完整的教学过程。教师、教材、学生是构成语文教学系统(过程)的必要条件,缺少其中的任何一项,都不能构成真正意义上的语文教学过程。没有教师的教,学生的学只能是"读书"或"自学"而非教学范畴内的学习;没有学生的学,教师的教也只能是"独诵"或"独白"而非教学。至于教师与学生没有了教材,也就没有了教与学的依据与凭借;同样,教材如果不被教师、学生所利用,那么,它只能算作一本书,静静地躺在那里,永远不能成为教学活动的基本要素。正因为三者之间、三者与语文教学系统其他要素之间有如此相互联系、密不可分的关系,才能形成相对稳定的系统结构,进而演化为充满生机的、具有整体功能的语文教学过程。

既然确认语文教与学的过程是一个完整的有机关联的教学系统,那么,作为基本要素的教师、学生、教材也必然会在这个有机统一的过程中,相辅相成、协调发展。

语文教学的最终目标,就是教会学生学习,教会学生独立地去发展,去创造。因此教师的全部教学活动应当以此作为出发点与归宿。施教前,教师要充分研究学生的实际,根据他们的现有基础与接受能力及教材的质与量来设计教学;施教过程中,要密切关注教学信息的释放量与学生的接收情况,及时作出相应的调整与控制,使教与学协同发展;施教后,或直接听取学生的反馈信息,或通过检测取得反馈,以备下一个过程的调整与控制。

在语文教学过程中,作为受教主体的学生,虽然处于教学信息传播的终端,是个受教育者,但绝不只是消极的、被动的受动者,应充分发挥主观能动性,密切配合教师的教学活动,努力把学习变为一个能动的过程。另一方面,学生还应对教师的教及时地作出反应,向教师发出反馈信息。这样,不仅帮助教师适时地调控自己的教学行为,而且有助于深化教学内容,优化教学方法,有利于取得良好的教学效果,提高教师的业务素质。

作为教师与学生共同认知的语文教材,是教与学的依据与凭借,有着自身的结构体系、内容要点以及变化规律。但语文教材的主体是语文教科书,而它又主要是由一篇篇文章所组成的,具有很强的综合性。至于每一篇课文,也是一个语言综合运用的整体,所以各篇课文的教学目的、教学的重点与难点、知识点与训练点等等,课文本身并没有明晰的确定性与规定性。只有通过教师反复钻研、深入理解,才能对上述问题作出回答,并作出相应的教学设计,纳入教学过程。另一方面,学生面对教材,当然也可以各取所需。但语文的精华何在,重点如何理解,难点如何突破,应当掌握哪些最重要的知识点并进行相应的训练,有的通过自学可以解决,但多数问题还是要借助教师的点拨、讲解,才可能事半功倍,取得最佳效果。同时,还应力争从教师的指点中,学到解决问题的方法,并逐步转化为熟练的技能,养成良好的习惯。

综上所述,我们可以看出,教师、学生与教材作为基本因素,连同其他相应要素,构成了语文教学系统。而这三个基本要素,又各自是由若干要素组成的子系统,它们各自独立存在,形成相对稳定的系统结构。但三者之间有密不可分的内在联系,在语文教学过程中,作为最活跃的因素,它们相互依存,相互作用,呈现出变化发展的态势,形成动态结构,从而使语文教学系统发挥优化的整体功能。

(以上选自《整体与圆识——语文教学系统论》
青岛海洋大学出版社 1998 年 6 月出版)

第二章　语文教学大纲论

第一节　语文教学大纲概说

教学大纲是国家教委(教育部)根据教学计划,以纲要的形式规定有关学科内容的指导性文件,是国家对有关学科教学提出的要求和规格。

中学语文教学大纲是国家教育主管部门根据中学教学计划,制定并颁布的指导中学语文学科教学的纲领性文件。它明确规定了语文学科的性质地位、教学目的、教学要求、教学内容、教学原则等,是国家对中学语文学科的统一要求和规格,具有较强的权威性与法规性。因此,语文教育工作者必须认真学习大纲,理解大纲的基本精神与具体要求,并自觉地在语文教学中贯彻执行。

一、语文教学大纲的特点与功能

语文教学大纲具有鲜明的特点和多种功能。

(一)语文教学大纲的特点

准确地理解大纲的特点,是为了更好地认识大纲的性质、地位与作用,从而提高执行大纲的自觉性。

1.法规性。语文教学大纲是国家最高教育领导部门根据教育方针、教学计划制定并颁布的,全面体现了国家对本学科教学的基本要求,它对语文学科的性质、目的要求、教学内容、教学原则等都作了明确规定,是指导语文教学的大法,具有很强的法规性与权威性。因此,在教学中必须认真贯彻执行。语文教学实践也证明,只有真正做到以"纲"为"纲",切实把大纲作为教学的法规依据,才能克服教学的盲目性、随意性,使语文教学在正确的轨道上发展,有效地提高教学质量。

2.科学性。语文教学大纲全面正确地解决了语文教学领域中一系列根本问题。它辩证地阐明了语文学科的性质,科学地规定了语文教学的目的任务,合理地确定了语文教学内容,准确地揭示了语文教学原则等。因而,较好地反映了语文教育的规律,也符合中学生的知识基础、心理特征与认识规律,对语文教学具有较强的指导与规范作用。

3.继承性。尽管语文单独设科是在晚清时期,语文教学大纲单独编制的历史也不长,但我国的语文教育却源远流长,积累了许多合乎教育规律的经验、理论。语文教学大纲的编制与修订,既重视继承传统语文教育中行之有效的理论,也注意吸收现代教学改革的成果。因此,大纲总是在继承的基础上不断发展,在发展中逐步完善。

4.操作性。一个好的教学大纲,不但要有一定的理论性、科学性的体系,更要有具体的内容与要求,以便在教学中操作。语文教学大纲不仅从学科性质出发,明确规定了语文教学的目的,还分别提出了初、高中阶段的教学要求,而且分年级确定了听、说、读、写的教学要求,安排了能力训练的具体项目,并划定了较为科学的度与量。这有助于克服语文教学的模糊性,加强语文训练的可操作性,从而促进语文教学的科学化、现代化。

(二)语文教学大纲的功能

语文教学大纲的功能是多方面的。有人将其功能概括为"四纲",即编纲、教纲、评纲和考纲。

1.编纲,编选教材的纲要,亦即编写教材的主要依据

语文教学大纲对语文教材的编写有着根本性的制约作用。它规定了编写教材的指导思想,选材的范围、标准,编写的体例、内容。现行大纲根据"一纲多本"与不同层次的考试的现实,还规定了必选的基本语文篇目。这些,均应是教材编写所必须遵循的依据。而大纲所规定的目的、要求,要通过教材来体现。正因为大纲对编写教材有重要的制约作用,它的科学化程度,就直接影响着语文教材的科学化水平。

2.教纲,实施教学的纲要,亦即进行教学的基本依据

大纲是进行本学科教学的指导性、纲领性文件,它体现了国家对本学科的基本要求,应是各项教学工作的主要依据。大纲对学科性质的论述、对教学要求的规定,可以从宏观上帮助教师把握学科的教学方向、目标;大纲对教学内容的说明、对教学原则的阐述等,又有助于教师明确所教内容及其量与度,和应遵循的教学规律。所以,对语文教师来说,大纲既是进行教学的理论指导,也是教学活动中的行为准则。实践也证明,只有把大纲作为教学的依据,才能保证教学工作的健康发展。

3.评纲,评价教学的纲要,亦即评估教学质量的主要标准

评估教学质量,是教学工作中的重要环节。大纲既然是教师进行教学的依据,那么,评估教学理应以大纲为客观标准。大纲

对学科性质、教学原则的阐述,应视为衡量教学活动是否科学有序的主要依据;对教学目的、要求的规定,则应是评价教学效果的统一尺度。各级教育主管部门和学校领导检查、评估教师的教学水平、能力,均应把大纲作为主要的标准;而教师评价自己的教学活动、学生评定个人的学习效果,也应以大纲为基本依据。

4.考纲,考试命题的纲要,亦即考核学习水平的客观标准

中学阶段语文的各级、各类考试,如学期考试、毕业考试、升学考试和高中会考等,都应以教学大纲作为衡量的客观标准。大纲对各阶段、各年级语文基础知识和语文基本能力的要求,应是考核的重点;大纲所规定的基本课文篇目应是命题的主要范围;而对试题、试卷的定性、定量分析,并由此作出评价,也都应把大纲当作主要依据。任何类型的考试,如果确系超出大纲规定,都是不足取的。

正确认识语文教学大纲的特点与功能,旨在提高对大纲重要性的认识,从而自觉强化大纲意识,并切实用以指导教学活动。

二、语文教学大纲的类型与结构

(一)语文教学大纲的类型

教学大纲就其教学内容排列的方式来看,一般可分为两种类型:一是线型大纲,一是环型大纲。

线型大纲是指按知识的逻辑体系逐步增加新的题目和章节,由易到难、由浅入深地排列起来的大纲类型。环型大纲是指把教学内容一层层地组织排列,根据其难易程度和内在联系安排若干循环,使一种(或一类)知识或技能由易到难地反复出现,并逐步加深、提高的大纲类型。

中学语文教学大纲就其结构和内容而言,是环型大纲。1963

年大纲、1986年大纲以及现行大纲都属环型大纲。它对各学段、各年级的教学要求,都是从语文基础知识、语文基本能力和基本课文篇目分别作了规定,并按照由易到难、由简单到复杂的顺序排列,形成了一个循环往复、积累重合的层次结构。这是从整体上看。上述大纲中也有线型因素,主要体现在语文知识短文的编排上。而1956年的《初级中学汉语教学大纲》(草案),则可以说纯属线型大纲。它是按照现代汉语知识系统,即语音、文字、词汇、语法、标点、修辞的顺序排列的。而《高级中学文学教学大纲》(草案)则属混合型,即既按照文学史的发展系统编选课文,又按各类不同文体反复选入;而文学常识、文学理论知识、文学史知识以及文化知识等,又按其逻辑顺序组织安排。

综上所述,中学语文教学大纲从整体上考查,应属环型大纲,但又有某些线型因素。

(二)语文教学大纲的结构

教学大纲的结构,"一般分'说明'和'大纲本文'两部分。前者说明本学科的教学目的要求、本学科教材编选的原则、教材的排列、教学中应注意的问题等。后者依据知识的逻辑体系和学生认识过程的规律,系统地安排本学科教材编、章、节、目的标题、内容要点或课题、上课时数等"。

中学语文教学大纲一般由引言、说明和本文三部分组成。

引言部分,是大纲的总纲。扼要阐述中学语文学科的性质、地位和作用。有的大纲没有引言部分。

说明部分,在阐明学科性质的基础上,根据国家对本学科的基本要求,对学科教学中一系列重大问题,均作了明确的规定与阐述。一般有学科教学目的、教学要求、教学内容以及教学原则、方法等。

　　本文部分,对各年级的教学内容和教学要求作了具体规定。有的分学期逐篇课文提出了教育、教养方面的要求,规定了进度、课时数。现行大纲只规定了各类教材必选的基本课文篇目。

　　有的语文教学大纲还有附录部分,包括阅读书目、教学参考书目、教学图片等。

　　现行中学语文教学大纲有两种,其结构大致相似:先有一个引言,然后分章排列,即大纲的说明、本文部分,无附录部分。

　　其一,《全日制中学语文教学大纲》(修订本)。引言部分阐述了语文学科的性质、地位与指导思想、发展方向;具体内容有七项:1.教学目的;2.教学要求;3.教材内容;4.作文教学;5.教学中应注意的问题;6.各年级语文基本能力和基础知识教学的要求;7.基本课文篇目。

　　其二,《九年义务教育全日制初级中学语文教学大纲》(试用)的结构是:引言部分阐述学科的性质、地位和方向。具体内容有五项:1.教学目的;2.教学要求;3.教学内容,4.教学中要注意的问题;5.基本课文篇目。

　　二者相较,后者的"教学内容"包括前者"教材内容"、"作文教学"两项,由课文、能力训练、基础知识、课外活动组成,后者取消了"各年级语文基本能力和基础知识教学的要求"一项,而将有关的内容纳入"教学要求"、"教学内容"两项,未再分年级编写。

三、语文教学大纲的内容

　　教学大纲是指导学科教学的纲领性文件,它必须回答该学科教学中诸多问题。中学语文教学大纲的基本内容,一般包括以下几个方面:

（一）阐述语文学科的性质与方向

大纲在引言部分，用简明的语言准确地论述了语文学科的性质、地位与发展方向，

语文学科的性质是语文学科中的核心问题，它制约着学科的教学目的、教学内容、教学方法等，体现着教学的方向，因此，是必须首先明确的根本性问题。而一个时期的大纲最关键的问题，也在于对学科性质的认识。

大纲从两方面论述了语文学科的性质：一是"语文是学习和工作的基础工具，语文学科是学习各门学科的基础"。一是"语文学科对于提高学生的思想道德素质和科学文化素质，培养有理想、有道德、有文化、有纪律的社会主义公民，具有重要意义"。这就准确地阐明了语文学科是具有基础工具性和思想教育性的学科。

大纲还指出语文教学的指导思想是马克思主义，要求贯彻教育方针，坚持"三个面向"，为两个文明建设服务。这就为语文学科教学的发展指明了方向。

（二）规定语文教学的目的和要求

教学目的是教与学的奋斗目标，也是教学出发点。有了明晰的目标，教学活动才能有统一的方向与客观标准。而教学目的的确定，应依据学科性质、社会需求、现代教育理论和学生的知识基础。现行大纲在指明语文教学的基本途径的基础上，从掌握知识、培养能力、发展智力、提高思想道德素质等几个方面规定了语文教学目的。教学要求是教学目的的具体化。大纲按初中、高中两个学段分别作了规定。而九年义务教育大纲则按照读、写、听、

说四种语文能力和基础知识分别提出了具体要求，同时指出语文教学要进行思想教育及其重点与途径。因此，对教学目的、要求规定得明确、具体，实施语文教学就有所遵循，也便于操作。

（三）确定语文学科的教学内容

教学目的、教学要求的落实，要通过教学内容来实现。中学语文学科的教学内容是多方面的。大纲从"教材内容"、"作文教学"、"基本篇目"三个方面作出规定。

教材内容由课文、注释、思考与练习和语文知识四个部分组成。其中课文是教学的主要材料，历来的教学大纲对选材的标准都十分重视。现行语文教学大纲明确规定选文的标准是"思想内容好、语言文字好、适合教学"，亦即选取"文质兼美、适合教学的典范文章"。对语文基础知识教学也提出了"精要、好懂、有用"的原则和具体方法。

作文教学是语文教学的重要组成部分，是衡量学生语文水平的重要尺度。大纲明确指出作文教学的重要地位之后，对作文教学的方式，作文教学过程中的指导都提出了具体要求。对口头作文的训练也给予了应有的重视。

基本篇目的选定，是适应我国教材实行编审分开、一纲多本的新形势，也是出于减轻学生负担及高中升学考试压力的实际考虑。这些基本篇目是必读的课文，教学的重点，也是升学考试命题的依据。但并非只学这些课文。从培养学生语文能力的需要出发，还应指导学生多读一些教材中基本篇目以外的好文章，也可自行补充一些教材。

（四）阐明语文教学中应重视的问题

既然大纲是进行教学的主要依据，那么，除对教学目的、教学要求、教学内容作出明确规定外，还应对教学中应注意的问题，诸如教学原则、教学方法等作必要的阐述与提示。

1.语文教育与思想教育相统一。这是语文教学中一条重要原则。既是理论问题，又是实践问题，也是一直有争议的问题。现行大纲正确阐明了二者间的辩证关系："语文教育和思想政治教育二者是统一的，相辅相成的。语文训练必须重视思想政治教育；思想政治教育必须根据语文学科的特点，渗透在教学的过程中，起到潜移默化的作用。"准确理解、认真贯彻这条原则，是实现教学目的、提高教学质量的重要保证。

2.严格要求与科学指导结合。教学中要严格要求学生，帮助他们提高认识，培养勤奋扎实的学风。大纲用平实的语言明确提出，学生学习语文"字要规规矩矩地写，课文要仔仔细细地读，练习要踏踏实实地做，作文要认认真真地完成"。九年义务教育大纲还增加了一句"话要清清楚楚地说"。语文训练要取得良好的效果，还必须给学生以科学的指导。大纲要求教师"指导学生掌握科学的学习方法，培养良好的学习习惯，提高自学能力"。

3.激发学习兴趣，调动积极性和主动性。语文学习非下苦功夫不可，要使学生积极主动地学习语文，就应当反对注入式，提倡启发式，注意激发学生的学习兴趣，引导学生积极思考，鼓励学生主动参与语言实践，从而增强能力，发展智力。

4.加强语文课外活动指导。语文课堂教学与课外活动结合，也是语文教学中的一条重要原则。大纲明确指出"语文课外活动是语文教学的重要组成部分"，应充分重视。并要从实际出发，运用多种形式,考虑学生的年龄特征和兴趣爱好,切实有效地开展语文课外活动。

5.教师要发挥主导作用。现代教学论强调学生在教学过程中的主体地位,这是必要的。但也要充分发挥教师的主导作用。大纲从备课、授课、评学等方面作了提示。

第二节　语文教学大纲的发展

一、近、现代的准语文教学大纲

新中国成立前,我国没有统一的、完备的教学大纲。随着"新学堂"的建立与发展,历代政府、教育主管部门曾先后制订颁发了一些教学纲要或文件。

1903年清政府制订的《学务纲要》,1913年、1916年民国教育部颁发的《中学校令施行细则》、《国民学校令施行细则》,可视为教学大纲的前身。它们对学科的课程设置、教学目的、教学内容、教学进度等均分别作出相应规定。

1923年北洋政府制订的《新学制课程标准纲要》,1929年颁发,先后五次修订的《中小学课程暂行标准》,可看作是大纲的雏形。它们对学科的认识逐渐明确,编写的内容也较为完整,为以后大纲的编制奠定了基础。

二、当代语文教学大纲的制订与发展

新中国成立初期,没有立即着手编制大纲,但却有两个类似语文教学大纲的文件,一是1948年华北人民政府教育部教科书编审委员会主任叶圣陶草拟的《中学语文课程标准》,但此件未正

式颁布执行。一是 1950 年中央人民政府出版总署编审局编辑的
《初级中学语文课本》中的"编辑大意",对教学目标、教学要求以
及注意事项分别作了较为科学的说明,起到了实际指导语文教学
的作用。

　　为适应教育事业的发展和学科建设的需要,我国教育主管部
门曾先后四次组织编写和修订中学语文教学大纲,伴随着语文教
学的前进,教学大纲的编制也日益科学、规范。

　　(一)1956 年编制的中学汉语、文学教学大纲

　　1956 年的大纲包括:《初级中学汉语教学大纲》(草案)、《初级
中学文学教学大纲》(草案)、《高级中学文学教学大纲》(草案)。
这是新中国成立后第一部教学大纲。它的制订有一个充分酝酿
的过程:1951 年 3 月,中央教育部召开全国第一次中等教育会议,
讨论各科教学大纲问题;1952 年 7 月,中央教育部中小学学科教
学大纲起草委员会在《关于中小学教学大纲的意见》中,提出了语
文要汉语、文学分科的问题;1953 年 12 月中央语文教学问题委员
会,向中央呈递了《关于改进中小学语文教学的报告》,再次提出:
"应当把中小学语文一门课程分为语言和文学两种独立的学科进
行教学。"1954 年 2 月中共中央政治局扩大会议批准了这个报告,
决定中学实行汉语、文学分科。教育部遵照中央的决定,组织编
写汉语、文学分科教学大纲以及有关的教材和参考书,并在全国
各地一些中学进行实验。1956 年,中央教育部颁布了上述三个大
纲。从而,使我国的语文教学进入一个有纲可据、有序可依的新
阶段。

　　这是一套较为规范、完备的分科式大纲,它的主要特点是:

　　1.知识的系统性强。文学大纲规定,文学课文和文学史知识

的编排要按历史朝代的先后顺序。高中一、二年级从先秦到现代,分期学习;高中三年级学习外国文学,按专题讲授,其中苏联文学专题较多,也是依历史系统排列。汉语大纲规定,初中六个学期的教学内容依次为:概述、语音;文字、词汇;词法、句法概略、词类;单句;复句;标点符号、修辞。这些安排是符合学习汉语语言的规律的。

2.强调语文教育与思想教育的结合。文学大纲对初、高中文学教学任务分别从"教养"(语文教育)和"教育"(思想教育)两个方面作了明确具体的规定,并阐述了两种任务的相互关系以及完成两种任务的终极目的。汉语大纲既要求"教给学生有关的汉语基本科学知识,提高学生理解、运用汉语的能力",也要求"结合汉语培养学生的民族自豪感和爱国主义热情"。

3.知识覆盖广。根据大纲规定,既向学生传授全面的汉语知识,还传授大量的文学知识。高中阶段文学教育的内容有中国文学作品,还有外国文学作品;有中国文学史知识,也有文艺理论常识。这套大纲由于知识覆盖面广,对开阔学生的视野,发展学生的思维能力,均有重要的意义。

4.提示具体的教学方法和途径。汉语教学大纲规定,汉语教学的过程与方法,一般是对具体语言材料的观察、分析、比较、概括、印证、运用等。文学大纲规定了文学作品的教学过程,一般可分为起始、阅读和分析、结束与复习四个阶段;教学方法可以采取讲述、谈话、指导阅读与练习等。

这套大纲,使用的时间虽然不长,但对结束语文教学的混乱局面,把语文教学纳入有计划的轨道,改变建国初期"重道轻文"的现象,发挥了相当积极的作用。

这套分科教学大纲也存在着严重的缺陷:

1.过分强调系统性,忽视了量力性。大纲所规定的教材分量过重,教材内容偏深。如文艺理论知识过于艰深;按文学史系统编排文学作品,学生先接触先秦文章,语言深奥,内容难于理解;汉语知识的内容也过多。

2.重知识,轻能力。汉语知识系统、全面,但作业练习过少;与文学课缺乏有机联系;古代文学作品占多数,现代文入选过少,且从初中到高中均未具体安排写作练习,造成阅读与写作的严重脱节。

3.突出了文学教学,却忽视了实用文体教学。

(二)1963年编制的《全日制中学语文教学大纲(草案)》

1963年,汉语、文学分科大纲以及据此所编的教材停止使用。由于受政治运动的冲击,没有立即编制新大纲,只编写了一种综合型的语文教材。这套教材篇数过少,片面强调思想性,忽视语文的特点,致使语文教学质量明显下降。1959年,中央教育会议决定,以语文学科为重点,探索语文教学的规律,全面提高教育质量。1959年到1961年,上海《文汇报》开展了题为《关于语文教学的目的和任务》、《怎样上好语文课》的大讨论。这场讨论,从正反两个方面总结了经验教训,深入探讨语文学科的性质、目的、任务以及教学内容、方法等一系列根本性问题。在此基础上,1963年5月教育部颁发了《全日制中学语文教学大纲(草案)》。

这部大纲,克服了分科大纲的不足,体现了对语文教学规律的新认识,在语文教育史上占有重要地位。其主要特点是:

1.首次阐述了语文学科的性质。大纲明确指出:"语文是学习各门学科必须首先掌握的最基本的工具。"强调语文基础教学和语文基本技能训练,培养学生的语文能力。这对广大语文教师有极大的启示,给学生学习语文指明了方向。

2.规定了语文教学的目的。大纲指出中学语文学科的目的任务是"教学生能够正确地理解和运用祖国的语言文字,使他们具有现代语文的阅读能力、写作能力,具有初步阅读文言文的能力"。并从实际出发明确指出"不要把语文课讲成政治课,也不要把语文课教成文学课",这便为中学语文学科统一了教学目标。

3.规定了教学要求、教学内容、选材标准、教学中应注意的方面,并分别对各年级的教学要求与内容作了规定,从而使大纲的内容更加完备,对教学的指导性更强。

4.正确论证了"文"与"道"的关系。大纲鲜明地反对"以文为主"、"以道为主"、"文道并重"等错误倾向,认为在语文教学中文与道是统一的、密不可分的。这便准确地阐明了语文教育与思想教育的辩证关系,在理论上澄清了一个重大原则问题,对语文教学产生了良好效果。

这个大纲的实施,带来了教学面貌的改观和教学质量的提高。但这个大纲也有明显的缺点:

1.语文教学目的的规定不全面。大纲只规定语文教育的任务,但却未提思想教育的目标;只突出了读写能力的培养,对听说能力的训练却未提出明确的要求。

2.强调多读多写,但讲求科学方法不够,容易导致加重学生的负担。

(三)1978年编制的《全日制十年制学校中学语文教学大纲
　　　(试行草案)》

十年动乱之后,我国进入拨乱反正时期。1978年秋,教育部为了满足教学的急需,制定了《全日制十年制中学语文教学大纲》,这虽是个试行草案,但由于总结了"文化大革命"的历史教训,继承了1963年大纲的基本观点,因而对在语文教学领域中进行拨乱反正,起到了特殊的作用。大纲重申了语文学科的性质,规定了"教学的目的和要求",明确了"教材的内容和编排",设专章阐述了"作文教学",说明了"教学中的几个问题",附录了"各年级读写训练要求和课文初选目录"、"关于语文知识的几点说明"、"语文知识短文在各年级的安排"。

但由于当时"极左"路线的影响尚未肃清,大纲中许多内容还残留着一些"极左"的痕迹。1979年对大纲进行讨论、修订。1980年颁布了修订本。这是我国当代制订的第三部中学语文教学大纲,仍是试行草案。这部大纲根据党的十一届三中全会精神,结合1978年大纲颁布后的教学实践,总结了经验教训,较好地解决了以下几个问题:

1.再次阐明了语文学科的性质

正确地认识学科性质,是语文教学中的首要问题。大纲指出"语文是学习和工作的基础工具。学生语文学得好,对于他们提高思想政治觉悟,学好其他各门学科,掌握文化科学知识,成长为又红又专的人才,有着重要的作用"。这便指明语文学科的基本性质,即工具性与思想性。这一认识是客观的、全面的。

2.规定了语文教学的目的要求

基于对学科性质的认识,大纲正确规定了教学的目的,并科学地论述了思想教育和语文训练之间的辩证关系:"语文课在进行读写训练的同时,还必须进行思想政治教育。必须根据语文课的特点进行,必须在读写训练的过程中进行;读写训练也必须以正确的观点为指导,二者是相辅相成、互相促进的。"

大纲分初中、高中两个学段提出了读写训练的具体要求,对各年级读写训练的重点也作了具体规定。

3.对教材的质量与分量作了明确规定

为确保教材的质量,大纲提出了选材的三条标准,即思想内容好、语言文字好、适合教学。这就保证了选材的文质兼美,并具有实用性。

关于教材的分量,大纲也作了规定:"全套课本的课文总数300篇左右,即每册30篇。各地方教育部门根据实际情况,对课文可作适当的抽换和补充。"六年制中学可增加到360篇。大纲还将课文分讲读与阅读两种。

4.把作文教学提高到更加重要的地位

大纲从语文教育的总体结构和衡量语文水平的尺度两个方面,肯定了作文教学的重要地位。进而提出了许多具体措施,诸如作文训练的方式应是多种多样的,增加写作次数、评改的方式方法等。

5.较好地解决了语文知识教学的问题

大纲规范了语文知识的内容,即"包括语法、逻辑、修辞、读写知识和文学常识等";对语文知识教学,明确地提出了"精要、好懂、有用"的原则,也可视为教学的要求。这就较好地回答了语文知识教学的难题。

这部大纲仍存在不少问题:

1.内容还不够全面。大纲对教学目的只规定了读写能力,未提听说能力,更未涉及智力开发,培养审美能力等。

2.要求不大明确。大纲在学段的教学要求中,对阅读能力的要求提得模糊,教学中不便区分与操作。

3.有些文字表述不太恰当。

（四）1986 年制订的《全日制中学语文教学大纲》

这部大纲，是以国家教育委员会的名义颁发的第一部正式的中学语文教学大纲。

1986 年，国家教委在原大纲修订本的基础上，根据《中共中央关于教育体制改革的决定》和《中华人民共和国义务教育法》精神，以及原大纲试行中的经验教训，在现行通用教材基本内容和编排体例不作大的变动的前提下，对原大纲再次进行重大修改。修改的要求有三项，即"适当降低教学内容的难度，减轻学生的学习负担，教学要求要明确具体"。大纲修订后，经全国中小学生教材审定委员会审定，由国家教委正式颁发实施。

这部大纲的颁发，标志着我国大纲制订工作有了重大进展。它继承了 1963 年大纲中的优点，总结了新时期以来十年间我国语文教改的丰富经验，吸收了国外现代教育、教学理论的新成果，在许多方面有了重大突破。

这部大纲共分七章，包括引言、说明（1—5 章）和本文（6—7 章）三个部分。大纲的内容与原大纲相比较，有以下几个特点：

1. 对语文教学目的提法更加完整、科学

大纲对教学目的的一项的阐释包含这样几层意思：

（1）首先点明语文教学的指导思想是："中学语文教学必须以马克思主义为指导。"

（2）进而指出语文教学的基本途径是："教学生学好课文和必要的语文基础知识，进行严格的语文基本训练。"

（3）明确规定语文教学的基本目的是："使学生热爱祖国语言，能够正确理解和运用祖国的语言文字，具有现代语文的阅读能力、写作能力和听说能力，具有阅读浅易文言文的能力。"

　　(4)同时规定了语文教学中开发智力和思想教育任务是:"要开拓学生的视野,发展学生的智力,培养学生的社会主义道德情操、健康高尚的审美观和爱国主义精神。"并强调指出"在语文教学过程中"进行。

　　经过修订,教学目的更全面、更明确了。如增加培养学生的"听说能力",改变了过去只重读写能力的倾向,增加了"开拓学生的视野,发展学生的智力,培养学生……健康高尚的审美观"。这是吸收1980年以来语文教改的新成果,体现了对语文教育规律的深刻认识。

　　2.教学要求更加具体、明确

　　大纲在说明部分把总的教学要求独立成章。又增加了"各年级语文基本能力和基础知识教学要求"一章。对初、高中六个年级的语文基本能力和基础知识作了具体明确的规定,并注意到初中与小学、高中与初中之间的衔接。每个年级都包括四大项:阅读能力、写作能力、听说能力(高中为"说话能力")、基础知识。每项分条列出要求,力求做到量化、具体、衔接。

　　3.减轻了学生负担,适当降低了教学难度

　　大纲增加了"教材基本篇目"一章。"基本篇目"是从通用语文教材360篇课文中选出来的,共190篇,作为重点讲读课文。其中初中110篇,高中80篇。确定教学的基本篇目,有利于减轻学生的负担,使教师和学生都有机动灵活的余地。

　　同时,也适应"一纲多本"的新形势。新大纲删去原大纲对教材体系和编排方法的规定,体现了教材建设的开放性。基本篇目的确定,可以摆脱通用教材的束缚,为编写、选用实验教材、开展语文教改实验提供了条件,有助于逐步实现教材、教学多样化。

　　大纲调整了语文知识的内容,适当降低难度。如取消了逻辑知识短文,将有关知识编入练习中;语文知识应是"基础知识",不考名词术语;文言文教学初中一年级不提具体要求等。大纲对语文训练注意到合理的梯度性,使语文训练做到由浅入深、由易到难。

4.对作文教学的规定更科学

大纲仍设专章阐述作文教学。强调作文教学"要指导学生课外经常练笔";取消了原大纲中作文批改"应以教师评改为主"的提法,强调培养学生修改作文的能力与习惯;肯定了口头表述与书面表达同等重要等。这是对作文教学改革新成果的肯定与吸收。

5.加强了教学原则与方法的指导

新大纲第五章把原大纲中的"教学中应注意的几点"改为"教学中应重视的问题",以示强调、郑重。该章共阐述了五个问题。其中第一"正确处理语文训练和思想教育的关系"、第五"在整个教学过程中,教师要发挥主导作用"是新增加的,均作了简要阐述。

这部大纲在语文教育发展史上占有重要地位,应当说,是一部较完善的大纲。但也有不足之处。

1.对教学要求的规定,缺乏科学论证的量化标准。如"扩大识字量和词汇量",应扩大到多少?"阅读浅易文言文","浅易"应如何界定? 因而,执行起来不便于操作,也很难避免随意性。

2.对各年级的教学要求,虽分项分别提出了要求,但其梯次性还不够明显,还不能鲜明地反映出不同的教学层次。

3.为降低难度,完全删去了"逻辑知识"的教学,不利于学生思维能力的培养,也不利于议论文的读写训练。

4.文学教学在大纲中还没有提到应有的地位。

（五）1990 年修订的《全日制中学语文教学大纲（修订本）》这部大纲是 1986 年大纲的修订本，是原大纲的完善与延续，大纲的框架与主要内容均未作改动。

修订的原因，正如大纲的"修订说明"所指出的："国家教委印发的《现行普通高中教学计划的调整意见》（教基〔1990〕004 号文件），将普通高中的课程分为必修课和选修课两部分，部分学科的必修课课时也略有增减，为此，需要对全日制中学语文、数学……八科教学大纲的高中部分进行修订。"初中部分，也应"根据新的九年义务教育教学大纲精神，减去过多的内容，降低过高的要求"。

修订的内容主要有：1. 加强思想政治教育；2. 降低难度，减轻学生负担。

（一）加强思想政治教育

这次修订大纲，突出了思想政治教育，加强了思想政治教育的地位和作用，这表现在：

1. 对原大纲引言部分第三段作了改写。将原"教学目的"中的"语文教学必须以马克思主义为指导"列于段首，从而更加突出了语文教学的指导思想。该段末又明确提出语文教学应"为社会主义物质文明和精神文明建设服务"的宗旨。

2. 在"教学目的"部分第一段末尾，加上了"提高社会主义觉悟"，主要强调让学生自觉培养社会主义觉悟。另外，又增加了第二段，即将原大纲中"教学应重视的问题"第一条关于"正确处理语文训练与思想教育的关系"移至此处，以强化其重要性。并且将思想教育改为思想政治教育，扩大了思想教育的范围。

3. 第三章"教材内容"部分，在选文要求中，增加了"有助于学生增强热爱社会主义祖国的思想感情"。

(二)降低难度,减轻负担

1.减少基本篇目,调整课内外自读课文

1986 年大纲所规定基本篇目,初中为 110 篇,高中为 80 篇,共 190 篇。修订大纲高、初中各减去 10 篇,共 170 篇。初中减去的 10 篇,改为自读课文,较难的文言文可指导学生自读;各册中的讲读课文从 116 篇减为 108 篇,课内自读课文从 65 篇减为 50 篇,课外自读课文从原来的 59 篇增加到 82 篇。高中减去的 10 篇,有的改为课内自读课文,有的直接删去,讲读课文由 90 篇减为 78 篇,课内自读课文从 45 篇减为 26 篇,课外自读课文从 55 篇增加到 66 篇;文言文单元减去 5 个,减去文言课文 20 篇。这些基本篇目的减少与自读课文的调整,将有助于减轻学生的负担。

2.降低教学要求

原大纲对写作能力的要求偏高,如初中是"能写记叙、说明、议论的文章",高中是"能写比较复杂的记叙、说明、议论的文章"。现大纲调整为初中"能写简单的记叙文、说明文、议论文和一般的应用文",高中"能写一般的记叙文、说明文、议论文和常用的应用文"。

现大纲对阅读文言文的要求,初中只提"能顺畅地朗读文言课文,理解基本内容",而对文言实词、虚词、句式都不作过高要求;考试也只考课内的。

由于是从国情与学生实际出发,修订后的中学语文教学大纲,作为全国执行大纲,对语文教学发挥了有效的指导作用。但鉴于义务教育法的颁布与实施,中学语文教学将面对新的教学格局,现行大纲也将要再次修订或重新制订。

(六)1992 年制定的《义务教育全日制初级中学语文教学大纲(试用)》

　　1986 年 4 月，我国正式颁布了《中华人民共和国义务教育法》。国家教委为了配合这一重要法规的实施，在充分研究中外教育改革经验和广泛征求意见的基础上，制订了《义务教育全日制小学、初级中学教学计划（初稿）》，并组织力量拟订与《计划》配套的教学大纲。1988 年 1 月，国家教委召开了中小学教材审定委员会会议，对该大纲的初稿进行了审查、修订。修改后的大纲，作为实验大纲试行。后几经修改、审定，于 1992 年公布施行。

　　制定这一大纲的指导思想十分明确，即要从我国的实际出发，全面贯彻教育方针，努力提高教学质量，把全体学生培养成为有理想、有道德、有文化、有纪律的社会主义公民，面向农村，面向教师和学生的大多数，要为经济建设服务。

　　这个大纲反映了对我国义务教育性质和任务的正确理解，反映了对语文教学规律的深刻认识，和前几个大纲相比较，其主要特点有：

　　1.重申语文学科的性质

　　大纲的引言部分仍为三段：一是说明语文的基础工具作用；二是说明语文学科对全面提高学生素质，培养"四有"公民的意义；三是说明语文教学的指导思想和为"两个文明"建设服务的宗旨。这一部分与现行大纲相同，阐述了语文学科的性质与方向。

　　2.对语文教学目的的规定更全面、科学

　　大纲所规定的教学目的是："在小学语文教学的基础上，指导学生正确理解和运用祖国的语言文字，使他们具有基本的阅读、写作、听话、说话的能力，养成学习语文的良好习惯；在教学过程中，开拓学生的视野，发展学生的智力，激发学生热爱祖国语文的感情，培养健康高尚的审美情趣，培养社会主义思想品质和爱国主义精神。"

在这里,注意与小学语文学习的衔接,把小学、初中这九年义务教育看作一个完整过程。大纲突出了"听话、说话的基本能力",将"听说能力"分列,以示重视。同时,还增加了"养成学习语文的良好习惯",并在"教学要求"中加以具体化,如读书的习惯、修改文章的习惯、专心听话的习惯和有礼貌的说话习惯等。将习惯与能力并提,置于重要地位,是符合语文教学现代化要求的。

3.对教学要求的规定更加明确、具体、适度

大纲取消了原大纲中各年级教学要求一章。按阅读能力、写作能力、听话能力、说话能力、基础知识和思想教育等六个方面分别作了阐述。阅读能力与原大纲相比,增加了四条:具有一定的语言感受能力;初步掌握精读与略读的方法,培养默读的习惯,提高阅读的速度;初步具有欣赏文学作品的能力;养成读书看报的习惯。

写作能力,强调"做到思想感情真实、健康","初步养成修改文章的习惯"。

听话能力的要求并不高,但突出了听话能力本身的特点,又沟通了培养听话能力与学生日常学习、生活的关系。

说话能力的要求包括:要说普通话;对说话的具体要求(从语音、意思、条理、态度);养成有礼貌说话的习惯。

基础知识的要求是"了解一些必要的……知识","一些"与"必要"的,从量与质两个方面明确了学习的内容。

把思想教育正式列入"教学要求"是对语文教学规律认识的深化,在大纲编制史上尚属首次。这项要求包括:思想教育要根据语文学科的特点,在语文训练中进行;思想教育的着眼点是"思想感情的陶冶,道德品质的培养";思想教育的方式和特点是"熏陶渐染,潜移默化,循环往复,逐步加深"。

4.教学内容的体系、要求也有明显变化

大纲改变了原大纲教学内容的结构，按课文、能力训练、基础知识、课外活动四个方面作出规定。

大纲突出了课文在教学中的凭借作用，基本要求与原大纲相同。

将能力训练目标具体化。这部分按阅读训练、写作训练、听话训练、说话训练的顺序排列，与"教学要求"部分逐一对应。规定了 46 项训练内容（阅读 16 项、写作 15 项、听话 7 项、说话 8 项）。这些训练项目，都是可操作的具体要求，都有可以检测的客观标准；也恰当地覆盖了多层面、多角度的能力训练。它具体而全面地描述了语文能力训练的内涵，这是对我国语文教学大纲的一大贡献，定会对初中乃至高中语文教学产生深刻的影响。

把课外活动列入教学内容，在我国语文大纲史上还是第一次，它肯定了语文课外活动的地位，解说了语文课外活动的内容、形式和要求。这种从"大语文"教学观念出发，全面培养学生素质的思想，对纠正应试教育的倾向，对推动语文教学改革将产生积极的影响。

5."教学中应重视的问题"中，增加了"读、写、听、说都重要"与"语文教学要重视学生智力的发展"

这部大纲，虽是初中语文教学大纲，但它是对多年来语文教学实践经验和语文教育理论研究成果的科学总结，而且又是在前几个大纲的基础上制订的。因此，对整个语文教学改革的进一步深化和大面积提高语文教学质量，具有十分重要的指导意义。

我国当代的几部教学大纲，概括着不同历史时期的学科教学风貌，展示了我国中学语文教学发展的轨迹，反映了对语文教学规律逐步加深认识的历程。因而，大纲的建设，对探讨教学理论、建立科学的教学体系、加强教材建设,以及推动教学改革等方面均做出了应有的贡献。

第三节 香港、台湾的中学语文教学大纲

香港称教学大纲为课程纲要,台湾称课程标准。由于民族、语言、文化的渊源,香港、台湾和大陆的中学语文教学大纲有许多相似之处,而由于地区的政治、经济等因素的差异,大纲也都显示着各自的个性特点。本节拟就"中学语文教学目标",对香港、台湾的中学语文教学大纲作些介绍、评述,并与大陆的现行中学语文教学大纲加以比较,以期取长补短,推动大纲的建设。

教学目标是学科性质的体现,是学科教学的方向。因而是大纲的核心问题。

一、香港中学语文教学的目标

香港课程发展委员会所编制的《中国语文科课程纲要》中规定:香港中学语文教学的目标由两部分组成,每一部分又分为主要目标与辅助目标:

一是中学一、二、三年级的语文教学目标:

1.主要目标:

(1)培养学生阅读语体文和浅易文言书报的能力、兴趣和习惯;

(2)训练学生运用语体文表达思想感情,使他们在日常应用的讲述和写作上能有条理,不犯语法上的错误;

(3)培养学生独立而有条理的思考、分析、推理和辨别是非的能力,并增进他们对社会的责任感;

(4)帮助学生养成运用字典、辞典等工具书的能力和习惯,使他们从中获得更多运用中国语文的能力和知识;

(5)培养学生欣赏语体文和浅易文言作品的能力和兴趣。

2.辅助目标:

培养学生课外阅读中国文学作品的兴趣和习惯,并增进部分学生对中国文学的认识,使他们对中国文学作品有进一步研究的能力和兴趣。

一是中学四、五年级的语文教学目标:

1.主要目标:

除进一步加强贯彻第一阶段的主要目标外,还包括:

(1)训练所有学生能阅读普通文言书籍的能力;

(2)训练所有学生能作通顺的语体文,部分学生能运用语体文创作文艺作品。

2.辅助目标

主要在于培养学生对中国文学自学和欣赏的能力、兴趣和习惯,并进一步增进学生对中国文化其他方面的认识,例如哲学思想、艺术、道德价值等。

香港《中学课文课程纲要》对语文教学目的的规定,具有自身的个性特点:

其一,在结构上,分主要目标与辅助目标。前者似乎侧重课内教学,后者则侧重课外教学。但就其所要达到的目标来看,则又是相互渗透,相辅相成。

其二,把阅读能力、写作能力的培养,作为首要目标。同时重视学生智力的开发,非智力因素的培养,以及良好习惯的生成。

其三,重视工具书的使用。

其四,注意因材施教,既有对全体学生的训练要求,又有对部分学生的训练目标。

但该课程纲要对教学目的规定,也有不足之处:

一是,对听话能力的训练未列入教学目标。根据现代社会交际的需要和视听技术的发展,对中学生听话能力的培养,应给予足够的重视,以使学生适应未来工作与生活的需要。

二是,对思想教育的阐述欠明晰、具体。课程的设置,是统治阶级意志的反应,教学目的的确定,也受学科性质的制约。因而"纲要"中只提及"增进对社会的责任感"是不够的。当然,这样的表述,也可能与该地区的特殊地位、文化背景有关。

三是,培养学生课外阅读文学作品的范围也似应再宽泛些。

二、台湾中学国文教学目标

也由两部分组成:

一是初中国文教学的目标

《国民中学国文课程标准》明确规定初中国文教学的目标是:

1.指导学生由国文学习中,继续国民小学之教育,增进生活经验,启发思辨能力,养成伦理观念,激发爱国思想,并宏扬中华民族文化;

2.指导学生继续学习标准国语,培养听话及说话之能力与态度;

3.指导学生学习课文,明了本国语文之特质,培养阅读能力及写作技巧;

4.指导学生阅读有益身心之课外读物,培养其欣赏文学作品之兴趣及能力;

5.指导学生明了国字之结构,以正确之执笔姿势及运笔方法,使用毛笔书写楷书及行书。

一是高中国文教学的目标

《高级中学国文课程标准》中规定高中国文教学的目标是：

1. 指导学生研读语体文，提高其阅读及写作语体文之能力；

2. 指导学生精读文言文，培养其阅读浅近古籍之兴趣及写作明易文言文之能力；

3. 指导学生研读中华文化基本教材，培养其伦理道德之观念，爱国济世之精神；

4. 辅导学生阅读纯正优美之文艺作品，增进其文艺欣赏与创作之能力；

5. 辅导学生阅读有关思想及励志之课外读物，培养其思考判断之能力与恢宏之意志；

6. 辅导学生临摹楷书及行书等碑帖，增进其鉴赏及书写之能力。

综观台湾中学国文教学的目标，其主要特点有：

1. 思想教育的目标规定得明确、具体，且置于初中阶段教学目标的首位；高中阶段，结合"研读中国文化基本教材"与"有关思想及励志之课外读物"，进一步提出思想教育的要求；

2. 全面提出培养学生听话、说话、阅读及写作能力，反映了对语文能力内蕴的正确理解；

3. 不仅规定了培养学生阅读浅近古籍之兴趣，而且同时规定培养写作浅易文言文的能力；

4. 重视培养学生的书写能力，而且是能用毛笔按字体书写的能力。

但与其他地区的语文教学大纲相比，也有不完善之处：

1. 培养学生学习语文的良好习惯应是语文教学的重要目标之一，但"课程标准"中未作这样的规定；

2.培养学生学习语文的兴趣应贯穿在语文学习的全过程,但"课程标准"只在"欣赏文学作品"与"阅读浅近古籍"中涉及,这显然是不全面的;

3.没有规定培养学生运用工具书的能力。

三、香港、台湾、大陆中学语文教学目标的异同

以上对香港、台湾中学语文教学大纲中所规定的教学目标作了简要的介绍与评述。大陆现行中学语文教学大纲关于教学目标的规定,在上两节已作了说明。现将三个地区所规定的教学目标加以比较,便不难看出三者之间的相同处与相异点。

三者相同之处表现在:

1.对语文学科性质的认识基本一致。一方面确认语文学科的工具性,视语文为工具,把培养学生的语文能力作为语文教学的基本任务;另一方面又确认语文学科的思想性,把思想教育作为中学语文教学目标的一部分,并按照各自的标准阐明其内涵。

2.对语文教育与思想教育之间的关系理解相近。这两个方面在排列的顺序有前有后,但对二者间关系的认识是一致的:香港提出要在中学语文科教学中,"培养学生辨别是非的能力,并增进他们对社会的责任感";台湾提出要在"指导学生由国文学习中","养成伦理观念,激发爱国思想,并宏扬中华民族文化";大陆提出"在语文教学过程中","培养学生的社会主义道德情操、健康高尚的审美观和爱国主义精神"。

3.把智力训练共同列为中学语文教学的目标。用相近的语言进行表述,并指明训练的途径。

4.重视工具书的运用,显示着注重学生自学能力的培养。

5.共同提出培养学生阅读浅近文言文的能力和欣赏文学作

品的能力。

但三个地区关于教学目标的规定也有相异点：

1. 在结构上，香港、台湾是分项列举；大陆是分段阐述；香港、台湾分初、高中两个阶段，大陆是先总述教学目的，再分学段阐明教学要求；香港在两段中又分主要目标与辅助目标，而台湾、大陆未这样划分。

2. 台湾与大陆均较重视普通话教学。台湾要求初中学生应"学习标准国语"；大陆要求初中学生"能用较流利的普通话发言和交谈"；而香港因一定的社会背景与地处粤语区，因而教学中粤语与普通话并存，对推广普通话重视不够。

3. 香港与大陆的文言文教学仅限于阅读能力的培养，而台湾的文言文教学要求高中生"能写明易的文言文"。

4. 香港与台湾均要求学生具有运用语体文创作文学作品的能力，而大陆对此没有明确的规定。

5. 台湾、大陆均重视学生的书写训练，台湾更注重毛笔字训练，并提出较高的要求；而香港的语文教学对此有所忽视。

在"中学语文教材内容"、"教学方法"等方面，香港、台湾的"课程纲要"（或"标准"）与大陆现行中学语文教学大纲相比较，也是既有相近之处，也有各自的个性特点。

由此看来，一个地区（或国家）的学科教学大纲，不仅反映着一定历史时期的学科研究水平，展现着学科教学的风貌，而且其性质特点、结构内容、以及在该学科教学中的地位作用都是大体一致的。因此，全面深入地研究不同历史时期、不同地区或国家的学科教学大纲，是促进大纲建设与发展的不可或缺的一项重要工作。

第四节　语文教学大纲的实施

既然教学大纲是国家规定的纲领性文件,对学科教学有着极为重要的指导作用,那么,在教学活动中如何有效地实施呢?

一、学习大纲,强化大纲意识

语文教学大纲是国家颁布的指导语文教学的指令性文件,是语文教学所必须遵循的大法,它反映了国家对语文学科的基本要求,体现了人们对语文教育规律的认识,回答了语文教学领域中一系列重大问题。因此,每一个语文教育工作者必须认真学习大纲,全面理解大纲,切实强化大纲意识,即要明确树立这样的观念:大纲是教学的法规,是教学的指南,是教学行为的准则。从而自觉地用大纲指导教学,克服教学的盲目性、随意性,努力提高教学效率。

目前,有纲不学,有纲不循的现象还较普遍,这主要是由于对大纲在学科教学中的地位、作用认识不足所致。因此,各级领导首先要认清大纲的重要作用,组织好大纲的学习与贯彻,帮助教师强化大纲意识,在教学中真正做到以"纲"为纲,以加快语文教学改革的进程,大面积提高教学质量,充分发挥语文教学在素质教育中的特殊作用。

二、掌握大纲,落实大纲要求

国家教育领导部门所颁布的教学大纲是全国性的权威文件,是每位教师从总体必须遵循的行为准则。因此,必须全面掌握大纲的内容,落实大纲的要求。

　　大纲不仅明确规定了语文学科教学的目的、要求、内容,也具体规定了各年级基本能力训练和基础知识教学的要求以及必教的基本篇目。每一个语文教育工作者都应当全面、切实掌握这些规定,并以此为据,拟定学期、单元教学计划,设计课内外的教学活动,把大纲的各项要求落到实处,从而使语文教学在正确的轨道上健康发展。

三、实施大纲,促进大纲发展

　　大纲是一定历史时期教学实践和教学研究的科学概括。它既注意以最新理论成果为指导,又及时吸收语文教改的新经验。因此,对学科性质的认识,对教学目的、要求的规定以及教学内容的确定等,一般都是科学的,可行的。同时,也注重审视学科发展的趋势,使大纲具有一定的超前性。但时代的发展,社会的进步,必将对语文教学提出新的要求;而人们对语文学科的认识也在不断提高,新的教学理论,新的教学内容,新的教学手段与方法也会不断涌现。因此,广大语文教师与研究人员应在实施大纲的过程中,既要把教学大纲视为法规,认真执行,又要审视现行大纲的不足,勇于探索,不断创新,用大纲指导实践,在实践中完善大纲。这样,才能促进大纲的发展,使之更好地适应时代发展的要求。

　　本章小结

　　中学语文教学大纲是国家教育主管部门制定并颁布的指导中学语文教学的纲领性文件。它具有法规性、科学性、继承性、操作性的特点,和编选教材、实施教学、评估教学、考核命题的功能。语文教学大纲有环型、线型两类;大纲的结构一般由引言、说明、正文三部分组成;其内容有阐述语文学科性质,规定教学目的与要求,确定学科教学内容,阐明教学原则与方法等。中学语文教学大纲有一个形成与发展的过程:从语文单独设科到新中国成立,我国没有独立的、成型的大纲;新中国成立后,从第一部汉语、文学教学大纲,先后六次制订或修订大纲,使大纲日益完善、科学。从香港、台湾的中学语文教育目标看两个地区的语文教学大纲以及与大陆大纲的异同。要认真学习大纲,强化大纲意识;落实大纲要求;促进大纲的发展。

第三章　语文教材论

语文教材的含义有广、狭之分。广义的语文教材是泛指一切可以当作语文学习的材料，包括教科书、教学参考书、练习册、挂图、课外读物以及音像资料等；狭义的语文教材，是指语文教科书，或曰语文课本。一般地说，语文教材即指后者。

中学语文教材，即中学语文教科书，是指中学语文课堂教学使用的课本。它是依据中学语文教学大纲编写的，是教学大纲的具体化。语文教材是教师进行教学、实现教学目标的凭借，是学生进行学习、掌握知识、技能的凭借，是改革教学、提高质量的凭借。

本章着重探讨语文教材的发展、研究以及教学设计等问题。

第一节　语文教材的演变

我国的语文教材有着悠久的历史，在漫长的发展过程中，经历了古代、近代、现代与当代几个历史时期。语文教材在嬗变中，从没有专门教材，到有专门教材，进而伴随着社会的发展，日臻完善。

一、古代语文教材

我国古代没有单独的语文学科，也没有"语文"这一名称。语文是同经学、史学、哲学、伦理学等融为一体，语文教育的因素渗透在上述各学科中。因而，也起到了语文教材的作用。

古代语文教育所使用的教材，除作为识字课本的蒙学读物外，主要还有两类：

（一）儒家经典

以孔子为代表的儒家学说，在我国两千多年的历史进程中，实际上成了指导人们政治生活与精神生活的理论基础。其代表性著作即"四书"、"五经"，是古代蒙学阶段之后官方所规定的必读教材。

"四书"，是《大学》、《中庸》、《论语》、《孟子》四部儒家经典著作的合称。宋代著名教育家朱熹认为这四部经典是儒家思想的精华，便把它们组合成一套系统教材，对其作了注释，编为《四书章句集注》。全书集中反映了封建宗法制度的政治纲领、伦理思想、哲学观念和教育教学思想，因而为历代统治者所推崇，并规定为一切官学、私塾的主要课本。由于从儿童的特点出发，旨在"便于童子之习"，因而，也较好地发挥了语文教育的作用。宋代以后，《四书集注》既作为大学阶段（15 岁以后）研读经书的必读教材，又是朝廷考试命题的依据。

"五经"，是《诗经》、《书经》、《礼经》、《易经》、《春秋》的合称。"五经"，原为"六经"，相传为孔子整理。后因《乐经》失传，汉武帝时，"罢黜百家，独尊儒术"设置"五经"博士，以"五经"为基本教材，教授学生，始有"五经"之称。它包括我国古代哲学、史学、文学、伦理学等学科的丰富资料。据传,孔子把它作为教授弟子的教材,并一直沿用下来。"五经"作为官学的主要教材,是始于汉武帝。唐高宗时颁行孔颖达等编的《五经正义》,并作为考试的依据。宋代朱熹用理学观点为"五经"作注,把它作为学校教学的考试标准。明代永乐年间,《四书五经大全》问世,便成了学校的主要教材。

　　长期以来,"四书"、"五经"是我国封建时代教育的主要经典教材,也是古代语文教育进行读写训练的基本教材。学生在学习礼教思想、典章制度、伦理道德的过程中,进行了书面语言的基本训练。因此,它是我国教育发展史中,产生最早、流传较广、影响较大的古代语文教材。

（二）文选读本

　　东汉以后,文人的别集渐多,各类文章的写作也日益兴盛,读者全看或选读均非易事,于是各类选本应运而生。这也正适应学校教学的需要,用来作为读写训练的基本教材。其中影响最大、使用时间最长者,当推《昭明文选》与《古文观止》。

　　1.《昭明文选》。由南朝梁昭明太子萧统编选,是现存最早的一部古代诗文总集。

　　这部文选,不仅是学校里"五经"和蒙学读物之外的重要阅读补充教材和写作范本,而且从编选原则、选材范围、编排体例,以及注释等方面,均作了有益的探索,并在许多方面为后代语文教材的编选开创了先例,提供了借鉴,产生了深远的影响。

　　其选文的标准是"事出于沉思,义归乎翰藻"。意思是文章的记事经过深思熟虑,立意通过斐然成章的辞彩表现出来,即主张文质兼美。选文的范围是"远至周室,迄于圣代",选文分诗歌、辞赋、杂文三大类,共 130 位作家的 752 篇各体文章。编排的体系,依文体特点归类编排。《昭明文选》是我国第一部文选读本,也是一部重要的文学教材,对后人的影响深远。隋代起,研究"文选"成了一门学问,称"文选学"。

《文选》的编选原则与体例,为历代文人所效法。到宋代,为初学编选的注释评点本,更是层出不穷。如真德秀编选的《文章正宗》,其选文的标准是"明义理,切实用"。正集分辞令、议论、叙事、诗歌四类;续集分叙事、议论两类。谢枋得编的《文章轨范》共七卷。前两卷为'放胆文',后五卷为'小心文'其中韩愈的文章近一半。另有吕祖谦编的《古文关键》、《东莱博议》和楼昉的《古文标注》等。

2.《古文观止》。清代吴楚材、吴调侯合编。

全书为十二卷,上起周代,下迄明末,共选文 222 篇,皆为历代脍炙人口的名作。选文以散文为主,也酌收少量的骈文、韵文。文章体裁多姿多彩,且文质兼美。其编选体例也有开创性,即以时间为经,以作家为纬。这便打破过去文选只在分类上兜圈子的老框架。另外,选文时重点不在文体,而在文范,即文章的典范性。使初学者易读易学,更为有用。由于《古文观止》选文精要,评点得体,因而成为最受欢迎的选本,对后代语文教育影响颇深。

清代文选读本后有,桐城派著名学者姚鼐所编定的《古文辞类纂》,为桐城派学子的重要读本。其选文,自两汉至明末,分论辩、序跋、奏议等 13 类,每类各有序目,对各种文体之源流述说甚明,于教学颇有帮助。另一古代文选本《经史百家杂钞》,为清代曾国藩所编。他选文的标准是,文章应经世致用,为文要求切实,力戒浮泛。该书把文章分为四类,即:气势、识度、情韵、趣味,并分类进行评介。因而,对教学、读书有广泛影响。

这些文选读本,大都为选注本。一般包括注、评、批和圈点,总称为评点。这正是古代语文教材的重要特色之一,对引导学生阅读、揣摩、提高读写能力具有显著作用。

二、近代语文教材

1903 年语文单独设科,中学堂称"中国文学"。语文教材的编写进入新的阶段。在编写的目的、要求等方面都有了变化。

清政府制定的《学务纲要》中指出:"其中中国文学一科,并以随时试课论说文字,及教以浅显书信、记事、文法以资官私实用。但取理明词达而止,以能多引经史为贵,不以雕琢藻丽为工,篇幅亦不取繁冗。"这是对当时的语文教学所提出的明确要求,也应视为语文教材编写的具体依据。

这一时期有代表性的语文教材有:1908 年吴曾祺为五年制中学编的《中学堂国文教科书》五册和林纾的《中学国文读本》十册(为商务印书馆出版)。最通行的为吴编本,全套书选文 709 篇。编者的意图,在于选古今名家的文章作范文,让学生大量诵读,会写各种常用文章。选文皆为朗朗上口的文言文,不选诗歌和骈体文。课文篇幅不长,平均每课 800 字左右。编写的体例,按文学史分期编排,分阶段逆推编选,即从清代依次上溯秦汉,体现了由近及远、由浅入深的原则。没有编选系统的语文知识。课文分析采用评点法,就文章讲作法。这套教材的主要特点是注重写作,编选大量范文让学生阅读,从而训练学生写作各类文章的能力。林编本的体例、特点,与吴编本略同。

辛亥革命后,学堂改为学校,中学学制由五年改为四年,对国文科教学提出新的要求。这时期,除继续使用吴编本外,流行最广的是谢无量编的《国文教本评注》四册,1915 年由中华书局出版。同时,还有许国英编的《国文读本评注》四册,由商务印书馆出版。

　　谢本全套选文 319 篇,全是文言文,其中散文占 94%。全书仍按从今到古的系统编排。各册选文按文章体裁分类,每类大致按时代先后排列。也没有编写系统的语文知识,仍采用评点法,并注意对同类文章进行比较。编写的意图,仍着眼于培养学生的作文能力。

三、现代语文教材

　　五四运动以后,在新文化运动的推动下,白话文和新文学兴起,白话文取得了合法的地位,并进入语文教材,把教材建设推向一个新阶段。这一时期,中学学制改为六年,初中、高中各三年。为适应这种新学制和新形势,又出版了一批新编国文教材,比较流行的主要有:

　　1.顾颉刚、叶绍钧合编的新学制初中《国语教科书》六册。1922 年,商务印书馆出版。

　　2.沈星一编的新中学教科书《初中古文读本》三册,《初级国语读本》三册,1923 年,中华书局出版。

　　3.穆济波编的《高级古文读本》三册,《高级国语读本》三册,1925 年,中华书局出版。

　　这三套教材的编法具有代表性。当时,语体文进入国文教材,占 40%;文言文占 60%,二者并存。有的合编成一套,有的分编为两套。选材的范围有所扩大,文学作品在教材中占有较大比例,增加了学术论著,以灌输国学知识。编排体系与前有所不同:按新文体分类编排,一般分为记叙、抒情、议论、说明四大类;低年级多选记叙文,高年级多选议论文。作文课学习文法、修辞、伦理学。废除了对课文的评注圈点,使用新式标点和注音字母。基本训练由重写作转为重阅读,同时增加课外读物。

1932 年,国民政府教育部颁布了《中学国文课程标准》。教材编写便以此"标准"为依据。当时,教材多由民间编写,政府部门审查,出版后由学校自行选用。整个 30 年代编写出版了许多中学语文教材。其中影响较大、流行较广的主要有:

1. 傅东华编的复兴初中教科书《国文》六册,高中教科书《国文》六册,1933 年至 1934 年商务印书馆印行。

这套教材,依照《课程标准》编写,又经教育部审定,因而使用最广泛,发行量也最大,至 1938 年 9 月,已印行 70 版。选材的标准是"依新标准大纲之规定,力求思想不违背时代潮流扩及体裁风格堪为模范者,又在可能范围,尽量采取新颖之作品,期能增进教学双方之兴趣。译品一概不收"。选文数量,初中为 240 篇,每册含精读教材 40 篇;另习作教材 20 篇;略读教材由教员自定。高中为 229 篇。语体文与文言文各占相应比例。编排的体系是,选文按时间由近及远逆序排列,每册按文体、内容相关者组成单元。在文体方面,各学年有所侧重:初中第一学年偏重记叙文、抒情文,第二学年偏重说明文、抒情文,第三学年偏重议论文、应用文。所选精读课文下附有"作者"、"注解"等内容。高中国文与初中国文大体对应,但文言诗文分量加重。在编排上,也有所侧重:第一学年以体制为纲,选文以能代表体制为准;第二学年以文学源流为纲,选文注意各个时期的文学派别及流变;第三学年以学术思想为纲,各配以代表作品。

2. 宋文翰编的新编《初中国文》六册,新编《高中国文》六册,1935 年中华书局出版。

这套教材的特点与傅编本大致相同。选文按时间从古到今顺序编排。

这两套教材，均注意向学生灌输文学和国学知识，但对读写训练重视不够。虽编写了习作教材，但实际教学中没有很好地运用。

3.叶楚伧主编的高中《国文》六册，1935年正中书局出版。

这套教材也是遵照部颁《课程标准》编写的。编排顺序与傅编高中本大体一致。但二、三学年依时代先后选文，且各册均有附录：一册为文章体制表解，二册文体论，三册文学源流表解，四册文学源流概述，五册学术思想流别表解，六册学术思想小史。每册选文36篇，每篇选文附有作者简介、释题，以及该文中心思想与风格体裁的说明等；三、四册还有流变派别的说明；五、六册则有时代背景与影响的说明。选文后另附注释和若干习题。"这些编排方式，对于启发学生明了我国固有文化的特征与流变，加深对课文多方面的理解，产生研究古代文化的兴趣，并开始形成初步的研究能力，以及锻炼学生分析、归纳语言思维现象的能力，都有一定的助益"。但这套教材全部选用文言诗文，内容偏深且观点偏旧，忽略了学生发展的水平。

4.夏丏尊、叶圣陶合编的初中国文科教学自修用《国文百八课》，预计出六册，1935年由开明书店开始出版。因抗日战争爆发，仅出了前四册。该套教材在《编辑大意》中，对一系列重要问题作了说明，其编辑旨趣是"给与国文科以科学性，一扫从来玄妙笼统的观念"。其编辑体例是"用分课的混合编制法"，"每课为单元，有一定的目标，内含文话、文选、文法或修辞、习问四项，各项打成一片。文话以一般文章理法为题材，按程配置；次选列古今文章两篇为范例；再次列文法或修辞，就文选中取例，一方面仍求保持其固有的系统；最后附列习问，根据文选，对于本课文话、文法或修辞提举复习考验的事项"。选文的标准是"力求各体匀称，不偏于某一种类，某一作家。内容方面亦务取旨趣纯正，有益于青年的身心修养的。唯运用上注重于形式，对于文章体制、文句格式、写作技术、鉴赏方法等，讨究不厌详细"。这部教材着眼于培养学生一般的阅读写作能力，因而"论文之作及文艺理论概不收录"，并把应用文列为国文教学的一个纲目。这套教材的编法新颖，是语文单独设科以来编得最好的一种，被吕叔湘先生誉为"一部颇有特色的初中语文课本"，并认为，"直到现在，还能对编中学语文课本的人有所启发"。1985 年，人民教育出版社又将这套教材重印出版。

这一时期，所编选的中学语文教材还有：江苏省教育厅选编的《当代国文》初、高中各六册；萧苇编《现代中学文学的国语教材》共四册；姜亮夫编的高级中学《北新文选》共六册；潘尊行编《初中精读国文范程》；杜天縻编《国语与国文》等。

20 世纪 40 年代，由于受抗日战争和解放战争的影响，教材编写的物质条件较为艰难，但许多进步人士和主管部门，还是为语文教材的编制、发行、使用，作出了某些有益的探索。

1. 中学活用、自修课本的编制。为适应青少年战时求学的需要，编制了"活用课本"、"自学课本"、"进修课本"。其中出现最早的一种是陆高谊倡导主编、朱公振编著的《基本国文》和《模范国文》，1939 年由世界书局出版发行。《基本国文》全一册，按文体分为五编，依次为记叙文、说明文、议论文、诗歌、应用文。每编先列内容一览，次列作法向导，再列范文选读。

2. 中学白话文、文言文分编尝试。

1940 年，开明书店叶圣陶等根据浦江清文、白分编的提议，编成《开明新编国文读本》甲、乙种本（甲种为白话本，乙种为文言

本）。1948年又编辑出版了《新编开明高级国文读本》（白话本），
《开明文言读本》。文、白两种语体分编的语文教材，冲破了文、白
混编的传统体制，突出了各自的特点，受到语文教育界的重视。
其编写体例，直接影响到当代某些实验教材的编写。

3. 解放区中学语文教材的编写。

1946年，陕甘宁边区教育厅编写一套《中等国文》共六册。每
册选文30篇。每五篇为一组（单元），前三课或四课是读文，后两
课或一课是语文规律的说明。每课后附有"教学参考"、"注释"和
"习题"三项。这套教材是根据《初中国文课程标准草案》（陕甘宁
教育厅编审室拟订）中的"教材大纲"的要求编写的，其体例较新
颖，内容实用，是对语文教材编写的一大改革。1948年，晋察冀边
区也出版了一套《中等国文》，共六册。

为解决新解放区教学的急需，1948年至1949年，解放区重新
编写全套中学语文教材：《初中国文》、《高中国文》各六册。《高中
国文》选材的范围从秦汉到现代，现代作品占多数，选文的标准兼
顾内容与形式，即内容应正确、充实，形式广泛多样，篇幅以短小
精悍为主，文体知识的编排，各册有所侧重。

四、当代语文教材

新中国的诞生，标志着语文教材的建设进入一个新的发展阶
段。随着语文教学改革的深入发展，全国统一编写与使用的中学
语文教材先后有十余种；连同各省市、各学校自编的实验教材，则
有数十种之多。

这些教材，从整体编排上可归纳为两种类型：综合型与分
科型。

综合型教材，也叫合编型或混编型教材。这类教材是将阅

读、写作、语文知识等内容合编在一起,采用选文章、作注释、配练习、组单元、附短文的方法编排而成。分科型教材又叫分编型教材。它是按照语文训练和语文知识的体系,把阅读、写作、语文基础知识分别编成几种不同的本子。这两类教材各有特点,在不同历史阶段交替产生,均发挥了应有的历史作用。其中最具代表性的有:

1.建国初期的《初级中学语文课本》、《高级中学语文课本》。实际有三种:一是1949年国文课本,以老解放区的《中等国文》为蓝本,修订编辑而成,以应当时教学的急需;二是1951年的语文课本;三是1953年语文课本的修订本。

1951年本,由中央人民政府出版总署编审局编辑,人民教育出版社出版。初、高中各一套。《初中语文课本》由宋云彬、朱文叔等编辑,在《编辑大意》中有几项重要说明:一是课本的名称定为"语文",不再使用"国文"或"国语";一是选文的标准是"要内容充实、思想正确,同时注意文字与口语一致,真实而生动;一是强调思想教育的作用和听、说、读、写四项训练并重"。初中教材共六册,每册选文25—28篇,全部选白话文。编排的顺序,是"依据学生的程度,由浅入深,从简到繁"。每篇课文后面都附有注解与要点。《高中语文课本》由周祖谟、游国恩等编辑,编排与初中大体一样,选文从第三册起选入少量的文言文。初高中均未安排系统的语文知识,在选文数量、编排体例、单元组合等方面也存有不足。

2.《汉语》、《文学》课本。根据分科教学大纲,由国家统一组织编写,1956年人民教育出版社出版。初中汉语课本共六册,包括语音、文字、词汇、语法、修辞和标点符号六项内容。每项汉语知识的学习,都安排说明、例证、练习三项内容,有助于学生理解与运用。

初中文学课本共六册,编排体系为一、二册按思想内容编排课文;三、四册按文学史编排;五、六册按文学体裁编排。每篇课文都附有注解、练习,有的配有插图。课文内容包括我国的民间口头文学、古典文学、现代文学、外国文学(以苏联文学为主)作品,以及相关的文学常识与文学史知识。

高中文学课本六册,一至四册编选《诗经》至五四以来的作品,按文学史发展系统编排,五、六册编选外国文学作品。

这套教材结构单一,体系新颖,系统性强,很受广大师生欢迎。但文学课本分量过重,内容偏难,与写作训练结合不够;汉语课本内容过多,缺乏重点,练习欠多样化等。

3.《新编十二年制中学语文课本》,1963 年由人民教育出版社编辑出版。

这套教材,是根据 1963 年《全日制中学语文教学大纲(草案)》的精神编写的。编排的体系是"以培养学生阅读能力和写作能力的顺序为主要线索,组成由浅入深、循序渐进的体系"。编排的教学侧重点以记叙——说明——议论文为序。选材的标准是:课文必须是范文,要求文质兼美;深浅难易,必须符合学生的年龄特征;课文宜于短小精悍;语言必须合乎规范。课本增加了选文数量,由原来的 278 篇增至 360 篇,平均每册 30 篇。选材的范围更加广泛。

这套教材,由于以新大纲为依据,吸收了以前教材编写的经验,同时,又经历了"关于语文教学目的任务"的大讨论,廓清了认识,明确了方向,因而在编写体系、选文质量等方面均有发展,但练习与语文知识均无明显的序列,写作训练缺乏具体措施。

4.《中学语文课本》,即现行通用语文教材。这套教材,是由人民教育出版社据 1978 年新大纲的精神组织编写的《全日制十年制中学语文课本》,作为试用本使用。1980 年作了局部调整,1982 年又作了较大修订,并分别改名为《初级中学语文课本》和《高级中学语文课本》。随着中学学制由五年改为六年,从 1983 年起,增编了《六年制中学高中语文课本》第五、六册,并与初中语文课本配套,作为全日制中学正式语文课本。

这套修订本,基本上沿用了 1963 年语文课本的编法。二者相较,体系相似。也有较大改进:各年级训练重点较突出;按文体组织单元,教学要求较明确;语文基本训练有所加强。但选文缺乏时代气息,写作训练线索欠清晰。

1986 年国家教委颁布了正式的《中学语文教学大纲》。人民教育出版社又根据新大纲的有关精神,对 1983 年教材作了较大修订,在以下几个方面有所改进:

在课文方面,一是加大了数量,初中六册共 240 篇,高中六册 190 篇;二是选文的内容更新了,增选了一些贴近生活,反映新观念、新成果的课文;三是单元组合更为合理,单元数量与课文数量大致相等,单元教学安排重点突出,要求具体。

在知识方面,通过知识短文、附录、注释、思考和练习、提示等集中与分散结合,编排语文基础知识,比原教材系统与实用。

在训练方面,注意课内专门训练与课外应需训练结合,读写能力训练与听说能力训练结合。作文训练的线索较前清楚,训练步骤也较前具体明确,规定了训练次数;每学期六次作文,编写了训练指导内容:作文范围、作文要求、作文提示和参考题目等;还规定每学期进行两次听说训练,并提供训练项目、听说指导、听说练习等配套设计。

1990 年,又根据国家教委印发的《现行普通高中教学计划的调整意见》的精神，对高中语文教材作了调整与压缩，并规定修订后的课本作为必修教材。

5.几种语文实验教材

以上几种教材，皆为统编通用语文教材。从 1981 年起，也编写了一些语文实验教材，其中影响较大的有：

（1）全国六年制重点中学语文课本

这套教材，是由人民教育出版社编辑、出版，供重点中学试用的一种教材。属分编型，分《阅读》与《写作》两本。

《阅读》教材的教学目标，是在于培养学生的阅读能力。选材的要求是：语言文字规范，思想内容健康，篇章结构完美，体裁和题材广泛多样，能适合教学。

初中《阅读》教材的编排，分讲读与自读两类。讲读课文前设有"提示和思考"，课后设计了"课堂练习"和"课后练习"。自读课文前有"自读提示"，后有"阅读练习"。每册选文 40 篇，按体裁分成八至九个单元，单元前有"单元要求"，后有"单元练习"。高中《阅读》教材，仍着眼于培养学生的阅读能力。各年级有不同的内容与要求：高一《文言读本》（上下册），以"文言阅读"为主要内容，初步培养学生阅读文言文的能力；以"文言诵读"、"文言点读"、"文言翻译"、"文言浏览"为训练重点。高二《文学读本》（上、下册）以"文学鉴赏"作为练习内容，以"诗歌鉴赏"、"散文鉴赏"、"小说鉴赏"、"剧本鉴赏"为训练重点。高三《文化读本》（上、下册），以"文化名著概览"为训练内容，把重点作品选读和重点作家评价以及有关文化知识概述结合起来。高中还编写了课外阅读教材：高一《现代文选读》，高二《文学作品选读》，高三《文化著作选读》。

《写作》教材，以培养学生写作能力为主，旨在探讨作文与说话训练的科学体系。各册有两部分组成：一是"写和说的训练"，写的训练每册六次,每次以写一篇文章为单位进行综合性整体训练;说的训练每册为两次,每次主要是进行有中心、有层次的成篇讲话训练。二是现代汉语常识部分,侧重于应用。每册有八篇有关知识短文,并配以相应的练习。

这套教材已经国家教委教材审定委员会审定批准,向全国推荐使用。它在编写中所作的开拓性探索,也为其他同类教材编时所吸收、借鉴。

(2)初中语文实验课本

这套教材,由中央教育科学研究所教改实验小组编写。从1981年开始,至1984年全部出齐。包括《语文》和《作文》两本,属分科型教材,全套共12册。

《语文》每册45—50篇课文,组成10个单元,是构成课本的基本单位。其单元编排的方式有两种:一是按语文能力训练为序编排,包括阅读指导、朗读指导和听说训练。其中,"阅读指导"单元共包括9个专题,形成一个序列,起统领全课本的作用。一是按文体编排单元,旨在把能力训练单元中学到的知识与技能,运用到各种体裁的文章中去。

《作文》教材共六册,每册按训练项目组织单元,由易到难,循序渐进。每一单元有作文指导、示例和练习三部分。

其他较好的语文实验教材还有:华东师大一附中编写的《分类集中分阶段进行语言训练实验课本语文》;鞍山十五中学按听、说、读、写能力训练体系编写的《初中语文实验课本》;广西教育学院编写的《初中语文读写实验课本》,四川颜振遥老师编写的《语文自学辅导实验教材》等。

这些实验教材的共同特点是:改革意识鲜明,重视能力的培养和智力的开发,因而,在不同程度上打破了传统语文教材的格局，全方位、多角度地探讨语文教材的科学体系。

6.《九年义务教育三年制初级中学教科书语文》

这套教材，是人民教育出版社，根据《九年义务教育全日制初级中学语文教学大纲》的有关精神，于 1993 年编辑出版的，属综合型教材。编写的指导思想是"联系生活，扎实、活泼、有序地进行语文基本训练，培养学生正确理解和运用祖国语言文字的能力；在训练的过程中传授知识，发展智力，进行思想教育"。编写的体系从三个方面作了探索，一是从课文的编排方式与教学重点的确定上，将初中的学习过程分为三个阶段：第一学期为第一阶段，"课文按照其反映的生活内容分类编排"；"认识学习语文与生活的关系，着重培养一般的语文能力"。第二、三、四学期为第二阶段，"课文按照表达方式编排"；"联系生活，着重培养记叙、说明、议论的能力，三种表达方式依次分作三个学期的训练重点"。第五、六学期为第三阶段，"课文按照文体分类编排"；"着重培养在生活中运用语文的能力，同时培养文学欣赏能力"。二是从语文基本训练上，"从综合（初步）到分解再到综合"，"三个阶段体现着互相承接，逐步递进的训练程序"。三是从单元与课文的具体编排上，每册有八个单元，语体文与文言文混合编排；每单元有"单元提示"，教读课文前有"训练重点"、"预习提示"；后面有练习，一般分三个层次：理解·分析，揣摩·应用，积累·联想。

这套教材虽系初中语文教材，但由于吸收以往语文教材的成功经验，又以新法规、新大纲为据，因而，在我国语文教材发展史上，为探索语文教材的民族化、科学化迈出了可喜的一步。

我国当代中学语文教材一直实行全国统编、编审一体的政策，全国各地、各校，大多采用统编教材，这样做法有其积极作用。但随着社会的发展，改革开放的深入，这种全国大一统的做法便不能适应新形势的需要。因此,国家教委于 1988 年决定,教材要实行"编审分开"、"一纲多本"的政策,也是为了把竞争机制引入教材编写,这对教材建设将会起到推动作用。

第二节　语文教材的研究

语文教材,是语文教学的要素之一。开展对语文教材的研究,不仅是教学的需要,也是提高教师素质的需要。一个合格的语文教师,也应当具有独立、系统地研究教材的能力。因此,探寻语文教材研究的原则与方法,便成为语文教学中必须解决的一个重要课题。

一、语文教材研究的原则

原则,是人们对事物发展与演变规律的认识与概括。中学语文教材研究的原则,是人们对中学语文教材研究的一般规律的认识与概括,它揭示了语文教材研究所应遵循的最主要、最本质的方面,给语文教材的研究提供了理论基础,指明了基本的途径。中学语文教材研究的原则主要有:整体性、独特性、创造性和实用性。

(一)整体性

整体性原则是指语文教材研究中要有整体意识,即依据中学语文教学大纲总的要求,从整体上把握教材。系统论认为,任何事物都是一个系统,即一个整体,进而分为若干子系统,再进而分为若干小的子系统。因此,整体性是系统论的一个基本特征。语文教材也是一个大系统,包括阅读系统、作文系统、听说系统、语文知识系统和课外读写系统。而这些方面，又是综合编排于语文教材中，形成一个整体。作为教师，只有从整体上了解并把握这个系统，才能做到胸有全局，使教学活动科学有序。正如宋代与朱熹齐名的哲学家、教育家陆九渊所指出的，读书是一个整体把握事物的过程，即"一是即皆是，一明即皆明"。意思是，只有在整体上明白了，所有的局部都容易弄明白。因而，主张整体理解，整体把握。

　　而实践又告诉我们，语文教材的整体性，是有若干层次的。

　　一是全套教材的整体把握。即应了解整个中学阶段语文教材的编写意图、原则、标准、体例、方式以及课文的总量等。目前，除现行的统编教材外，已编成若干实验教材，有的已经审定，并向全国推荐选用，有的还在实验中。在可能的情况下，也应对这些新教材加以研究，以了解其体系与特点。通过比较，更好地从整体上认识与掌握统编教材。

　　二是一个学段教材的整体把握。即从整体上研究初中或高中阶段的教材。了解这一学段的教学要求，各年级的读写训练重点以及教学内容的总量等。如现行中学语文教材，初中阶段六册，共有课文（含讲读、课内自读、课外自读三类）240篇，其中基本篇目100篇；作文训练34次；应用文练习24次；作文片段练习12次；听说训练12次；一至五册教材中还各自有汉语知识四或五篇；有的单元附有读写知识或其他语文知识；附录古代诗歌96首。了解了这一些，对该学段语文教材的总量、编排序列以及所要达到的目标，就有了整体认识。其对教学的指导价值，也是不言而喻的。一些在语文教学领域中勇于探索，并取得显著成绩的教师，他们成功的秘诀之一，便是从整体上把握了一个学段的教学内容，既有整体构想，又有精心设计，做到有目标、有步骤地进行训练,使学生确有所得。如魏书生老师,他所创造的"语文知识树"便是一例。

三是对一个年级语文教材的整体把握。首先应根据大纲的规定,明确本年级语文基本能力和基础知识教学要求;其次,要了解两册教材所包含的基本内容,语文基础知识的训练序列等。

四是一册教材的整体把握,应研究本册教材的单元总量、文体构成、单元教学要点、单元知识要点、单元知识和训练以及附录等内容。

五是对一个单元教材的整体把握。首先,应了解现行语文教材单元的编排特点:以教学计划为依据,按相同问题、不同题材的课文组织单元;阅读训练、作文训练和单元知识三者在单元中组成一个有机的综合体;教学单元的训练点和知识点组成教材的教学体系。其次,应认识单元的结构,包括单元教学要点(初中为单元教学要求);课文4—5篇,分讲读和自读(初中又分课内与课外自读课文)两种;单元知识和训练(初中为作文训练或听说训练、知识短文)。最后,应明确单元教学要求与各篇课文的关系,单篇课文的教学重点及在单元中的地位。

六是对一篇教材的整体把握。有两层意思,一是就一篇教材的编排结构,除课文外,还要充分注意注释、课文前的学习重点、预习提示或自读提示、课文后的思考与练习;二是就课文本身,诸如文章的内容、结构、语言,或文与道两个方面,或听说读写训练等,均应全面掌握。对一篇教材的整体把握,最能体现一个教师对教材的研究能力。也只有做到这一点,才能完成该篇课文的教学任务,才能使单元以至一册教材的教学要求得以落实。

教材研究的整体性的一至四个层次,是从宏观上认识,涉及教材不同层次的全局。这也是目前中学语文教材研究中的薄弱环节。其中五、六两个层次,则是从微观上认识,单元与单篇课文,是教学的基本单位,也是研究的关键所在。只有宏观上形成了明晰的认识,才能了解单元与单篇课文的位置、重点;同样,也只有真正理解了单元与单篇课文,并在教学中真正落实,教学的整体目标才能实现。

(二)独特性

语文教材研究的独特性原则,主要是研究教材的个性化问题。如果说,整体性是对教材一般的全面的把握,主要是解决共性问题;而独特性,则主要是对一类或一篇课文具体的重点的把握,即解决个性问题。

我国的语文教材,历来以文章为主体,从《昭明文选》开始,一直到民国以后仍作重要教材的《古文观止》,以及现代与当代的语文教材,都是把一篇篇文章作为教学的基本单位;而从《文心雕龙》开始的历代文论,直到现代的文艺学、文章学等,则为这种以遣词造句、布局谋篇为重点的文章剖析提供了理论基础,丰富了教学内容;"以文取士"的考试制度,以及当前各级各类考试中语文测试办法,又进一步或继续强化了这个方向。

现行的语文教材,也是以文质兼美、适合教学的典范文章为主。而这一篇篇文章,又分属于不同文体,具有不同的风格,在时间与空间上也有较大跨度。即便是同一个国家、同一个时代,甚至同一个作家的文章,也是风格各异,各有千秋;其表达手法,更是五彩缤纷。因此,深入研究一类或一篇课文的主要特色,即准确地把握其独特性,不但是文章的客观存在,也是教学的实际需要。

关于一类课文,即不同文体的研究。应从该类文体的构成要素、结构特点与所运用的主要技法等方面入手,分析、掌握区别于其他文体的主要特征。

对一篇课文的独特性研究,指能以抓住课文的主要特点,即在体裁和表现形式上一些富于个性的东西。而这往往是在与相关课文的比较中,方能奏效。如《华队公会的供状》一文,是初中第六册第五单元的一篇课内自读课文。它介于讲读课文《"友帮惊诧"论》、《太阳的光辉》与课外自读课文《"旁观者"未必清》、《人比人,气死人吗》之间,它除具有一般驳论文的共同特点之外,还有自身的独特之处:一是以对方的行为作论据,批驳其论点,揭穿其反动本质的写法;二是多用反诘句,加重了批驳的分量,充分表达了对乱论欺骗性的愤懑之情。这两点,正是有别于其他课文的独特之处,这也就是它的个性所在。把握了这两点,不仅明确了该文的独特性,也能更好地了解其在单元教学中的地位与作用。再如杨朔的《荔枝蜜》与《茶花赋》两篇散文,在艺术上有共同点,但又各有特色。首先,两文都具有诗的意境,都运用托物寄兴的艺术手法,但又各有特点:前者托物,重在寓理,寄寓着一种人生哲理;后者托物,则重在抒情,寄托着对祖国的炽爱心情。其次,两文都注重抒情,但感情的凝聚点不同,给人的感觉也有异:前者的爱,因"甜"而动情,写对蜜蜂的感情变化;后者的爱,由思念祖国而萌生,因花而勃发;前者使人感到生活十分"甜",而后者则使人觉得祖国无限"美"。最后,两文均讲究结构艺术,但前者按作者感情变化的过程行文,后者则依感情渐深渐浓的过程纵笔,二者各有千秋,具尽其妙。

所以,在教材研究中,应切实贯彻独特性原则,教学中才能更好地发掘文章的个性,引导学生领悟文章的主要特色。

（三）创造性

对教材的创造性研究，是教材研究中的高级形式。它不仅把注意力集中在作者（即文章）身上，即研究作者在文章中提出了什么，怎样提出的，以及怎样论证或记叙、说明等等，还把注意的中心集中到读者身上，即学生的实际和教师的感受，对教材作纵向或横向研究，从而发现新意，使学生了解文章更深刻的内蕴，阅读能力也能得到更有效的训练。

如有的文章，不仅要了解其外部形态，还要考虑到学生的理解水平，作更深入的研究。《反对党八股》一文，作者批判了"甲乙丙丁，开中药铺"式的形而上学的方法，而自己在列举党八股的罪状时，也用了第一、第二，直至第八。这是否也在开中药铺？文章指出"开中药铺的方法……是按照事物的外部标志来分类，不是按照事物的内部联系来分类"。教师应作进一步研究：本文是怎样按照事物内部的联系来分类的？这就需要认真阅读全文，对"八大罪状"作具体分析。通过分析，不难发现"八大罪状"的内部联系是非常紧密的，可以分为三组，一至四条为一组，列举党八股的表现，一、二条是内容上的表现，三、四条则是形式上的表现；五、六条为一组，说的是党八股产生的原因，五条是指思想方法，六条是指工作态度；七、八两条为一组，扼要指出党八股的危害。这样，对什么是全面深入的分析，什么是形而上学的罗列，便会有一个较为具体的认识，也加深了对全文的理解。这类情况，如能引导学生辨析，教学就有了深度，也有利于养成其善于思考的习惯，从而提高独立分析问题、解决问题的能力。

有的教材，不仅要弄清楚写了些什么，怎样写的，还要深入研究为什么这样写，以及和主旨有什么关系。如鲁迅先生的《药》，全文共分四个部分：老栓买"药"，小栓吃"药"，茶客谈"药"，母亲上坟。小说描写了华夏两家的悲剧，正面写华老栓用人血馒头为儿子治痨病未成；侧面写夏瑜因鼓吹革命而惨遭杀害。两条线索，一明一暗，各自独立发展，而又通过"药"——一个人血馒头，将二者有机地结合起来，从而深刻地表达了主题，既揭露了封建势力的罪恶，批判了资产阶级民主革命脱离群众的错误，指出解救中国真正的"药"，应是唤起民众，砸碎精神枷锁。而这一主题，为什么要用两条线索来表现？为什么人物刻画要采取不同的方法？通过深入研究，便会领悟到这样一明一暗、一正一侧、有分有合的描写，便于表达深邃的思想、浓郁的感情。如果单写"药"不能治病，思想意义就显单薄；如果夏瑜这条线也明写，即具体写如果在狱中斗争，如何被押赴刑场等，在有限的篇幅里不仅失之累赘，而且影响深刻的揭露。而夏瑜的活动，在茶馆里由茶客谈出，既活化了刽子手的凶残、帮凶的卑劣，又哀叹群众的麻木，同时赞颂了夏瑜的革命精神，这样一笔可收三效，也使主旨更加鲜明突出。

对教材的创造性研究，还可通过纵向对比，揭示文章的主旨或人物形象的意义；也可通过横向比较，从不同角度，开拓新的领域，发现新的问题，使学生获得新的认识。

（四）实用性

对语文教材的研究，还应充分注意其实用性，即真正适应教学的需要。因为教材研究，不同一般的文章的分析，更有别于文学评论。而是要依据教学大纲的要求，教科书编者的意图以及学生的实际基础，来展开研究的。它并不要求把研究的全部结果，完全传授给学生，而是要根据教学的实际要求，认真筛选，灵活处理。

如《谁是最可爱的人》一文，通过研究，该文有三个读写训练重点：围绕主题选择典型事例，串联三个故事的句段所起的过渡作用，记叙、议论、抒情综合运用的写作方法。一般地说，这三者都是重要的，在本文中体现也是突出的。但分析学生的实际情况，便发现大多数学生在写作时不懂得如何围绕主题选材。学生作文不是大量堆砌材料，就是空洞无物。参照一课一得的经验，"围绕主题选材"这一重点，是学生所急需的，便选用这一点进行教学。又如《故乡》一文，是通过"我"回故乡由所见所闻而产生的感触，即"我"的心理活动。而景物描写和人物刻画都是为引起"我"的感触而安排的，也是通过"我"的感触写出来的。课文练习里所列举的"隔了一层可悲的厚障壁"、"应该有新的生活"、"走的人多了，也就成了路"三句话，即"我"回乡三点最大的感触。文中插叙的问题，也和"我"的感触密切相关；闰土的变化及其原因，也都由"我"的感触中表现出来。所以只要抓住心理描写，即"我"的感触这一特点，并处处据此进行教学，课文的思想内容和写作特色便不难讲清楚，也会使学生确有所得。

有些课文，语言文字较深，思想内蕴也不易为学生所理解。对这类课文的研究，应抓住关键的、费解的语句，从学生实际出发，作深入浅出的分析，即"深"课文要做到"浅教"。如《孔乙己》的结尾：孔乙己"大约的确死了"。又是"大约"，又是"的确"，看似矛盾，实际上是作者以此来表达深刻的思想，即有力地反映了孔乙己命运的可悲。可先研究"的确"的含义：孔乙己最终必定会被那吃人的社会所吞噬，这是必然的结局，所以说他"的确"死了；再研究"大约"，可像孔乙己这样卑微的小人物的命运，在那种社会里，是无人关心、无人同情的。说出这句话的小伙计，也只是从他不再来喝酒,不再来还酒钱,而估计他大约死了。这也正揭露了那个社会的冷酷,是对吃人社会的有力控诉与鞭挞。类似这样的课文,就应深入浅出地予以剖析,才有助于学生理解文章的深刻含义,才不至于把作者匠心独运之处忽略了。

语文教材研究的原则,还有一些。诸如发展的原则,即通过对教材的分析研究,探讨如何发展学生的智力,以及随着教材的体系、内容不断更新而有所发展变化等。

如前所述,教材研究的原则,是对教材研究一般规律的认识与概括,它的价值,首先是帮助高师学生了解语文教材研究的一般规律,摸到分析教材的门径;其次,对在职的语文教师也有重要的指导作用,他们可以凭借丰富的实践经验,对语文教材规律的认识不断发展、完善,从而使教材研究更有规律可循。

二、语文教材研究的方法

教材研究的方法,如同教学的方法一样,"基本问题是选择",因为"没有一种最好的教学方法或任何一种方法能适应各种教学情境"。教材研究的方法,也没有任何一种方式方法能适用于所有课文。一般应根据教材研究的不同对象,研究的方法也应有所不同。如有一套书的研究方法,一本书的研究方法,一篇课文的研究方法以及一类课文的研究方法等。但最基本、最关键的是一篇课文的研究方法,它是教材研究的基础,是教材研究的起点与归宿,也是教师教材研究能力的具体体现。因此,掌握了一篇课文的研究方法,具有了对单篇课文的分析、理解能力,其他范围的研究,便有了坚实的基础。

尽管不同的课文有不同的研究方式,但根据人们认识的一般规律,阅读的心理机制,文章构成的基本要素,以及适应教学的需要，一篇课文的研究，还是有一些共同的方式方法的。它研究的步骤、方式方法，一般说来，主要有：通读、精读、品读和参读。

（一）通读

通读，指通篇阅读课文，即从头到尾、逐字逐句的阅读全文，是研究教材的第一步。目的是对课文的全貌有一个初步的、轮廓式的而又完整的认识，为进一步分析理解课文打下基础。人们认识事物，总是要经历一个由粗到细、由略到详、由模糊到清晰的过程，教师对教材的认识，也有一个逐步深入的过程。而通读，就是认识教材的初级阶段，而且是不可逾越的一步。通读应注意的问题是：

1.要认清通读的作用。主要是为了熟悉课文、疏通课文，粗知课文，即大致了解课文的内容与形式，不要求作具体深入的分析。

2.要明确通读的范围。通读主要是阅读课文，其内容大致有：疏通字、词、句，即发现并标出生字、容易读错的字，新词、应用频率高的词，关键语句；大致了解文章的外部形态，即其层次结构；初步明确课文的内容与主旨；粗略察知文章的写法等。其次，对单元教学要求、课文学习重点以及课文前的预习提示或自读提示，也应认真阅读，使教材研究第一步的通读，一开始就有明确的指向；同时也有助于了解课文产生的背景、文章的主旨及写作特点等。再次，还要阅读课文后的思考与练习，以及单元知识和训练或写、说训练，以大体掌握训练的方式、重点与要求。

3.通读的方式，主要是默读，也可以朗读。但都应是逐字逐句地读，从头至尾地读。通读时要边读边思考，边读边圈点、批注等。

4.弄清通读与略读的异同。略读是对精读而言,是精读的应用与迁移,是就指导学生阅读说的。而通读,是指教师研究教材而言,它是为精读作准备、打基础。二者也有某些共同点,即都有"观其大略"的特点。这多是指对内容的了解,而通读,对文章的字、词、句以及表达方面的特点,也要观其大略。

(二)精读

这是教材研究的核心问题。是指逐字逐句,精读细研,以达到对教材充分理解而进行的阅读方式,也是熟读精思的阅读方法。这种方式在通读的基础上,认真精细地研读课文,最后达到完全理解其内容、见解和表达方法。对精读,朱熹有一段精辟的论述:"读书之法,在循序而渐进,熟读而精思,字得其训,句索其旨。未得于前,则不敢求其后;未通乎此,则不敢志乎彼。先须熟读,使其言皆若出于吾口,继以精思,使其意皆若出于吾心。"①清代著名诗人、画家郑燮认为,书要精读,必须深入地探究思考。他说过:"微言精义,愈探愈出,愈研愈入。"②他反对不加精研,不求甚解的粗读,认为"读书以过目成诵为能,最是不济事。眼中了了,心下匆匆"③的方法是最为有害,全不足取的。对教材的精读,是以掌握课文内容为核心,是一个由形式到内容,再由内容到形式,在循环往复中逐步深化理解的过程。一般有三个阶段:一

---

① 转引自《实用语文教学词典》,天津出版社 1989 年版,第 129 页。

② 郑板桥:《淮县署中寄舍弟墨第一书》,转引自《阅读辞典》,四川辞书出版社 1988 年版,第 428 页。

③ 郑板桥:《淮县署中寄舍弟墨第一书》,转引自《阅读辞典》,四川辞书出版社 1988 年版,第 428 页。

是认读阶段,是在通读的基础上,按照课文的顺序,精心准确地进行阅读,要求看清每一个字。做到像朱熹说的那样:"凡读书……须要读得字字响亮,不可误一字,不可少一字,不可多一字,不可倒一字……"这是强调读的准确性。而叶圣陶先生则要求:"一字未宜忽,语语悟其神。"并申明理由:"惟文通彼此,譬如梁与津。"认读阶段的读,实在是进一步熟悉课文,疏通课文,为全面深入地理解课文创造条件。二是理解阶段,即分析认识课文阶段,要求对教材的词、句、段、篇都要进行深入的分析。对于词,不仅要弄清它的表达作用,还要把握其感情色彩;对于句子,不仅要了解它所表达的直接意思,还要领会其深刻含义和表达效果;对于段落,不仅能概括其大意,还要求分析它的结构,了解其在全篇中的地位;对于篇章,不仅能理清层次结构,抓住课文要点,归纳课文的主旨,理解其思想意义,还要弄清作者行文的思路,构思的特点,掌握课文的章法、技法等。这一阶段是精读的核心,它牵扯到能否全面准确地把握文章内容与形式的主要方面,也是一个语文教师分析教材的功力的体现。当然理解教材,可以参考编者的提示、注释,以至有关参考资料,但一定要首先独立地钻研、理解。这样不仅分析掌握了课文,而且锻炼了分析教材的能力,掌握分析教材的规律。三是评价阶段,即理解的深化阶段,要求在理解课文的基础上,对文章所表达的思想内容和表达方式做出客观的评价、判断。

(三)品读

品读,是以品评体味课文选词用语、艺术构思和表情达意之妙为目的的阅读方式。这种方式,是通过精读,对课文有了全面理解,并作出一般评价之后,更深入地理解、品味,以期探得文章精华之所在。对文章的品评,不同于一般的理解。理解是通过文章形式，准确了解其所表现的内容，明确文章所反映的事物，所讲述的道理以及所说明事物的特点和本质。而品读，是在掌握了课文所表达的内容与形式的基础上，反复阅读，仔细品味，深入体会其在语言、构思以及内容方面的精妙之处，从而领悟其语言美、体察其构思美、想象其意境美和感受其思想美之所在。而这往往是作者匠心独运之处，也是最值得引导学生品味并借鉴的地方。因此，教师研究教材时，必须在精读的基础上，进一步探究。特别是对那些语言精美、描绘生动、形象感人的文章更应如此。

品读，从这个意义上讲，它是鉴赏性阅读的一部分，主要适用文学作品，也适用于其他一些文质兼美的文章。如李健吾的《雨中登泰山》，将五岳之尊的山光水色，淋漓尽致地展现在读者面前，表达了雨中登泰山的独特乐趣，抒发了对祖国壮丽山川的热爱之情；在形式上，注意了"线"与"点"的有机结合，且状物准确，语言优美。但更值得称道的却是本文的艺术构思：全文紧扣一个"雨"字，用一字经纬全篇。这样，不仅生动地画出了别于前人、新于他人的泰山风貌，而且成为一篇不袭旧意、别具一格的佳作。从整体上看，作者以"雨"字作为经线，贯穿作者登山的始终：从冒雨登山，雨中游览，到雨停后下山；从各部分看，又用"雨"字作纬线，写雨中的景、物，写雨景，着力描绘烟雨云雾的奇丽色彩，以及烟云笼罩下的一个个景观。同时，还特别突出了"雨趣"。这样，由于全文紧紧扣住一个"雨"字，经纬交织，不仅生动地描画了一幅幅迷蒙奇特的景观，而且抒发了雨中登泰山的无限情趣，从而，写出了新意，也使文章不愧为"轻松、愉快、优美"的艺术珍品。教师研究教材时，应通过品读，发现其艺术构思方面的精妙处，并引导学生品评、体味。

再如《为了忘却的记念》一文，在某些内容的表达上巧妙含蓄,体现了作者的匠心。研究教材时,应细心品味。鲁迅先生回忆与柔石的交往时,写得细腻感人。但却又着力写他的"迂"表现在柔石对女性令人不可思议的态度;对作者的关怀体贴,又达到几乎令人不能接受的地步。作者在文章中,一方面倾泻了对反动派极度愤恚之情,也热烈地讴歌了死难烈士的革命精神,表达了对他们悠深的怀念。但另一方面,又竟写起柔石的"迂",这个近乎缺点的性格特征。这是为什么?如果能联系上下文并综观全文,便不难发现,这正是作者的绝妙之笔:柔石这样一个普通的进步青年,有着严肃认真的生活态度,不屈不挠的追求,对师长、对同志又是满腔赤诚,关怀备至。这样的青年真是"迂"得令人喜爱,令人崇敬。但是,他竟然被反动派杀害了!这样写,不仅表现了作者与柔石关系之密,情谊之笃,也更加暴露了反动派的凶残狠毒,从而更能激起读者对先烈的深切怀念,对反动派无比强烈的仇恨,使文章具有震撼人心的力量。

有的课文,用词华美,使语言生动形象;而有的课文,用语平实,但内蕴甚为丰富。对比,也应注意加以品味,并引导学生体会。如《景泰蓝的制作》一文中,写"制胎"一节时,用了"尽打尽打"一词。看来这应属一个极为平常的词语。但结合课文,深入品味、咀嚼,就不能不惊叹叶圣陶先生用词的准确、精妙。所谓"尽打尽打",不仅如实地反映了制作技术,也是红铜所具有的特性。因为红铜有延展性,所以有可能"尽打",而只有"尽打尽打",才能达到制胎的要求;同时生动地表现了工人制胎的情景,并显示了工人劳作的无比艰辛。如果换成了"敲打敲打"或"敲敲打打",在语义与色彩上,就完全是另一种意味了。

总之,品读是在精读的基础上作更为深入地研究,主要是为了探索文章的精妙处。它不同于一般地掌握写作特点、表达技法等,而是寻找作者最为用心之处,以发现文章的精华,使学生得到更好的借鉴;同时,这也是一种艺术美的享受。而要探得这一点,与教师本人的知识水平、阅读理解能力与鉴赏能力有着直接的关系,并有着明显的主观色彩。当然,品读要从文章的实际出发,不能作统一的要求,而且对文章精妙处的认定,也是比较或相对而言。

（四）参读

参读,是指教师为更加深入准确地理解教材而参阅有关资料的阅读方式。它不同于为扩大阅读范围,培养学生参读习惯与能力的参读,那是指引学生以精读课文为出发点,参阅相关的读物,来增加阅读量,来比勘、印证、补充和扩展精读的阅读。这里说的"参读",是专指教师在独立地研究课文,对其内容、形式有了基本的理解,甚至是独特的见解之后,再参阅相关的资料,以扩展或提高个人已有的认识,或者受到新的启示,产生新的见解,以使对课文理解掌握得更全面、更准确、更深刻。

阅读学研究认为:"阅读的次第并非单纯直线性的顺序,而是一个互为参照的网络。任何一本读物必须有一本或一批参照读物,才能为读者所完全读懂。"[1]这便充分说明参读的必要性。作为语文教材的研究,也应如此。如果一个教师在研究教材时,只就课文的本身阅读研究(这固然是必要的),而不参阅有关资料,除那些阅读水平相当高,教学经验十分丰富的教师外,对教材的理解必然受到一定的限制,甚至不能全面正确地理解课文。实践也证明,只有较多地、有效地参阅相关资料,才有助于更好地理解课文,并提高教师的阅读分析能力和科研能力。

---

①《阅读辞典》四川辞书出版社 1989 年版,第 179 页。

　　如何进行参读？有经验的教师认为，研究课文时，参考的东西一定要博，但运用时取之以约。且不能生吞活剥，要为自己的教学目的服务。也就是做到"拿来为我所用"。首先是"拿来"，为了更好地理解教材，为了有效地提高教学质量，应满怀求知欲望和高度的责任感，广泛涉猎与教材有关的材料，充分占有资料。特别是与所研究的课文有直接关系的，要认真阅读，反复比较，吸取其中有用的部分。更重要的是"为我所用"，对参读的材料，要理解消化，变为自己的东西。而不能以资料来代替个人的思考。正确的参读，应是集诸家之长，充实、补足自己的认识。这里应特别指出的是教学参考书以及某些教案选。这些资料，或是教科书的编者组织编写，与教材配套使用，或为帮助教师备课提供资料而编写的。应当说，这类参考材料，对理解教材有直接帮助，因为其中有的部分就是一些著名教师或长期从事语文教研工作人员执笔的。但，切不可照抄照搬，因为那是别人理解教材的结果，如果没有个人的深入研究作基础，即便搬过来，也是不会得心应手的，更无助于个人研究能力的提高。而要做到"拿来为我所用"，除摆正教材与资料、个人独立研究与吸收别人的成果的关系外还要加强业务进修，提高个人的阅读分析、鉴赏能力，同时，还应考虑如何使学生接受与理解。

　　至于参读的具体方式方法，应视参读资料的不同，而有所选择。有的资料可通读，有的只需选读；有的应研读，有的只需浏览等。参读或作记录或作标记。其内容一般是：重要观点，新的见解，有说服力的论据，因受启迪而思考的问题等。记录的方式，可制作卡片，可记入专册，也可直接纳入个人对教材的研究中去等等。

　　语文教材研究的原则与方法，是教材研究中的一个有重要理论价值的问题,也是一个有实践意义的课题。以上只是参照阅读学、阅读心理学、文章学、写作学等的研究成果以及广大语文教育工作者的实践经验,作了初步的分析、探讨。而其原则与方法,也绝非仅限于此。它必将随着教材研究的理论探讨与实践的深入,而不断得到完善与发展。

第三节　语文教材的设计

　　语文教材的设计,是研究语文教材的教学设计。

　　教学设计,系教育技术学用语。是指对整个教学过程的精心思考与系统安排,亦即按照教学科学化、最优化的要求,对教学的程序作出有效的安排。中学语文教材的教学设计,主要是指对一篇课文或一个单元课文的教学过程所作的思考与安排。

　　教学设计,是语文教材研究中的一个重要环节,也是语文教师所应具有的一种基本教学能力。它是在反复钻研教材,全面准确地把握教材,并对学生的情况有所了解的基础上进行的。其主要任务是处理教材,即确定教学目标,研究教学的内容与程序等,进而制订出完整可行的教学方案,即编写成教案。

　　教学设计涉及许多问题,本节仅就教学设计的依据、内容和类型作些简要的阐述。

一、教学设计的基本依据

　　要科学地进行教学设计,就必须研究教学设计的依据,也就是所应遵循的基本点。根据一般的教学理论和广大语文教师的教学实践,语文教材的教学设计的依据主要有:

（一）充分顾及课文特点

一篇课文或一个单元,是教学设计的主要对象。因此,进行教学设计就应从课文实际出发,充分顾及课文的特点。

课文的特点主要表现在两个方面,一是文章的体裁特点,一是文章自身的特点。

实践证明,文体特点应是教学设计的首要依据。一篇文章有其为主的表达方式,有着自身的构成要素,和常用的章法技法。因此,便形成了迥然有异的文体特点,显示了独特的组合规律。如议论文,它是以议论为主要表达方式,由论点、论据和论证三个要素构成,以总分总为其主要结构模式,运用例证与引证、直接与间接、归纳与演绎等多种论证方法。从而形成议论文固有的特点。教学设计时,一般应从寻找论点入手(有的也可从结构入手),明确作者所要论证的基本观点,进而弄清证明论点的论据,再研究论证过程及其所采用的论证方法。同一文体中的文章,也有其不同的特点,如散文中的游记,它是由游踪、风貌和感受三个要素组成。设计时,除考虑散文的一般特点外,还应从理清游踪入手,进而具体研究风貌,然后把握作者所抒写的感受。尽管文章有总的分类,中学语文教材中也以实用文体为主,但还有相当数量的文学作品。而每类文体中又有小的分类,具有各自的特点,教学设计充分顾及这一点,不仅能避免千篇一律,还更符合文章的组合规律,和学生的认识规律。

语文自身的特点,不仅表现在内容上,即每一篇课文都有其专门的表现对象,也体现在结构上和表达手法上。如记叙文,有的采用顺叙的结构,有的是倒叙,而有的则穿插运用;在方法上,有的侧重人物言语动作描写,有的则侧重心理描写,有的注意正面描写,有的则更多运用侧面描写,有的着眼于线索的安排,有的则注重环境气氛的烘托,等等。对课文的诸多特点,尤其那些涉及文章整体结构的,教学设计时,均应给以足够的重视。

总之,把顾及课文特点作为教学设计的基本依据,不仅可以有效地揭示文章的思路,准确地把握文章的脉络,而且使教师的教学思路清晰有序。一般也能符合学生的学习思路。

(二)注意既定的学习要求

新修订的现行中学语文教材,从内容到形式的编排,均发生了显著变化。有人认为是基本完成从"文选型"到"训练型"的过渡。这一变化、过渡的重要标志之一,使每一篇课文、每一个单元都规定明确的学习重点或教学要求。而这些重点与要求的确定,是以教学大纲的总要求,以及各年级语文基本能力、基础知识的教学内容与教学要求为依据。是一个个相对独立而又连缀成序的知识点和训练点,并初步形成语文知识与语文能力综合训练的系统。因此,教学设计时,就应切实注意这些既定的学习要求,将它视之为设计的出发点与落脚点,并注意他们之间的内在联系。同时,不仅将他作为教学的目标,而且要反复思考如何落实这些要求,并通过相应的方式与步骤使之变为学生的知识,进而转化为能力。当然,现行教材中的个别单元中的个别篇课文,其学习重点与单元教学要求缺乏应有的联系,或者是单元教学要求在单篇课文的教学重点中并未得到落实;个别单元的教学要求也显得笼统,或欠确切。对此,教师应在深入钻研教材的基础上,认真研究、确定更恰当的单篇课文的重点与单元教学要求。但这毕竟是少数。一般情况下,都应将既定的教学要求当作教学设计的主要依据。另外,大纲与教材中规定的要求、重点,多是从教养角度,即读写训练方面提出的；设计时，还应有教育方面的要求。

（三）认真落实能力训练

在教学过程中，教师不仅要使学生获得新的知识、技能和其他新的心理品质，还要教会学生自己发展、自己学习，从而获得自我教育的能力。因此，语文教学设计，也应把落实能力训练作为重要依据，即在教学设计时，不仅教学生学习课文，学习语文知识，从而逐篇、逐单元地掌握其内容，而且要注重学习能力的训练，使学生能掌握学习不同文体、不同篇目的门径与规律，也就是叶圣陶先生所说的，让学生达到"自能读书"的境地。这就要求设计教学时，应有明晰的能力训练目标，相应的训练方式方法。同时，还应教会学生学习，即形成系统的学习能力。其标准，一般认为主要有三点：一是具有浓厚的学习兴趣；二是掌握一套学习的方法；三是养成良好的学习习惯。教学设计时，不论是单篇，或是单元，都应将这一标准，作为基本依据。要从根本上改变过去那种只是为教课文而教课文，即只教教材，而不是以教材为例子，教会学生学课文。

（四）切实考虑学生实际

教学设计的目的，是为了取得最佳学习效果，也就是向学生传递一定的知识，培养学生具有一定的能力。因此，教学设计除对教材进行处理外，更要切实考虑学生实际。对学生的实际，不仅应研究学生的知识基础，能力状况，还应深入了解与掌握学生的学习心理与认知规律。以此为基础所作的设计，才有助于激发学生的学习兴趣，使学生在学习实践中获得成功的体验，增强学习的信心，掌握学习的方法，逐步形成自学的能力与习惯。而在传统的语文教学中,恰恰忽略了这一点,教师的主要精力往往是放在考虑怎样教上。而对学生怎样学,则有所忽视,或考虑不多,抑或把学生的某些活动,当作教学的陪衬。这势必影响学生学习的积极性,使他们处于消极被动的地位。这也是长期以来,语文教学质量不高的原因之一。所以,科学的教学设计,不仅要在研究处理教材上下功夫,还应在摸清学生情况作更多的投入,并由此出发,真正把学生视为学习的主体。

二、教学设计的主要内容

一般说来,语文教材的教学设计,主要是对一篇课文,或一个教材单元的教学过程的思考和安排。同时,也必然涉及教学目标的确定和教学方法的选择。

教学设计的主要内容有:

(一)确定教学目标

确定教学目标,在教学活动中具有定向的作用。这应是教学设计的首要内容,对教师、对学生都至关重要。教学目标,应是教学设计的出发点,也是要达到的目标。因此,教师应在钻研理解教材的基础上,根据大纲的要求、教材中的有关提示以及课文的要点,首先确定好教学目标,使教学设计具有明确的方向。

(二)构思教学过程

构思教学过程,是指对教学内容和教学步骤的具体恰当的安排。这应是教学设计的核心。有了明晰的目标,还必须有精要的教学内容和科学的步骤。构思教学过程,应考虑从何处入手及如何入手?进而考虑如何展开,需要划分几步?以及各部之间如何过渡、衔接,还要考虑重点所在,以及如何突出落实重点,等等。实践证明,成功的教学设计,不仅要有清晰的教学步骤,还应有引人入胜的效应、鲜明的节奏、自然的高潮和学生用武之地。教学过程设计得怎样,既反映了教师的知识水平、教学的经验,更体现了教学的功底与艺术。

（三）选择教学方法

教学方法的选择,是指教学设计中,根据文体的不同、课文的难易和学生水平的高低,选择恰当的方法。这既包括整体上所采用的讲读、自读、练习等,也包括各个步骤中所采用的默读、朗读、议论、提问等。如前所述,教学方法的基本问题是选择。恰当的教学方法,有助于教学内容的传输,也是实现教学目标的保证。

（四）编制板书与练习

有人认为,板书实是微型教案。它以极为简洁的语言,表现出教材的内容、重点与层次,有助于增强教学的直观性与形象性。设计板书,是为了更好地实现教学目标。好的板书,应做到内容简要、重点突出、层次分明、语言简洁。

练习的编制,首先要利用好教材中的思考与练习,然后还应根据教学的需要,设计有关的练习。这类练习的设计,应富有启发性,难易应适度,并具有训练价值。

三、教材设计的一般类型

语文教学过程是一个动态的系统工程,它牵涉到多种因素。而语文教材的教学设计也是一个综合概念。根据所涉及的不同对象、手段、方式,教学设计有若干类型。

（一）从教学设计所表现的性质来划分，可分为：

1. 常规型设计。指传统的或当前通用的一般设计。

2. 创造型或探索型设计。是指从教学目的或文章的特点出发，为寻取最佳效果所作的特殊性设计。

（二）从教学设计所涉及的内容范围来划分，大致可分为：

1. 单元教学设计。指对一个教材单元的设计。现行语文教材的重要改进之一，就是加强了教学单元，即不单是组成教材单元，而且作为教学基本单位。这在客观上向语文教学提出了一个重要课题，即应重视单元教学，以发挥整体功能，提高教学效率。因此，单元教学设计便应运而生，近年来确也取得了明显的进展。

2. 单篇课文设计。指对单篇课文的设计。重视单元设计，绝不能忽视单篇设计，而且要不断加强、改进。单篇设计，又可根据其在教材中的地位，分为讲读课文的设计、自读课文的设计。

（三）从教学设计所运用的具体方式来划分，又可分为：

1. 导语设计；

2. 提问或问题设计；

3. 练习（含书面与口头）设计；

4. 板书设计等等。

鉴于教学设计在语文教学中的地位与作用，对高师中文系的学生应进行教学设计能力的严格训练，使这项能力达到应有的水平，以适应未来教学工作的需要；在职的语文教师与研究工作者，也应重视教学设计的实践、探索与研究，以不断提高教学设计水平，深化语文教学改革，提高语文教学质量。

本章小结

语文教材有广义、狭义之分。

中学语文教材，即中学语文教科书。

我国的语文教材的演变，经历了古代、近代、现代与当代四个历史时期。

古代语文教材，没有单独的语文教材，是与史、哲、经与伦理学融为一体的。所使用的教材主要有两类：一是儒家经典，以"四书"、"五经"为代表；一是文选读本，以《昭明文选》、《古文观止》为代表。后者在选文标准、文体分类、编写体例与方式等，对后世教材编选颇有影响。近代语文教材，是从语文单独设科起，根据《奏定中学堂章程》与《学务纲要》有关规定，编选专门的语文教材。最有代表性的是吴曾祺的《中学堂国文教科书》五册（1908）年，主要特点是精选历代范文，注重写作训练。辛亥革命后，有代表性的教材是谢无量编的《国文教本评注》。现代语文教材，白话文进入语文教材。20 世纪 20 年代的代表性教材为顾颉刚、叶圣陶合编的新学制初中《国文教科书》六册，扩大了选材范围，按新文体分类编排，由重写作转为重阅读；20 世纪 30 年代，以傅东华编的复兴初中、高中教科书《国文》（各六册）和夏丏尊、叶圣陶合编的《国文百八课》为代表，在选材标准、编写体例均有新的发展；20 世纪 40 年代，有开明书店编的《新编开明国文读本》和《开明文言读本》以及解放区的《中等国文》等。当代语文教材，分综合型与分科型两种。综合型教材，以 1951 年、1963 年、1978 年、1986 年、1990 年、1992 年全国统编教材为代表；分科型的教材，以 1956 年的《汉语》与《文学》为代表。1988 年，国家教委决定实行"编审分开"、"一纲多本"的政策。

语文教材研究的原则，主要是整体性、独特性、创造性与实用性。

语文教材研究的方法，主要是通读、精读、品读、参读。

　　语文教材的设计,是指对一篇课文或一个单元课文教学过程所作的思考与安排。

　　语文教材的教学设计的依据是:顾及课文特点,既定的学习要求,落实能力训练,考虑学生实际;教学设计的主要内容有:确定教学目标,构思教学过程,选择教学方法,编制板书与练习,教学设计依不同的划分标准有不同类型。

第四章　作文教学论

　　著名语文教育家张志公先生曾指出:"语文教学在普通教育工作中恐怕算得上一个'老大难'。而作文教学恐怕又是语文教学工作中的一个'老大难'。换言之,作文教学是'老大难'的'老大难'。"他又指出:"为什么会有这么'难'呢？我想,这也许跟对待作文这件事有些不大对头的看法有关系。不大对头的看法必然会导致教学中不大合适的作法。"这便十分中肯地指出了作文教学的症结所在。

　　本章拟就作文教学的"看法"与"作法"作些研究,以期对作文教学的认识与措施有所发展,使作文教学中遇到的问题逐步得到解决。

第一节　作文教学的性质和作用

一、作文的本质

　　作文,是运用书面语言表达认识的活动。

　　中学生的作文,是练习性写作,有其特定的含义。它是指学生在教师指导下学习写文章的活动。

　　作文,同一般写作一样,它是一种观念形态的活动,是客观事物在头脑里加工制作的过程,而文章就是这个过程的产物。

作文,是一种行为,是人类所独有的实践活动,也是一种创造性的精神活动。可从两个方面考查其本质:

一是,从认识论的观点看,任何文章的写作,都要经历"双重转化"的过程:一重是客观事物向认识主体,即作者的头脑转化,认识主体真实地、本质地将客观事物化为观念或情感。这也是古文论家所论述的由"物"到"意",即从"客观外物"到"主观情意"。这一重转化是基础,是前提,如果没有这个转化,就不可能形成主体的认识,作文也就无从写起。二重是认识主体的观念或情感向文字表现转化,根据"言之有体"的原则,将头脑中所获得的观念或情感转化为书面语言,亦即古文论家所认为的,由"意"到"文"的"外化",从"主观情意"到"文章载体"的转化,这是关键。没有这重转化,观念依然是观念,情感依然是情感,永远不可能成为文章。

二是,信息论的研究认为,作文,是信息转换的过程。是一个外界信息输入、储存、加工、编码、输出的过程。信息输入是前提,没有信息的输入,加工就没有对象,更不可能有什么新的结果;信息加工是中介,这是关键,没有"加工"这个中介活动,信息依旧是信息,也就不可能形成新的信息;信息的输出是结果,对信息的"输入"与"加工"不是终极目的,其最终目的,应是按照新的程序,输出信息,即产生新的信息。

作文,作为一种行为,它是"双重转化"的过程,也是"信息转换"的过程。

中学作文教学中的作文,是习作,即练习写作。但也是一种行为,其本质,也应是如此。

认识到作文的本质,在指导学生作文时,便应充分顾及这一行为的全过程。首先,应从"事物的转化"和"信息的输入"上做起,进而再从"观念转化"和"信息加工、输出"上下功夫。要从根本上转变那种只在由"意"到"文"的"外化"和"加工"上做文章。

二、作文教学的性质

作文教学,是教师指导学生运用语言文字进行写作的活动。

作文教学的性质,是作文教学的一个理论问题,也是一个根本性的问题。只有首先理解其性质,才能恰当地确定作文教学的目标,进而探索作文教学的规律,研究作文教学的途径与方式。

作文教学的性质取决于语文学科的性质,也取决于作文教学本身所固有的特性。据此,作文教学的性质,主要表现为:鲜明的实用性、明显的综合性、突出的实践性和显著的教育性。

（一）实用性

中学生作文,不同于社会上的应用写作,更不同于文学创作,是为培养写作能力的训练活动。作文教学的目的,就是训练学生掌握未来工作、学习与生活中所必须具备的一般应用写作能力,表现在文体上,就是学会写作常用记叙文、说明文、议论文和应用文。这几种文体是现实生活中使用频率最高的文体,具有很强的实用价值。因此,这就使作文教学具有鲜明的实用性。

作文教学的实用性,从 1903 年语文单独设科就被确认。当时,清政府制定颁布的《奏定中学堂章程》中便规定:"作文之题目,当就各学科所授各项事理及日用必需各项事理出题,务取与各科贯通发明;既可易于成篇,且能适于实用。"①

---

① 《奏定中学堂章程》,舒新城编:《中国近代教育史资料》中册,人民教育出版社 1961 年版,第 503 页。

　　辛亥革命后,教育部公布的《中学校令施行细则》中又规定:"国文要旨在通解普通语言文字,能自由发表思想","使作实用简易之文,兼课习字"①。

　　五四时期,在新文化运动的推动下,进一步提出,作文教学的实用性问题。为此,刘半农先生曾专门进行了应用文教授的实验,并撰写了《应用文之教授》一文,尖锐地提出了作文训练忽视实用性的弊端,强调指出,作文教学应达到"人人能作通人应作之文及其职业上所必作之文"。在当代,著名教育家叶圣陶先生为《语文报》创刊号题词,便明确指出:"练习作文首先要注意实用。"张志公先生也指出:"写作教学的当务之急,是应该多练一些实际有用的文章。"以上有关规定与论述,均突出地点明了作文教学的实用性。

　　作文教学的实用性,是从根本上体现了语文学科的工具性。语言学研究认为,语言是工具,是人们思维的工具,是进行交际的工具。而语文则是从事学习和工作的基础工具。作文教学,是教师指导学生练习写作的活动,通过训练,使学生了解作文的规律,学习作文的章法与技法,从而帮助他们掌握这一表情达意的基础工具,以适应现实生活的需要。

　　确认作文教学的实用性,坚持进行常用文体的写作训练,强调作文教学的目标是培养学生具有一般的,即实用的写作能力,并不是排斥作文训练中的文学因素。语文教材中有相当数量的文学作品,而文学性,也是语文学科的一般属性。因此,应引导学生借助范文,通过文学作品的学习,陶冶情操,领悟写法,吸收语

----

① 舒新城编:《中国近代史教育史资料》中册,人民教育出版社 1961 年版,第 522 页。

言,促进常用文体的写作。至于部分学生乐于诗歌、小说等的习作,教师应因材施教,悉心指导,一般要在课外进行。

（二）综合性

这是就作文训练的内容与形式而言。

作文能力是一种综合能力,是一个多立面、多层次的复杂结构。而作文教学则是一项综合性训练,是思想认识能力与语言表达能力的综合训练。所以,作文教学的性质,便必然具有明显的综合性,在训练中也势必涉及诸多因素:一是语言因素,二是思想因素,三是生活因素,四是知识因素,五是技巧因素,等等。如果忽视任何一种因素,特别是其中起关键作用的因素,都会影响作文教学的效果,延缓学生作文能力的发展。而现代社会所需要的写作能力,不仅仅是观察能力加上文字表达能力,更不是单纯的理解与运用语言的技能,而且还必须具有创造性思维能力。也就是说,作文训练不仅是语言文字技巧的训练,也是一种重要的、严格的思维训练,尤其是应重视创造性思维能力的训练。对此,叶圣陶先生十分重视,他主张学生作文时,应当先"想清楚然后写",这里,他强调指出的,作文时,要"想",即要思考、构思,而且放在首位,并提出明确的要求,即达到"清楚"的境地,然后再动笔。实践也证明,在作文教学中,只有切实重视了思维训练,学生的写作水平才可能有长足的进步。

（三）实践性

这是就作文训练的主要途径与学生的作文能力形成而言的。

传统语文教育中强调多读多写,是为了使学生在反复的阅读与写作实践中提高其读写能力,确有其合理的因素。因为,一般说来,能力是在实践中形成的,而事实上,在漫长的语文教育发展过程中,也造就了一些大诗人、文章家。现实生活也告诉我们:任何技能都要通过反复练习,才能变成熟练技巧。作文,是用书面语言表达自己认识的活动,它是一种复杂的智力行为,又是一种综合的表达能力。心理学研究证明,凡能力的形成与提高都必须通过反复的实践方能奏效,就像学游泳必须下水一样,而且是要经过多次练习。因此,作文不仅要引导学生系统地掌握有关的写作理论知识,更要帮助他们在反复的写作实践中,将知识转化为能力,掌握熟练的写作技巧。正如叶圣陶先生所认为的,作文能力的培养,"一要得其道,二要经常历练,历练到成了习惯,才算有了这种能力"。这里强调的"经常的历练",就是反复的练习,亦即多次的实践,才有可能形成和发展写作能力。再就作文训练的各种方式来看,诸如命题作文、自由作文以及课外的种种习作等,无一不是学生的语言实践活动。教师在学生一系列的写作活动中,写作训练给予系统的科学的指导,使学生的作文能力在诸多的练习中形成并发展。

作文教学的实践性,取决于语文学科的工具性。语文学科教学的最终目的是为了使学生掌握语文这一工具,而作文教学的终端目标也是如此。而要想真正能以掌握这个工具,绝不能停留在对结构、性能、要领等的了解上,尽管这是必要的,从某种意义上讲,甚至是首要的,但必须通过实际操作,而且是反复练习,才能切实理解其原理,掌握其性能,自如地运用其要领,从而熟练地掌握这一工具,即形成较强的作文能力。

（四）教育性

这是就作文训练,对学生思想、道德、情操的影响而言的。

作文教学不是单纯的写作技能的训练,而是思想认识、表达能力的综合训练。作文训练内容中的思想性、社会性,决定了它必然蕴含着诸多思想教育的因素。这就使作文教学具有显著的教育性。

作文教学的教育性是指在作文训练的过程中,在传授写作知识、训练写作技能的同时,使学生的道德情操、审美观念和爱国主义精神等受到熏陶和培养,学生的个性也能得到发展。

作文教学的教育性是极为丰富的。它具体表现在:可以有效地提高学生的思想认识水平;在潜移默化的过程中陶冶学生的情操,获得丰富的情感体验;能较好地发展他们的智力,并使学生各种非智力因素得到培养和锻炼。作文教学教育性的关键还在于,作文训练的过程,不仅是表达能力提高的过程,也是学生自我教育、自我完善的过程。因此,在作文教学中,对其丰富的教育性要给予足够的重视。

三、作文教学的作用

作文教学的性质,决定了它具有多种功能。一般地说,作文的根本作用,就在于培养现代人才不可或缺的基本素质,即语文的写作能力。这种能力素质,又包含思想素质、语文素质、智力素质等。全面理解作文教学的作用,对科学地设计作文训练,提高作文教学质量有着重要的意义。

(一)主要作用是培养学生的书面表达能力

书面表达是人们传递信息、发表见解、交流思想和表达感情的一种重要表达方式,在日常生活和工作中,人们无不时时处处需要一定的书面表达能力。尤其是现代社会的发展,科技的进步,信息量的剧增,生活节奏的加快,对书面表达能力的要求愈来愈高,不仅能运用语言文字表达思想,而且要求做到准确、迅速、简洁。而这种表达能力,即立意、构思、遣词造句,选用表达方式,以及修改文章的能力,只有通过系统的作文训练才能完成。

(二)可以促进阅读的深化

读、写结合,是我国传统语文教育中行之有效的经验,在当代,也是语文教学的一项重要原则。阅读,固然可以促进写作;而写作,也可以促进阅读的深化。二者是相辅相成的。学生在动笔写作时,特别是在遇到问题时,便会主动地去阅读,而且使阅读更有针对性和选择性,从而提高阅读效果。这种读,不仅使学生汲取作文的材料,解决所遇到的问题,学习范文的表达技能,同时,也加深了对范文的理解。因此,在借鉴范文的过程中,逐步学会写作;在写作过程中,促进阅读的深化。

(三)能有效地发展学生的智力

文章是现实生活的反映,写作任何形式的文章,都离不开观察、思考以及联想、想象等。因此,作文训练不仅是运用语言文字能力的训练,而且也是一种严格的思维训练。从观察生活到认识生活,从构思篇章到写成文章,正是一个完整的思维过程。在这个过程中,学生的思维能力得到全面的训练,正如著名美学家朱光潜先生所说:"我发现不但思维训练是写说理文的必有的准备,而写说理文也是整理思想和训练思想的一个很好的途径。"其他文体的写作,同样如此。一般地说,智力的结构包括观察力、记忆力、思维力、联想力、想象力和言语力。思维力是其核心。因此,通过作文教学,便可以全面地有效地发展学生的智力。

（四）还有助于培养学生健康高尚的道德情操

作文是学生主动倾吐自己的思想感情的精神活动。作文与每个人的思想认识、感情体验有着不可分割的联系。而学生的一篇作文，往往是他的立场观点、人生态度、思想感情和生活体验的集中表现。因此，教学生作文，实际是教他们做人。朱自清先生说得好："固然，写作是基本的训练，是生活技术的训练，说是做人的训练也无不可。"而实际上，学生作文，除那些应用文之外，一般都是为评判是非、褒贬美丑、抒发感情、勉励个人等，这样，在作文教学过程中，便自然会有净化思想、陶冶性情的作用。

作文教学的作用是多方面的，除以上四个方面外，还有审美教育的作用，和促进听、说的作用等。

第二节　作文能力的构成与发展

全面系统地研究作文能力的内蕴，正确分析作文能力的构成要素，深入探讨作文能力的发展规律，是作文训练的科学基础，也是促进作文教学科学化的关键。

一、作文能力的内蕴

作文能力的内蕴是什么？这是研究作文能力的构成要素和作文能力的发展规律的首要问题。因为，对任何问题的研究，一般都应从界定概念开始。这是思维的起点，也是研究的起点。

心理学研究表明，能力，是"指人顺利地完成某种活动的心理特征。任何一种单一的能力都不足以使某种活动顺利地进行，都需要多种能力的有机组合"。也就是说，能力，是人们顺利从事某种活动的心理条件，即比较稳固的心理特征的综合。

　　什么是作文能力呢？作文能力是学生顺利进行作文练习的比较稳固的心理特征的综合。作文能力与作文知识、技能有关，但不能把它们归结为作文知识和技能。它是指顺利进行作文练习的一些心理条件、心理特征。如敏锐的观察，具体的感知，严密的逻辑思维，生动的形象思维，富于创造性的想象，对语言的准确理解等。这正如彼得罗夫斯基对能力与知识、技能的关系所论述的那样："能力是人的心理特点，它们决定着知识、技能、熟练获得的成就，但不能把它们本身归结为具有这些知识、熟练和技能。""能力不是表现在知识、技能和熟练本身上，而是表现在获得它们的动态上，即表现在，在其他条件相同的情况下，掌握该活动最为重要的知识、技能的过程所进行的快慢、深刻程度、难易以及巩固的程度上。"[①]这就是说，作文能力应有其固有的内蕴，不应与作文知识、技能混为一谈。

　　作文，是高度复杂的智力活动，它与各种心理因素相关联，因而，作文能力具有一些重要特征。这表现在：一是个体意识的倾向性。个体意识倾向主要指一个人的思想、感情、兴趣的倾向性，它与作文能力联系密切。因为，一般说来，人的活动要受个体意识倾向的调节。作文是用书面语言表达自己认识的活动，它不仅受个体意识倾向的一般调节，而且总是直接或间接地表现个体意识倾向，影响着作文能力的发展。二是与智力的诸种因素联系紧密。任何一种专门能力，都与智力有着紧密的联系。而作文本身就是智力活动，各种智力因素都在作文活动中起着重要作用，同

---

①［苏］彼得罗夫斯基主编：《普通心理学》，人民教育出版社 1981 年版，第484—486 页。

时,作文能力的发展又能促进智力的发展。作文需要各种智力,才能顺利进行作文练习。三是与言语能力联系紧密。语言的运用叫作言语。作文,是一种书面语言的表达活动,作文能力就是运用书面语言系统、完整地反映客观事物、表达思想感情的能力,所以,作文能力与运用语言的能力密不可分。

三、作文能力的构成

心理学研究证明,任何一种活动的能力都有它自身的结构,一般都有多种因素构成,如体育活动的能力,就包括弹跳力、耐力、动作的协调,反映的速度等。

作文能力是一种综合性能力,它构成的因素较为复杂。目前,对作文能力的结构有多种认识,现择要作些介绍。

一是认为,作文能力就是表达能力,即运用书面语言表情达意的能力。尽管在认识上,也不排斥作文能力中的智力因素。但对"写作能力培养",则着重阐述了观察分析事物的能力,审题和构思的能力,立意和选材的能力,布局谋篇的能力和修改作文的能力。这一认识的基本点是,作文能力,主要是一种表达能力,它由诸种表达性的,如审题、构思等因素所构成。

二是认为,按心理学的研究,作文能力由三种能力构成,持这种观点者认为,学生作文要经历复杂的心理过程,作文能力的构成,包括表象能力、构思能力和言语能力。表象能力,所谓表象就是过去曾被感知的事物映像的重新唤起,从而在头脑中再现过去感知过的事物的形象。构思能力,是作文能力中的核心因素,一般是在表象的基础上,对感性经验进行分析综合,提炼主题,选择题材,布局谋篇,设计文章蓝图。言语能力,包括感知、理解词语的能力,记忆、储存词语的能力,遣词造句的能力,修饰词句的能力,修改词句的能力等。

三是认为,作文能力是由一些基本能力和专门能力组成的综合体。这实际上也是从心理学研究的角度来判断的。基本能力包括观察力、思考力、联想力和想象力,属于智力素质;专门能力,包括审题立意的能力,布局谋篇的能力,选用表达方式的能力,运用书面语言的能力,修改文章的能力等。

四是认为,作文能力可分为语言表达能力和逻辑思考力两个互相联结的方面。并综合表述为:观察和感受事物的能力,搜集和整理题材的能力,选择和确定主题的能力,构思和组织结构的能力,区别和选用表达方式的能力,选择和运用文体的能力,遣词造句的能力,按规范文字书写的能力,使用标点符号的能力,推敲修改的能力,在限定时间内作文的能力。

五是认为,作文能力包括一般写作能力和特殊写作能力。一般写作能力有审题能力,表现中心思想的能力,搜集作文材料的能力,整理作文材料的能力,修改文章的能力;特殊写作能力有描写能力,记叙能力,议论能力,修改文章的能力;这是 T·A·拉德任斯卡主编的《苏联的作文教学》(教育科学出版社 1982 年版)一书中的主张。这一主张,是就作文能力本身所作的研究,把表达方式,单列为特殊的写作能力。但,这部写作教材,以上述写作能力为纲,除对作文理论知识作必要阐述外,还配以许多作文训练的实例设想,因而,在苏联的中学中被广泛采用。并被政府教育主管部门指定为语文教师必读、必用的作文教材。

综上所述,对作文能力结构的研究,基本上可分为两大类。一类是单就作文能力,即运用语言文字表情达意能力本身进行分析;另一类则是从两个方面探究:一是作文活动的智力因素,二是作文活动中运用语言进行表达的诸种因素。

　　作文教学的实践告诉我们,对作文能力的构成因素不管如何划分,有一点应取得共识,即作文能力具有综合性,其各种构成因素是相互联系的,任何一种单项能力都不可能保证有效地进行写作,只有诸种因素配合活动,才能顺利地写成文章。

　　作文能力,究竟有哪些要素构成,由于研究的依据与角度不同,因而,便出现了种种不同或相近的划分。

　　我们认为,要想准确地揭示作文能力的构成要素,必须做好两个方面的考察工作:一是作文的基本过程(下一节有专章论述),二是作文活动的心理因素(下文有专题论述)。简言之,作文的基本过程,一般地说,写一篇文章,大致应经历四个阶段:一是准备阶段,二是构思阶段,三是起草阶段,四是修改阶段。作文训练是一项复杂的心智活动,一般包括观察、记忆、思维、联想和想象等心理因素。

　　从作文的基本过程和作文活动的心理因素,可以看出,有两种能力是贯穿全过程的,这就是认识能力与表达能力。因为,作文是现实生活的反映,而想认识生活必须具有一定的认识能力,反映生活则需要一定的表达能力。所以,中学生的作文能力应由认识能力和表达能力两个方面构成。

　　(一)认识能力

　　一般包括观察力、思维力、联想力、想象力等。

　　1.观察力,指通过有目的、有计划的知觉,全面、深入、正确地认识事物的总体属性及各属性间的相互联系的能力。这是一种特殊的、发展水平较高的知觉能力,是智力的窗口、思维的触角。在作文过程中有着重要的作用:(1)观察是获得作文材料的重要途径。通过观察,可以获得亲自体验,积累丰富的表象材料,为作文提供大量的素材;还可以获得某些写作灵感,触发写作的动因。
(2)观察是展开联想和想象的基础。观察一般均含有两个因素,
一是感官知觉因素(以视觉为主),一是思维因素,即由于观察触
发起联想与想象,把某个观察到的事物与联想起来的事物联系起
来,使观察深入一步。(3)观察是准确生动表达的前提。只有深
入细致地观察,并作分析概括,才能把握事物的特征和事理的本
质,从而做出准确生动的表述。总之,有了较强的观察能力,不仅
能解决作文材料来源问题,还能提高认识事物的能力。

　　2.思维力,也叫思考力,是认识能力的核心因素。指运用分
析、综合、比较和概括等思维方式,对事物获得本质的和内部规律
性的认识能力。

　　思维,是认识能力的高级阶段。它具有若干特征,在作文过
程中起着关键作用。一是思维的正确性,即按事物的本来面目、
内部联系去思考,要力戒主观臆断或片面性;二是思维的顺序性,
"思维的顺序性表现为善于在考查问题时遵循逻辑的顺序,推论
逻辑的依据,严格的思维逻辑"①,即严格地遵守思维逻辑,使思
维有条理;三是思维的独立性,即善于独立发现问题,提出看法,
寻找答案。但要把独立思考与自我评判结合起来;四是思维的求
异性,这是思维中最有价值的心理特征。它是以思维的独立性为
基础,从不同角度或不同方面对事物进行思考,力求提出新异的
见解,表现为较大的创造性。当然,求异,必须以正确为前提条
件,而不是想入非非;五是思维的敏捷性,即能快速审题、立意,快
速布局谋篇,快速组织语言,等等。

　　思维力,贯穿作文的全过程,从观察到审题立意,到选材组

---

①[苏]斯米尔诺夫总主编:《心理学》,人民教育出版社1957年版,第302页。

材,到表达方式和语言运用,再到修改定稿,都离不开思维力。

3.联想力,指对主体的有关记忆表象进行提取和组合的能力,亦即依据事物之间的内在联系,由一事物想到另一事物的思维能力。联想,具有广阔性、深刻性、灵活性等特征。在作文活动中,它有助于开阔思路,获得更多的作文素材,丰富文章的写作内容;而且,由于开启的思路有异,作文的内容也不一般化。另外,它还具有组合作用,特别是在构思作文时,可以把彼此不连贯的思想片段组合起来,从而形成自己的思路。如可以纵向联想,可以横向联想,也可以内向联想等。

4.想象力,是指在过去感知的基础上,对已有的表象进行加工改造而创造出新形象的能力。想象是在改造旧表象的基础上建造新形象的心理过程,被心理学家视为一种具有特殊形式的思维活动。它具有生动性、丰富性、新颖性等特征。但想象应来源于生活实际,即使相当离奇的想象也与现实生活相关,也是以现实中已有的材料为依据。

想象力也贯穿作文活动的全过程,同样有着拓展思路、丰富作文内容的作用,还可使文章文采斐然,感染力增强。

认识能力,属于智力因素。认识能力的培养是语文教学的整体,乃至中学各科教学共同肩负的任务,但作文教学有其特殊的意义与作用。

(二)表达能力

具体包括:

1.审题能力,是指审视、理解题意的能力。所谓题意,一般包括作文要求、取材范围、表达重点、文章体裁等。

审题的思维过程,是对题目的书面语言的分析综合过程。中学生作文，无论是片段练习，还是写成篇文章，是命题作文，还是非命题作文都有一个审题的问题。审题是作文的第一步，在作文中有着定向、定位、定重点的作用。因此，审题能力应是作文的首要能力。

2.立意能力，指确定文章主旨的能力，或称提炼中心思想的能力。

意，是文章的灵魂，也是文章优劣的关键。古文论十分讲究文章的"意"，认为"文章以意为主"、"意犹帅也"、"意在笔先"、"文贵立意"等等。所以，立意是作文第一义。正确的立意，是顺利写作一切文章的根本条件。由此可以看出，立意能力在作文能力中占主导地位。

学生作文与作家创作的立意能力有所不同，应注意加以区别，从而把握学生作文立意的特点。作家提炼主旨要经过比较长时间的积累、酝酿，即首先接触生活，感知事物，搜集素材，然后经过反复思考，从丰富的表象中形成鲜明的思想，决不是写作时，临时确定主题。而中学生，则必须在接触到文题后，才从已有储备中唤起有关表象，再经过短时间的紧张思考，去确立与文题相应的主旨。因此，中学生的立意能力，应建立在丰富的表象储备，敏捷的思维的基础上，并须经过反复训练，方能形成。

3.布局谋篇的能力，包括选择材料和组织材料两种能力。指根据文章主旨的需要，对材料加以分析、比较、筛选，给予恰当组织安排，把文章结构成篇的能力。布局谋篇属于构思的范围，是一个复杂的、细致的、富有创造性的思维过程，是作文过程中极为重要的一步。

布局谋篇除选材、组材、总体规划外，还涉及观点与材料的一致，主次详略，以及思路问题。

　　所谓思路,就是作文思维过程的路线,即作者从观察认识事物,掌握其规律性,一直到占有材料后,精心构思,布局谋篇,写成文章全过程的思想路线和踪迹。而安排文章结构,尤应以清晰的思路为前提。要提高学生结构文章的能力,最根本的途径,就是要认真锻炼思路,对学生有计划地进行思路训练。训练思路的基本要求是:清晰、连贯、正确、周密。按思维形式划分,文章思路包括纵向思路、横向思路、螺旋思路。对学生进行思路训练,是提高其布局谋篇,即构思文章能力的重要一环。

　　4.遣词造句能力,即运用语言的能力,指按照语体和表达的需要,准确熟练地运用书面语言进行表情达意的能力。一般包括感知和理解词语的能力,迅速恰当地选择和运用词语的能力,准确地修饰和修改词语的能力,具有较强的炼句、炼字的能力。

　　遣词,指的是从丰富的词汇中选用恰当的词语,准确生动地反映客观事物和表达思想感情。遣词即用词,古人叫炼字,即锤炼、琢磨文字。其要求是:准确贴切、明白易懂、简练精粹、生动形象。

　　造句,主要是指炼句,即对句子的锤炼。要根据内容表达的需要,选择相应的语句,把思想感情恰当地表述出来,以增强表达效果。句子锤炼的要求,一般有合乎语法规范,语句洗练流畅,句式富有变化等。

　　5.运用表达方式方法的能力,指根据主旨和体裁的需要,选用一种或多种方式方法表达思想内容的能力。中学生作文以实用文体为主,最常用的表达方式有叙述、说明、议论、描写、抒情,而一种方式又包括若干技法。如描写,就包括人物描写(又含肖像、行动、对话、心理、侧面、正面描写等)、景物描写、场面描写、环境描写等。

6.修改文章的能力,指对文章自行修改、定稿的能力。这是作文过程中的最后一步。传统的作文教育也重视修改,但只强调教师修改。我们应让学生具有独立地修改文章的技能,练就修改文章的能力,达到"自能改文"的境地。对文章的修改,一般包括观点、材料、思路、结构、线索、语言等。

还有一点,作文能力构成的因素,应包括作文的速度。这也应是一种重要的作文能力。它是认识能力强弱和表达能力高低的反映,是对学生运用书面语言进行表达的质量与效率的一种检验。作文速度,包括表达(审题、立意、构思等)速度和书写速度。对此,在作文训练中也应引起足够的重视。

把作文能力分为认识能力和表达能力,只是相对的区分,而在实际的作文过程中,这些能力是综合发挥作用的。研究作文能力结构,目的在于弄清它究竟包括哪些智力因素和语言表达的技能。这将有助于确定作文教学的目标和各年级的训练重点,并在此基础上研究作文能力形成的规律,进而探讨作文训练的有效途径与一般规律。

三、作文能力的发展

辩证唯物论认为,任何事物的发展与演变都是有规律的。而规律,则是客观事物必然的本质的联系,研究事物的发展过程,就能发现其必然联系,从而认清其规律性。作文能力的发展有一个过程,是有规律可循的。

(一)从积累到倾吐

作文,同一般写作一样,是社会生活在人们头脑中的反映。而学生作文,就是用语言来表现社会生活的智力活动。叶圣陶先生指出:"写东西靠平时的积累,不但著作家、文学家是这样,练习作文的小学生也是这样。小学生今天作某一篇文,其实就是综合地表现他今天以前的知识、思想、语言等等方面的积累。"这里强调说明了积累的重要性,它是作文,即倾吐的前提。没有较多的知识、思想、语言的积累,就不会有倾吐的内容,而作文能力的形成与发展,也就无从谈起。因此,从积累到倾吐,便是作文能力发展的一条规律。

1. 积累的途径

作文,首先要有材料,它是形成观点的基础,又是说明观点表现主题的根据。因此,要十分重视材料的积累,做好必要的储备。这种积累,包括生活经验的、知识的、语言的、章法与技法的等等。有了这一些,倾吐便有了内容,作文就会得心应手。

作文积累的主要途径有:

(1)从生活实践中积累。这是一种直接积累,有着丰富的源泉。朱熹说过:"问渠那得清如许? 为有源头活水来。"作文材料的源头在哪里? 在丰富多彩的生活中。中学生的生活阅历浅,知识经验不足,思想欠成熟,因此,应引导学生接触生活,从学校、家庭和社会中观察、体验,积累作文材料。从生活中积累,一要引导学生树立观察意识,做生活的有心人;二要教给学生观察的方法,如要全面细致,要注意角度与顺序,要抓住事物的特征与本质等;三要借助观察日记、生活札记等方式随时记录。

(2)从阅读中积累

叶圣陶先生在《略谈学习国文》中指出:"阅读是'吸收'的事情,从阅读,咱们可以领受人家的经验,接触人家的心情。"这里讲的"吸收",也就是积累。是从阅读的功能上说明阅读的意义。应当说,阅读是作文积累的重要途径,它帮助学生学习祖国的语言,丰富学生的语汇，学习范文的章法、技法，即积累丰富的语言材料；它可以使学生获得多种知识：自然的、社会的、人生的等；阅读还可以使学生的思想受到启迪，感情受到熏陶。从而为作文能力的发展提供坚实的基础。

2. 从积累到倾吐

积累是手段，不是目的，它是为倾吐作准备；否则，积累便没有意义。因此，要把学生的语言积累、知识积累、思想积累转化为作文能力，让他们用语言倾吐自己的思想感情，生活体验，从而发展学生的作文能力。

如何指导学生倾吐胸中的积累？一要引发学生作文的欲望。古人强调，写作应"情动而辞发"，是说人的情感是推动语言表达的心理动因。学生作文有其特殊性，它不是"情动而辞发"的产物，而是遵教师之命而作文。因此，教师应创设情境，激发学生的感情，体察倾吐的必要，把作文变成学生的自觉需要，从而引发学生倾吐的强烈欲望，充分调动学生作文的积极性。这应是前提。二要训练学生倾吐的技能。倾吐，是表达，是用语言文字表情达意，它属于心智技能，主要因素是思维与语言。因此，应进行思维训练，使学生了解思维的走向、方式与一般规律；倾吐，是借语言倾吐，应加强语言训练，提高学生运用语言的能力。三要培养学生倾吐的习惯。习惯是一种同需要相联系的行为倾向，是一种内驱力，对提高作文能力有积极的作用。应让学生做到像叶圣陶先生所说的那样"有所积蓄，须尽量用文字发表"。实践也证明，只有让学生养成倾吐的习惯，经常主动地练笔，才能有效地促进作文能力的发展。

（二）从模仿到创造

作文是复杂的创造性的智力活动。

学生作文是具有创造因素的智力作业。而这一活动往往是从模仿开始，即以模仿为起点。这是我国传统语文教育中一种行之有效的经验，即以范文为例，通过阅读，寻取借鉴，从而逐步发展学生的作文能力。

学生作文，一般应从模仿入手。模仿是作文训练的一种有效形式。朱熹说过："古人作文作诗，多是模仿前人而作之，盖学之既久，自然纯熟。"这是从大量的写作实践中总结出来的经验。如何模仿？古人的主张是：一是模仿名家名篇，即所谓走"正路"，研究文章大家的作品，吸取其所长；二是不袭古人诗文，强调在模仿中切实注意融会，而不是抄袭性的模仿。中学生作文的模仿，也应如此。同时应做到由简单到复杂，由单一的模仿到综合的模仿。

学生作文不能停留在模仿阶段。模仿，不是目的，而是为了创造。所以，应引导学生从模仿逐步到创造。学生作文，以范文为例，往往是先从形式模仿这一步开始的，如文句、结构、开头、结尾等应引导学生在形似的基础上，力求做到神似，即对范文的内容与形式，能真正融会、理解，探得其匠心之所在，这便进入了创造阶段。学生一旦达到这种境地，就摆脱了简单的模仿，具有了创造性的作文能力。

（三）从放到收

这也是传统语文教育中的一条重要经验。

学生作文，首先要放，即让学生自由地倾吐心中的积蓄，放胆写作。正如欧阳修所说:"作文之体,初欲奔驰。"而收,就是按文章的法度进行写作。宋人谢枋得根据"先放后收"的原则,编了一部阅读课本《文章轨范》。该书分两部分:前半为"放胆文",后半为"小心文"。并在"放胆文"部分加了引言,论述了作文要由放到收,先放后收的道理。他说:"凡学文,初要胆大,终要心小,由粗入细,由俗入雅,由繁入简,由豪荡入纯粹,此集皆粗枝大叶之文……初学熟之,开广其胸襟,发舒其志气,但见文之易,不见文之难,必能放言高论,笔端不窘束矣。"

从放到收这一演变过程,是符合中学生心理特征的。初学作文,即便是经过一定训练者,有时对作文感到无所适从,甚至产生畏惧心理。如鼓励学生放胆写,尽情地写,发挥想象,抒发其情志,便可能消除其畏难情绪,文章也可能由生到熟,由粗到精,逐步长进。若一开始就过多限制,提出过高要求,势必束缚学生的思想,影响作文水平的提高。因此在作文训练中,应做到由放到收,先放后收,有效地促进学生作文能力的发展。

第三节　作文教学的目标

作文教学目标,是教师在作文教学中所要实现的目的,是学生进行作文训练所要取得的结果。只有做到目标明确、科学,教师才能依据既定的目标进行有效的工作,学生才能在参与的作文活动中具有明晰的方向。因此,作文教学目标,一般最能反映作文教学的总体特征,

为了更好地理解、把握作文教学的目标,本节拟就我国传统语文教育中的作文教学目标,国外某些国家的作文教学目标,以及我国当代作文教学目标分别作些研究,以期更全面、更科学地

认识与确定作文教学的目标。

一、传统的作文教学目标

研究我国传统的作文教学目标,应以语文单独设科为起点,以有关主管部门颁布的规定为依据。

1903 年,清政府制订颁布的《奏定中学堂章程》对作文的要求作了明确规定:"作文,以清真雅正为主:一忌用僻怪字,二忌有涩口句,三忌发狂妄议论,四忌袭用报馆陈言,五忌以空言敷衍成篇。"

同年,颁布的《学务纲要》中,对"中国文学"一科的教学提出了明确要求,即"宜随时试课论说文字,及教以浅显书信记事文法,以资官私实用。但取理明辞达而止"。这里规定了作文训练的内容、目的(官私实用)、要求(理明辞达),但又指出好文章的标准之一是:"以能多引经史为贵。"由此可见,设此学科的主要目的在于:提高学生的表达能力,使学生学会写常用书信记事文章。

1912 年,民国教育部公布的《中学校令施行细则》有关作文教学目标的规定是:"通解普通语言文字,能自由发表思想。"

1923 年,公布的《新学制课程标准纲要》,规定国文科作文教学要求,初中阶段是:"使学生有自由发表思想的能力,使学生能作文法通顺的文字。"高中阶段是"继续发展语体文的技术","继续练习用文言作文"。

1932 年,公布的《中学国文课程标准》对国文科教学目标作了规定,其中有关作文教学的要求,初中是"养成用语体文及语言叙事说理表情达意之技能";高中是"除继续使学生能自由运用语体文外,并养成其用文言叙事说理表情达意之技能"。

20 世纪 40 年代,陕甘宁边区教育厅编审室制定的《初中国文课程标准草案》规定是："提高学生对大众语文和新社会一般应用文字的读写能力,掌握其基本规律与主要用途,获得科学的读、写、说的方法,养成良好的读、说、写的习惯——这是本科教学的基本目的。"

综上所述,语文单独设科以来,作文教学目标有一个演变的过程:

晚清时期提出教学生写作常用的论述、记事文与书信,"以资实用"这较让学生学写八股文是一个很大的进步,但仍提出"以能多引经史为贵"的要求,显然是"代圣贤立言"的遗风。

辛亥革命后,提出"用普通语言文字,自由发表思想",应是对学生作文的解放,又是一大进步。

五四后,进一步提出具有"自由发表思想的能力",作文应达到"文法通顺"。明确提出用语体文写作。

20世纪30年代,提出用语体文写作常用文体的能力,同时提出具有用文言写作的技能。

而20世纪40年代,解放区从新的培养目标出发,提出要"提高学生对大众语和新社会一般应用文字的写作能力,获得写的方法,养成写的习惯"。

我国传统作文教学目标的演变,同时代的进步、社会的发展有直接关系,并以培养作文能力为主要目标。

二、国外作文教学目标

国外某些文化教育发达国家的作文教育,各自有其发展的历史轨迹,有自己的传统与特点,但对作文教学的目标的确定,都较为重视。现选取几个有代表性的国家,对其作文教学目标作些述评。

英国政府规定中学作文教育的目标是：帮助学生正确有效地使用语言，培养学生创造性的思维，富有想象力的写作。近年又提出要扩大书面语言的作用，以适应现代社会生活交际的需要。

法国中学作文教学的目标是：使学生能够正确、简明地表达自己的思想，丰富学识，发展智慧，培养对祖国语言的热爱。

苏联作文教学的目标，是为使学生深刻地了解生活，探索和发现真正的生活道路。同时，还要让学生认识思维与语言的关系，培养其深刻理解文字的能力，提高语言表达能力。

美国的各州和地区都有一套独特的作文学习与指导的计划。在《英语的要素》的文件中，规定中学作文教学的目标是：学会忠实而清楚的描写，掌握根据不同语境进行恰当表达的方式，培养富有创造性和想象力的表达才能。

日本中学国语写作的目标是：提高学生准确有效的表达能力，发展思考能力，培养学生具有充实的生活态度。

综观以上各国对作文教学目标的表述，虽有差异，但其内容实质大致相同。概括起来，一般均包括三个要素，即由三种因素组成：(1)能力因素，使学生具备正确、简明地运用母语进行表达的能力；(2)智力因素，要发展学生思考力，尤其要培养创造思维能力；(3)生活因素，要培养学生正确的生活态度，使学生掌握适应各种语境的表达方式，提高对现代生活的适应能力。

从整体上看，国外作文教学目标，取决于其总的培养目标。认真研究某些发达国家的作文教学目标的内蕴，吸收其合理因素，以他山之石为借鉴，完善我国作文教学目标，逐步促进其科学化、现代化，应该是有所裨益的。

三、当代作文教学的目标

我国当代作文教学的目标主要体现在中学语文教学大纲里。而且是有层次的，即整体目标、学段目标、年级目标。现行的《全日制中学语文教学大纲（修订本）》，分别作了具体规定。

（一）整体目标，即中学阶段的教学目标。

根据大纲关于中学语文教学目的的规定，作文教学的整体目标是：

1.使学生热爱祖国语言，能够正确理解和运用祖国的语言文字，具有现代语文的写作能力；

2.开拓学生的视野，发展学生的智力；

3.培养学生的社会主义道德情操、健康高尚的审美观和爱国主义精神，提高社会主义觉悟。

以上 2、3 两项，是语文教学的总体目标，作为语文教学重要组成部分的作文教学，也当然应承担这两项任务。作文教学，应以培养作文能力为核心，使学生在作文训练的过程中发展智力，受到思想政治教育。

（二）阶段目标，即初、高中阶段的作文教学要求。

"要求"是目的的具体化，是作文教学阶段性具体目标。大纲对高中阶段的教学要求作了明确规定：

能写一般的记叙文、说明文、议论文和常用的应用文，做到思想感情健康、内容充实、中心突出、结构完整、语言通畅。

以上要求，是从文章体裁（即四种实用文体）和文章构成要素（即内容、结构、语言）两个方面提出的具体目标。

（三）年级目标，即各年级写作能力教学要求。

大纲是这样规定的：

高中一年级

1.继续培养观察认识事物的能力,养成练笔的习惯,能较好地选择和组织材料。

2.写一般的记叙文,线索清楚,能根据内容的需要,运用说明、议论等方法表达中心思想。

3.写一般的说明文,能抓住说明对象的特征,使用准确明白的语言和各种说明方法。

4.练习写一般通讯报道、调查报告等。

高中二年级

1.作文要讲求构思,条理明晰,语句通畅,有一定的速度。

2.写一般的议论文,论点明确,论据比较充分,能运用常见的论证方法,有一定的逻辑性和说服力。

3.继续培养写记叙文的能力,能综合运用各种表达方式,把对象记述得具体生动。

4.练习写一般书评、影视评、剧评和计划、总结等。

高中三年级

1.能比较熟练的运用记叙、说明、议论各种表达方式,写一般的记叙、说明、议论的文章。

2.能写常用的应用文。

高中各年级写作能力的教学要求,是在初中阶段的基础上继续深化,对记叙、说明、议论几种实用文体的写作,进一步提出一些具体要求:有的从文体特点,有的从文章构成要素,有的从表达方式的综合运用,还增加了智力因素方面的训练要求。应用文的写作,依然分布在各年级,均有较明确的要求,并规定了相应的体式。

大纲对作文教学目标所作的一系列规定,为作文教学指明了方向，并初步形成训练的序列，增强了作文训练的系统性、科学性。这对作文教学有着极为重要的指导意义。但除中学阶段的作文教学目标（包括在中学语文学科的教学目的之内），是从语文教育和思想政治教育，即写作能力与思想水平两个方面提出的外，初、高中阶段和年级的作文教学要求都是从"写作能力"这一方面作出相应规定的。固然，作文教学的主要目标是培养学生具有现代语文的写作能力，而作文能力是由认识能力与表达能力两个方面构成的。上述两项教学要求，主要是从文章体裁（或表达方式）与文章的构成要素方面提出的，而对"认识能力"，只在高中一年级提出"观察力"的训练要求，其他几种智力因素均未明确提及。这应是大纲的不足之处。

我们在作文教学中，应切实做到：既要狠抓学生作文能力的培养，又要重视在教学生作文时，也教他们做人；既抓好运用书面语言表达能力的训练，又要注重认识能力，即诸种智力因素的训练。实践也证明，作文教学必须在培养学生表达能力的同时，还要十分重视训练学生的认识能力，使学生的智力在作文训练中得到应有的发展，并要注意学生非智力因素的培养。这是提高作文教学质量的根本途径，也是在研究、落实中学作文教学目标时所不应忽视的一个重要课题。

如前所述，作文教学目标，最能体现作文教学的总体特征。它为教与学指出明确方向，制约着作文训练的内容与方式。因此，探讨传统作文教育目标，继承其合理因素；研究国外某些发达国家关于作文教学目标的规定，借鉴其有效成分，并从纵横的比较中，审视当代作文教学目标，从而更全面、更科学地认识、确定作文教学目标。

本章一至三节小结

本章一至三节主要研究作文教学的性质、作文能力的内涵和作文教学的目标。

作文，是运用书面语言表达认识的活动。

作文的本质，它是一种观念形态的活动，是客观事物在头脑里加工制作的过程。作为一种行为，也是一种创造性的精神活动。它既是认识的"双重转化"过程，也是信息转换的过程。作文教学的性质取决于两个方面：语文学科的性质，作文教学本身所固有的特征。

作文教学的性质具体表现为：实用性、综合性和教育性。

作文教学的作用有：培养学生的书面表达能力，促进阅读的深化，发展学生的智力，有助于培养学生健康高尚的道德情操。

作文能力有两种表述：一是学生顺利进行作文练习的比较稳固的心理特征的综合；二是运用书面语言系统，完整地反映客观事物，表达思想感情的能力。

作文能力的构成要素有多种说法。我们认为，中学生的作文能力应由认识能力和表达能力两个方面构成。认识能力，一般包括观察力、思维力、联想力、想象力等；表达能力，主要包括审题、立意、布局谋篇、遣词造句、选择表达方式和文章修改的能力。

作文能力的发展是有规律可循的：一是从积累到倾吐；二是从模仿到创作；三是从放到收。

作文教学目标，最能体现作文教学的总体特征。传统作文教学目标不断演进，某些发达国家的作文教学目标，一般包括三个方面的因素，即能力因素、智力因素和生活因素；当代作文教学目标是有层次的，现行语文教学大纲中均有明确的规定。

第四节　作文的基本过程

揭示作文的本质,认识作文教学的性质,剖析作文能力的构成要素,探讨作文能力形成与发展的规律,其目的是为了科学地确定作文教学的目标,给作文教学以明晰、正确的方法。这是作文教学研究中的核心问题。而要实现既定的作文教学目标,还必须审视学生作文的基本过程,从不同角度研究作文教学的过程,进而探索作文训练的科学体系,方能有效地促进作文教学的科学化,提高作文教学质量。

作文是一种观念形态的活动,是客观事物在头脑里加工制作的过程,而文章则是这个过程的产物。因此,一般写作的过程,可分为三个阶段:准备、行文、修改。

学生作文的过程,也大致如此。但由于学生作文是习作,是练习写作,而且是在教师指导下练习作文。因此,它有别于一般的应用写作,更不同于文学创作。学生也不可能像成人写作者,尤其是作家那样:具有丰富的生活积累,深刻的人生体验、众多的材料储备。所以学生的作文可分为四个阶段:

一、准备阶段

作文前的准备,主要是作文材料的积累、认识与体验的准备,这是作文的前提。著名散文家秦牧说过,一个作家应该有三个仓库:一个是直接材料的仓库,装从生活中得来的材料;一个是间接材料的仓库,装从书籍和资料中得来的材料;另一个就是日常收集的人民语言的仓库。有了这三个仓库,写作起来就比较容易。这是作家个人创作的经验之谈,充分道出了材料准备与写作的关系。对于写作,叶圣陶先生说过:"写任何东西决定于认识和体验,有什么样的认识和体验,就能写出什么样的东西来。"也就是说,学生作文,必须做好作文前的准备:储备较丰富的写作素材,积累较多的认识与体验。因此,教师应引导学生在准备阶段做好材料的积累工作。首先应帮助学生充分认识积累材料与写好作文的关系,从而自觉主动地做好作文前的准备。材料积累一般有两种情况:一是平时积累;二是临时准备。

平时积累,是指学生在明确作文与材料、生活的关系之后,有意识地、随时地搜集与储存材料。其途径一般有:留心观察周围的事物,思考遇到的问题;有目的地调查研究、参观访问,收集有关的材料;广泛地阅读书籍、报刊,获取间接材料。

临时准备,是在明确作文范围、写作要求之后,所做的有针对性的准备工作。有的作文,凭借平时的积累,从储存的材料中直接提取即可满足作文的需要;而有的作文,或很少有现成材料,或全然无材料。这就要根据作文的需要,临时作必要的准备,以获取作文所需要的材料。如写作《××河流污染情况的调查报告》一题,便需作一系列的准备工作:必须实地观察该河流污染情况;在条件允许的情况下,抽取水样进行化学分析,做鱼的生活实验;查阅有关资料,分析形成的原因;向有关人员调查采访等。这样才有可能进入构思阶段,写出较有分量的文章。同时,也锻炼了学生的多种能力。

不管哪种形式的积累,教师都应帮助学生,采取相应的方式,诸如摘抄、剪贴、札记、卡片等,将所获取的材料整理、分类、记录;并引导学生逐步养成这种良好的习惯。

同时,还应指导学生把握材料的要求。首先是材料应真实,只有真实的材料,才具有说服力,增加可信度;其次,材料应典型,材料只有具备典型性,才有代表性,才可能蕴含丰富的内容;再次,材料要新颖,只有新颖的材料,运用到文章中,才能增加吸引力,激发读者阅读兴趣;最后,材料应生动,生动的材料,能使文章具有感染力,增强可读性。

实践证明,学生作文的准备阶段,是急需强化的一个环节。许多教师对此重视不够,学生更无应有的认识与习惯。为此,教师应充分认识这一阶段在整个作文训练中的地位与作用,采取有效措施,加强对学生的指导与训练,逐步引导学生认识材料准备的重要性,教给积累材料的方法,养成积累材料的良好习惯。

二、构思阶段

作文的构思,亦即对作文的整体设计。无论哪一种形式的作文,在审明题意,明确写作要求之后,都应有一个较为充分的酝酿阶段,即构思阶段,也有人说是打腹稿。构思阶段的主要任务是:确立中心、选取材料、安排结构、考虑写法等。

确立中心,即提炼主题,或曰确定主旨。古人称之为立意,强调"文以意为主",好文章应有充实、深刻的思想内容。至于"主题"一词,据有人考察,源于德国,最初是一个"音乐"术语,意思是:乐曲中最具特征,并处于优越地位的那一"旋律"——即"主旋律"。它表现一个完整的"音乐思想",是乐曲的"核心"。后用于文学作品的创作。日本将其译为"主题",又为我所借用。确立中心,是构思阶段的首要任务。教师应帮助学生认识其在作文中的地位、作用,从而引起足够的重视。中心,即"意",是文章的核心、灵魂。对材料它起统摄作用,即"意犹帅也"对方法与语言,则起支配作用,即"以意役法"、"意能遣辞"。同时,还要明确立意,即确立中心的一般要求:一是立意要简明集中。一般说,文章应一文一意,方易于突出、鲜明。高中语文教材中许多名篇,立意都非常集中,使人读后留下鲜明深刻的印象。如苏洵的《六国论》,集中说明"六国破灭"的原因是"弊在赂秦",从而告诫宋王朝的统治者,应以六国为鉴,不要实行纳贡求和的投降政策。又如贾谊的《过秦论》,其意在于说明秦亡的原因就是"仁义不施,攻守之势异也"。二是立意要新颖。文章只有立意新颖,才能为人们所喜爱。有人认为,立意不新,会令读者感到就像"甘蔗重嚼"一样,满口渣滓,没有一点儿浆汁。因此,立意求新,是古代文章家所追求的目标。清人刘熙载指出:"明理之文,大要有二,曰:阐前人所发,扩前人所未发。"后者,固然是创立新意。前者,处理得当,同样可以做到新鲜。韩愈的《师说》,显然是继承了孔子"三人行,必有我师焉"的思想,但他能针对唐人耻于相师的社会风气,深入议论、发挥,立意也显新颖。三是立意要深刻。即能准确地揭示事理的内涵,使读者看到问题的本质。如杜牧的《阿房宫赋》,它不是停留在一般地铺叙阿房宫之盛,慨叹阿房宫之被焚,而是深入探究阿房宫被焚的原因,从而向封建统治者提出鉴戒。又如王安石的《游褒禅山记》,从游山的感受引申到治学;苏轼的《石钟山记》,从对石钟山命名的评论,引申到对"主观臆断"的批评,都是由表及里、由现象到本质地发掘事物的深刻含义。以上要求,对中学生来说是过高的。在作文训练中应以此为目标,引导学生逐步达到这样的目标。

　　选取材料。文章的"意"应靠"事"来表现,即运用丰富的材料表现"意"。所以,在确立中心之后,便要精心选取材料:或从已有的储存中去提取,或从现实中去搜寻。当然,并非是材料越多越好。而是要切实做到:一要围绕中心选材,材料是为中心服务的,因此,应根据表达中心的需要,认真筛选最能表达中心的有关材料。二要注意对所选材料的要求,即前文所提及的:要真实、典型、新颖、生动。

安排结构,即组织材料,或曰布局谋篇。文章的组织结构,是构思中重要一环。有了中心,有了材料,便进入对文章的具体设计阶段。对结构,《易》强调"言有序",即语言表达要讲究条理。如何做到"言有序",便涉及安排结构问题。刘勰作了进一步论述:"何谓附会? 谓总文理,统首尾,定与夺,合涯际,弥纶一篇,使杂而不越者也。若筑室之须基构,裁衣之待缝缉矣。"后人又相继发展了"基构"说。如何安排结构呢? 一要从文章的主旨出发,即围绕中心组织材料,布局谋篇。因为任何文章的写作,都是为了表达一定的"意",所以,结构的安排必须从"意"出发。刘勰讲的"总文理"即是总观文章的意旨,据此,"统首尾"(连贯统一)、"定与夺"(取舍材料)、"合涯际"(连接组合)。二要注意章法、即文章的一般组合规律、法则。力求使材料组织有序,结构布局合理。学生作文时,对这一环节往往重视不够,因而投入量少,下功夫不足。教师应切实注意训练学生强化结构意识、掌握结构要领、形成结构的能力。

考虑写法。构思,在完成了文章的意、物、序之后,还应考虑"法"。事实上,在上述几个环节中,不可能不涉及"法",但究竟运用什么写法为好,也是应认真思考的一个方面。首先,是"法"应为表达"意"服务,即如何能最有效地表现"意"作为依据;其次,也应考虑材料的特点与结构的需要;再次,不同的文体,有其最为适用的方法,应注意选择、灵活运用。

确立了主旨,选取了材料,安排了结构,对整篇文章已基本上成竹在胸,有了完整的腹稿,似乎可以立即动笔了。但为了巩固构思的效果,顺利地完成文章,师生均应重视编写作文提纲。提纲的编写,可与构思同步;提纲的内容,应有纲有目,有观点有事例,既能体现文章的中心,又能显示文章的层次;提纲的详略,可视文章篇幅长短以及个人的习惯而定。教师应从学生的实际出发,有计划地指导学生编写提纲:要给学生以示范,引导学生掌握编写的要领,养成编写提纲的习惯,培养编写提纲的能力。

三、起草阶段

经过充分的酝酿、构思,并编就了作文提纲,作文即进入起草阶段。起草,是学生按照拟就的提纲,把构思好的中心、内容、层次用语言文字表述出来的过程。

这一阶段应注意的问题是:1.根据既定的主旨与写作提纲起草。构思是整体设计,起草则是具体的落实:围绕中心展开,按提纲行文;2.选用恰当的语言,来表达所构思的内容,力求把事情说清楚,把道理说明白;3.对每一段的要点、内容,层次想清楚再写,编提纲时,涉及段落往往还较概括,起草时应重新组织,使之具体化、条理化;4.注意文脉的贯通,文章由若干段落组成,应随着思路的展开,注意各部分间的有机联系,使文章成为一个贯通、相互衔接的整体;5.起草时,应从主旨出发,沿着设计好的层次,一气呵成,切不可因一字一词受到阻碍,影响文气的畅通,万一遇到语言障碍,应跳过去,起草后,再修正补充。

四、修改阶段

毛泽东同志在《反对党八股》一文中指出:"文章是客观事物的反映,而事物是曲折复杂的,必须反复研究,才能反映恰当;在这里粗心大意,就是不懂得做文章的起码知识。"这就是说,我们要对曲折复杂的客观事物有个全面、正确的认识,并以文章的形式恰当地反映出来，的确不是一次可以完成的。即使是有经验的作家，写成初稿后，也需几经修改，方能完成。作为学生的习作，起草后的修改，更是毋庸置疑了。

而实际的作文训练中，对修改这一环节还未给予应有的重视：一是从训练的安排上，往往是挤掉学生修改机会，因多数作文需按时交卷，学生匆促完稿，便没有时间修改了；二是不少教师对此指导不力或不作指导，因而学生便不可能形成"自能改文"的能力。

修改阶段的主要工作，是对初稿的整体进行修改。首先，着眼于文章的内容：是否符合写作意图，主题是否鲜明、突出，材料运用是否恰当；其次，是文章的结构：脉络是否清楚，层次是否条理，结构是否严谨、完整；再次，是语言：语句是否准确，用词是否贴切以及文面是否符合要求，等等。

文章修改是个重要问题，它不仅是把文章改得明白、顺当，也不仅是把文章改得更准确、更生动一些，实际关系到写出的文章应达到什么样的标准。对学生来说，修改文章，也是学生作文能力的因素之一，同时也是提高学生作文水平的有效措施之一。

以上我们所研究的，是学生作文的基本过程，而在实际操作中，因人、因文的差异有所不同，但常用的、基本的应是这样一个程序。

为便于深入研究作文的基本过程，现对国外某些学者所研究的作文过程，作简要介绍，以便通过比较，更好地认识、把握学生作文的基本过程。

（一）美国学者研究的作文过程模式

美国学者经过研究认为，作文过程是由构思、转换、复阅、修改四个子过程形成的。

构思——是作者从事思考的过程。它包括确定作文目标、产生作文内容和组织作文内容等因素。

转换——是把思想转化为文字的过程。转换涉及书写、标点、选词、造句、上下文连贯等因素，是个复杂的过程。

复阅——是重读已经写出的文字。它包括检查文字、语言、构思等是否妥当。

修改——是从校正到实际上重写的活动。它涉及内容、形式的变动和词句、标点、书写等的校订。

这项研究表明，上述这些子过程是贯穿一篇文章写作的始终的，是人们写作的内在过程。以此为基础，可以建立一个写作思维过程的指导体系。因此，这项研究成果，对于认识作文的过程、写作教学都是很有价值的。

(二)英国学者研究的作文过程模式

据有关资料介绍，英国学者研究认为，作文过程包含的因素有：构思、设计、写作、预期、修订、复阅、回顾、停笔。

构思——是动笔前的思维活动，是内在的心智的运用。这一阶段要决定文章的范围和内容。

设计——是作者经过构思后，写出一个写作大观，决定路向和组织。但多数学生是边写边设计。

写作——即开始动笔书写。通常写第一句是困难的，往往是想了很久才动笔。

预期——是作者预想文章的下一句、下一段怎样写。设计是以全文为考虑对象，预期则只是以文章的一小部分为考虑对象。

复阅——是指作者在写作期间往往要重看已写的内容，寻找错误,然后修改。

回顾——是交作文前,再次浏览作文。

停笔——是放下笔不再写作,准备把作文交给老师。

这个项目的研究者认为,以上所描述的写作过程,并非每一个学生都会经历其全部阶段,而且某些阶段会重复出现,不是直线进行的。

(三)美国的三阶段写作进程

这是近年来,美国兴起的一种写作指导理论。这种理论认为,指导作文意味着引导学生经历若干写作阶段,它是一个过程。而传统的写作指导理论则仅仅着眼于最后的写作成果。根据语言心理学的研究成果表明,写作进程可分为三个相互联系的阶段。

1.形成概念阶段

引导学生联系自己的经验,探讨跟本次写作的有关概念。如美国一英语教师,介绍"儿童故事写作单元",共历时六周,前三周半为"形成概念"的阶段。这阶段主要做了两项工作:一是形成"儿童故事"的概念。师生讲述各自喜欢的儿童故事,并分析喜欢的原因、人物;阅读作家写作的儿童故事,研究其构成要素,如情节、人物、语言等;讨论修辞语言的作用;作练习等。二是形成"读者(听者)对象"的概念,引导学生概括5—8岁儿童的特点;访问儿童阅览室,了解其阅读兴趣;组织学生给儿童读现成的故事,并听取反应等。

2.酝酿成文阶段

在上述活动的基础上,学生开始写作自己的儿童故事。作文草稿完成后,学生分小组讨论,也可师生共同讨论,围绕一定问题,如重点是否明确? 意思表达得是否清晰? 对比是否合适等。
通过讨论,发现自己作文的成功处和不足处。

3. 修改定稿阶段

除根据同学或师生讨论的意见外,还可将写成的故事到儿童
中去读,以听取他们的反应,然后进行修改。故事写成后,还可选
配插图,或自己绘制插图。

这个写作单元结束后,学生们所写的故事是儿童剧院、木偶
戏演出的好材料。学生还可到"作者市场"上寻找出版者,试图争
取出版他们所写的故事。

这一写作指导理论和实验的主要特点是:将作文视为一个过
程,确立明确的目标、具体的对象,在与读者反复交流和学生多次
讨论中,写成并修改故事。这便极大地调动了学生的写作积极
性,培养了学生的创造思维能力。

综观中外学生作文的过程,有许多共同点:注意给学生以充
分构思的时间;把表达能力与思维能力的训练有机结合起来;重
视作文的修改及修改能力的培养等。而我们还十分重视作文前
的准备,即材料与体验的积累;国外某些"过程",与学生实践活动
相结合,具有鲜明的实用性。

研究学生作文的基本过程有多方面的意义。除探讨科学的、
有效的作文过程外,还有:

一是有助于正确理解作文能力的构成要素。作文,既然是一
种行为,是对客观事物的加工制作过程,必然是由若干阶段构成。
根据各阶段不同的任务,便需要相应的能力,方能完成。而认识
能力与表达能力,贯穿在作文的全过程。因此,学生的作文能力,
一般应由认识能力(观察、思维、联想、想象等)和表达能力(审题、
立意、选材、布局、修改等)构成。明确了作文能力的构成,便有助

于恰当地确立作文教学目标，也规范了作文训练的内容。

二是有助于设计较为科学的作文教学（训练）过程。学生作文的过程，反映了学生在作文中的认识规律。作文教学的训练过程便应以此为依据进行设计。根据学生作文过程各个阶段活动的目标、内容、方式，来安排作文训练的过程，只有使二者有机结合，才能符合学生的认识规律，才能更好地调动学生的积极性。

三是有助于加强对作文训练的全程指导：既然了解了作文的过程，那么就应当引导学生经历作文的全过程：广泛积累，从容构思，据纲行文，反复修改。这便可能改变过去忽视学生经历作文全过程的局面。特别是让学生充分构思，这是写好文章的基础；让学生反复修改，不仅培养了修改能力，而且能在文章写成后，体验到一种成就感、满足感，从而激发学生作文的热情与兴趣。彻底改变那种望题兴叹，见文生畏的思维定式，开创学生乐于作文的新局面。另一方面，要加强作文训练全过程的指导。过去不少教师把注意力集中到写作的成果——作文上，把大部分精力用于作文批改，甚至陷在作文堆里，而未能把劲用在指导学生积累材料，特别是构思与修改上。由于学生被动作文，不能经历作文的全过程，在训练中，又得不到全面的、切实有力的指导。因而，长期走不出作文的低谷：害怕作文、无话可写、不得要领。这样不仅加大批改难度，教师更无力指导，造成了一种恶性循环。要改变这一状况，就必须加强训练全程的指导，应充分重视作文前与作文中的指导，才有可能使学生化被动为主动，使教师从恶性循环的怪圈中解脱出来。

第五节　作文教学的过程

作文教学过程,也叫作文训练过程,或作文训练程序。作文教学过程是在教师指导下,培养学生写作能力、发展智力、提高思想修养和审养情趣的过程。它是一个动态平衡系统,受着多种因素的制约,如训练目标、训练内容和训练方式等。

叶圣陶先生认为,安排作文教学的过程应与一般的写作过程和文章产生的过程相一致。上一节,我们专门研究作文的基本过程,也是为了更科学地设计作文教学的过程。

作文教学过程和读文教学过程一样,也是有层次的:有整体的、阶段的、年级的、学期的、一个单元的、一次训练的。一般重点研究的,是一次训练的,即一次作文的教学或训练过程。对作文教学过程有种种认识与设计。

一、传统的作文教学过程

在我国,传统的、目前较为普遍采用的作文教学过程,由命题、指导、批改、讲评四个阶段组成。

(一)命题:一般由教师确定文题,学生根据文题作文。教师命题,多是根据学期作文教学计划,有时也作临时性命题。

(二)指导:命题后,教师根据题目和学生实际,有针对性进行指导。一般都重视审题的指导。在指导阶段有两种倾向:一是指导过细,从题意到提纲均作详尽指导,这往往易于束缚学生的思维;二是指导过粗,或不作指导,使相当的学生无所适从。

(三)批改:教师对学生的作文进行批改,针对每一个学生的特点作出评价,指明长短,并评定成绩。这是作文教学中的难中之难。是教师的沉重负担,而指导、训练学生自改作文,则又很难落实。

(四)讲评:这是作文教学的最后一个阶段,教师根据一次作文的训练要求和学生作文的实际情况进行分析评价。

这个过程运用的时间较长,使用的范围也较广。应当说,也有其合理、有效的一面。但其核心问题是,它的每一个阶段都立足于教师的教,而使学生始终处于被动地位,造成整个作文教学过程是:教师命题,学生照写;教师指导,学生记;教师批改,学生看;教师讲评,学生听的局面。这与现代教育思想是不相符合的。同时,它也不能完整地反映出作文训练的全过程。

二、国外流行的作文教学过程

在国外,长期通行的作文教学过程是写前指导、写中指导、写后指导三个阶段模式。

(一)写前指导:是指导学生写作的重要阶段。包括取材指导、立意指导、构思指导和文体指导等。写前指导侧重在"应该怎样写"上,偏重学习写作经验,"防患于未然"。而写后指导侧重在"不应该怎样写"上,多偏重吸取写作教训,"治病于已然"。因此,写前指导的作用更为积极些。

(二)写中指导:在学生行文的过程中给以指导。学生起草、行文的过程,就是把思想认识转化为书面语言的过程。包括起草、修改、定稿。写中指导,往往被忽视,可能是因为这一阶段主要是个人思考、执笔为文的过程。但从取材到构思,仍需个别或集体指导。尤其是起草的修改,更应给予足够的重视。

(三)写后指导:主要是对学生的作文进行分析评价。一般包括批改、讲评。

这个过程模式,改变了教师注入式的教学,注意到师生间的对应关系,在一定程度上体现了学生的主体地位。

三、当代较科学的作文教学过程

作文教学过程的设计与实施,应与阅读教学一样,要切实顾及"教"与"学"两个方面,既要考虑教师的"导",又要充分考虑学生的"写"。从这一认识出发,一次作文训练的过程,一般应包括定题、准备、写作、评改四个阶段。

(一)定题阶段

作文定题,即作文命题,是作文教学中的一个重要环节,它直接关系到作文训练的效果。

命题,即确定作文训练的题目。它不限于命题作文,也包括其他作文训练方式的命题。因此,更确切地说,作文命题,应是确定训练的目标、内容和要求。如何命题呢? 现行大纲明确指出:"作文要注意联系学生生活、思想和学习的实际。"这应是作文命题的总依据。具体来说,命题时应注意:

1. 要联系阅读教学

读写结合是作文教学的一项重要原则,也是我国传统语文教育中行之有效的经验之一。古人有"劳于读书,逸于作文","读文精,作文美"的见解。这是前人学习语文的经验之谈,说明要提高写作能力,就必须多读书,读好书,把写作与阅读结合起来。而选入教材的范文,既是阅读分析的例子,又是写作借鉴的例子。因此,命题应与之紧密结合。

或借鉴写法,以学习范文的结构技巧或表现手法,如学习了《花城》《威尼斯》,可让学生以《参观农贸市场》《观元宵灯会》为题,写一篇参观记或访问记。

或消化内容,如学习了《项链》,可让学生写《小议路瓦栽夫人的悲剧》、《试议〈项链〉的结尾》。这些题目的写作有助于学生深入理解课文的内容、形式,并发表个人的见解,培养学生的议论能力。

或运用知识,即运用范文中所提供的知识、道理或观点去分析问题。如学习了《实践是检验真理的唯一标准》,即可让学生从现实生活中取例分析论证这一著名论断。

或综合理解应用,即结合一篇课文,从内容或形式出发,进行多角度、多层次的命题,形成系列作文,以供学生选择练习。如学习了《为了忘却的记念》,可作如下命题:(1)《鲁迅笔下的白莽——怎样介绍评价白莽的》;(2)《柔石小传——介绍柔石的生平故事》;(3)《"怒向刀丛觅小诗"——鲁迅的战斗精神》;(4)《记起他们,再说他们》或《为了不忘却的纪念》(就结尾部分发表感想)。又如学了《挥手之间》一文。可作如下命题:(1)《试谈〈挥手之间〉的结构》;(2)《〈挥手之间〉一文中是怎样写"挥手之间"的》;(3)《谈〈挥手之间〉中插叙的作用》;(4)《从〈挥手之间〉看毛主席重庆谈判的意义》;(5)试写一个场面,借鉴《挥手之间》一文的写法,题目自拟等。

2.联系学生实际

题目应来源于生活。要解决学生作文无话可说的一个关键,是命题时紧密联系学生的思想、生活实际,即充分考虑学生胸中已有的积蓄,也就是叶圣陶先生所倡导的:"凡是贤明的国文教师,他出的题目应当不超出学生的经验范围,他应当站在学生的立脚点上替学生设想,什么材料是学生经验范围内的,是学生所能写的、所要写的，经过选择才定下题目来。"①也就是要"钻到学生心里出题目"，使学生"心有所思，情有所感，而后有撰作"。实践也证明，只有从学生的思想、生活实际出发命题，学生才有事可叙、有情可抒、有感可谈、有议可发。如《十六岁，人生的里程碑》、《发生在我家里的一件事》、《一堂化学实验课》等。命题也可以给学生提供想象的空间，以培养学生的想象力和创造思维能力。如《廿一世纪的泉城》、《我的第一次太空航行》、《我在南极长城站》等。

3. 联系社会生活

文章是客观现实的反映，学生的习作也不例外。因此，作文的命题除要紧密联系学生思想、学习、生活实际外，还应把学生的视野引向广阔、火热的社会生活，把社会的变革、时代的风貌、形势的发展纳入学生的作文练习。这样有助于学生写出体现时代、内容积极、思想健康的文章。如《一个富有改革精神的人》、《漫步在洓源大街》、《在申办奥运会的日子里》、《我所了解的三峡工程》。当然，这类命题，一是应根据需要提供有关的材料；二是从学生的实际出发，切忌把题目出得过大过空，使学生无从下笔；三是要根据需要与可能，组织必要的学习讨论，或一定形式的社会调查。

事实上，尽管各级各类考试的作文命题，一般都回避当前的社会重大问题，尽管这类命题的写作有较大难度，但作为平时的作文训练，作为兼有工具性与思想性的语文学科重要组成部分的作文教学，还是应主动设计这方面的问题。因为学校不是一个封闭系统，不是社会生活的真空。一些重大的社会事件，国内外重大社会问题必然影响到学生。而我们所培养的学生均是跨世纪

---

①中央教育科学研究所编：《叶圣陶语文教育论集》，教育科学出版社1980年版，第413页。

的人才,他们不仅要有有系统的专业知识与能力,还应当具有心怀祖国、放眼世界的胸襟。所以,结合社会生活的命题,其核心意图是引导学生对社会生活的关注,主动思考社会问题,并具有鲜明的态度,正确的分辨是非的能力,从而使作文训练具有深远的社会意义。

另外,作文命题还要注意学生的年龄特征与心理因素;还应注意整体设计,使每一次作文训练,既是一次独立的综合性训练,又是总体训练中的重要一环。

命题,除遵循应有的原则外,还有其具体的要求:(1)确切,题目的含义要明确,写的内容、重点、体裁等在文题上应有所体现;(2)鲜明,措辞应确当,不隐晦,能显示出观点、意向,甚至爱憎;(3)简洁,题目应简短精练、含义清晰;(4)新颖,题目应生动醒目,力求不落俗套,并富有启发性。

以上要求,不仅适用于命题作文,也适用于其他一切形式的作文,包括选用教材内外的作文题目。

(二)准备阶段

这一阶段包括教师的写前指导、和学生行文前的构思。现分述于下:

1. 教师的写前指导

现行大纲指出:"要注意指导学生观察认识事物,搜集积累材料。要启发他们下笔前思考为什么写、写什么和怎样写。"这便明确指出平时与写前所要指导的内容。"为什么写"、"写什么"、"怎样写",是作文前指导中紧密联系、不可分割的三个环节。"为什么写",是出发点,即写作的意图、目标,这是起主导作用的一环;"写什么",指取材立意,属内容方面的问题;"怎样写",指布局谋篇、遣词造句等,属形式方面的问题。上述几个方面,在指导中均要给予应有的重视。

(1)明确写作意图。写文章要有个目的,总是为了回答现实生活中的某一问题。作文训练也应如此。作文指导要首先引导学生明确写作意图,即弄清训练的目的,这有定向作用,也有助于激发学生作文的兴趣。

(2)审清题意。即审清命题者的意图,明确题目的含义。这是作文的关键性的一步,它决定着文章能否切合题意。指导学生审题的目标,是训练学生的审题能力,使之能准确而迅速地审清题目的含义、要求。审题是一种复杂的智力活动,又是一种严格的思维训练,在指导学生审题的活动中,有助于培养学生思考力、联想力和想象力。

审题的任务有:明确作文的范围、抓住重点、确定文体、决定人称、弄清要求等。审题的方法一般有:①分析法:分析题目每个词的意义、作用以及词之间的内在联系,进而弄清整个题目的含义;②比较法:即把类似的题相比较,找出各自的特点与差异,从而准确地把握题意;③揣摩法:有的题目字很少,题面的意思不明显,就要从题目本身的寓意来探究、揣摩,从而发现其内在含义。

(3)指导立意。立意就是根据题目的要求,确定文章的中心。指导立意的目标,是训练学生恰当地确立中心的能力。立意能力的培养,主要从提高认识水平,积累生活经验,培养观察、分析能力来解决。同时,也可从范文的立意中受到启示。

(4)选择材料。指导选材,就是训练学生围绕中心和根据表达需要选择材料的能力。选材的过程,就是通过所占有的材料,来证明自己的观点与认识。

(5)布局谋篇。所谓布局谋篇,即组织材料、安排结构。指导布局谋篇,就是训练学生学会系统地整理材料,恰当地安排结构。要根据文体的特点和一般结构规律,指导学生合理安排层次段落,选定贯穿全文的线索,以使文章的中心突出,脉络清楚;要讲究文章的开头与结尾,认清二者的作用与写法,以增强表达效果;要注意文章的过渡与照应,以使文章的结构更加严谨完整;要注意材料的详略,以突出重点、点面结合。还要特别注意思路的训练,因为文章的层次就是思路展开的步骤,只有思路清晰,文章才有条理性。

指导学生练习布局谋篇的有效方法是编写作文提纲。作文提纲是学生酝酿、构思的结果,是文章写作的蓝图。对提纲的要求是:一是能反映文章的中心与内容,二是要显示文章的层次。指导学生编写提纲要作示范,要反复训练,以形成能力,并养成习惯。

(6)分析例文与有关提示。新编的写作教材或语文教材中所附的写作训练,均有以上两方面的内容。有的还附有相应的写作知识。例文,是为学生写作提供范例,通过分析,使学生从中受到启示,有所借鉴。例文,可以是名家名篇,也可以是一般时文,或学生的优秀习作,抑或教师的"下水文"。有关提示,指题目前后所创设的背景,或提出的具体要求。随着条件(材料)作文、自由拟题作文的增多,对此应引导学生切实予以注意。

上述几个方面,是写前指导的主要内容,但并非每一次作文训练都一一进行,而是要视实际需要有所选择。经过一个时期的训练,学生具有了相应的能力时,即可简化指导。对其中的薄弱的环节,则应重点指导,扎扎实实地反复训练。

2.学生写前构思

学生行文前的构思,实际上应与教师的写前指导同步进行。构思,涉及立意、选材、布局、选择方法等。随着学生构思能力的提高,教师的指导应逐步简化,并不断深入,直至学生自能构思、自能为文。

　　这阶段学生的活动是:根据教师的指导,或独立地审清题意,即进入构思阶段:依据题目的要求,确定主旨;据主旨选材;安排层次结构,选择表现方法;有时还要阅读例文,研究提示;最后编写作文提纲。

　　学生准备阶段的活动,是把教师的指导逐步变成自己的独立活动;而教师则应注意,有计划、有重点地进行指导,不断调整指导内容,要给学生一定的时间,使他们能较好地做好准备工作,并逐步养成习惯,形成能力。

　　(三)写作阶段

　　这一阶段,在作文训练过程中是极为重要的一步,但在实际上则多是听其自然,现在有必要独立出来加以研究。

　　这阶段学生的活动是:(1)据提纲(或腹稿)起草,即按照构思后拟好的提纲进行写作。首先应对提纲作进一步思考,把提纲的内容具体化。因为提纲虽然涉及内容,但多是纲目式、概括性的,如不作进一步酝酿、思考,很可能在写作中受阻,不能顺利成篇。所以,在正式动笔前,应据提纲的顺序,进一步加以思考:观点应斟酌,使之更鲜明、正确;材料应如何表述,顺序怎样,重点何在;各部分之间如何衔接;特别是开头部分,是开门见山,还是引人入胜? 当然,上述活动中,可以边思考、边运笔,以将思考所得随手记录。其次是在通体思考之后,要进一步选用恰当的语言,对开头、对关键段、对结尾,都应做到字斟句酌,反复推敲。然后,在充分酝酿、思考的基础上,理清思路,挥笔疾书,力争一气呵成。(2)草稿写成后,应作全面系统的修改,即对草稿的内容、结构、语言等方面进行修改。首先应审视全文的中心是否明确、突出,所选用的材料是否恰当、得体,表述是否具体、生动;其次,应看全文的思路是否清晰,材料安排的顺序是否得当,各段落之间能否有机联系,开头是否简洁明确,或生动诱人,结尾是否干净利落,或耐人寻味等;最后看语言表达是否准确、连贯、得体,有无明显的病句、错别字等。(3)在修改的基础上,誊清上交。在誊清过程中,还可对文字推敲、润色,某些部分也可作必要调整。

教师的活动是:(1)指导学生根据提纲思考。不少学生既不拟提纲,更无根据提纲进一步思考的习惯,教师应先正面说明必要性、交代方法,然后结合学生实例予以指导,以期逐步引起学生的重视并形成习惯。

(2)学生开始写作后,教师决然不能放弃指导,而另作其他工作。如在课内,要不断巡视,密切注意学生在写作过程中所反馈的信息,要加强个别指导,随时点拨、答疑;注意培养学生的良好习惯,如先想清楚然后写,充分利用写作提纲等;教师一般不再作集体指导,要创造、保持一个良好的写作环境,以免干扰学生的写作思路;在时间上也应有要求,既要给学生留有适当时间,又有利于训练学生的写作速度。如是在课外,可作个别交谈或抽查,发现倾向性问题,也可作集体指导。

(3)指导学生修改草稿,在这一阶段,要突出地注意指导学生自行修改,这是过去作文训练中被忽视的一个环节,而这一活动,又是训练学生作文能力的重要方面。因此,首先教师应转变观念:指导学生修改比教师单独批改,其意义要大得多,尽管二者的作用、目标有差异,但总的看,都是为了提高学生的作文水平。因此,教师在重视作文批改的同时,要下大力气指导学生修改,并把它作为写作指导中重要的、不可取代的内容。其次,要引导学生认识修改的重要意义,明确修改的内容、重点,教授修改的方法,还要反复作示范,或直接提供修改的范例。最后,在学生起草、誊清过程中给予具体指导,养成重视修改的习惯,学会"自能改文"。

(四)评改阶段

评改,通常包括批改、讲评两个环节,有人称之为作文后的指导。如何进行评改呢？现行大纲也有明确要求:"作文评改可以采用详细评改、重点评改、当面评改、浏览检查等多种方式。无论采用哪些方式,都要有针对性,讲求实效。要有计划地培养学生自己修改作文的能力和习惯,可指导他们自己修改,或组织他们互相修改。学生作文中的共同问题,应在全班讲评。"这便全面地指出了评改的方式、要求以及应注意的问题。

评改的目的是一致的,即培养评改能力,提高写作水平。师生评改的内容有许多方面是相同的,现分批改、讲评两段予以说明。

1. 作文批改

作文批改,是作文教学中的一个重要环节。它是作文指导效果的检验,也是作文指导的继续与深化。其作用在于侧重告诉学生不应该怎样写;同时,进一步帮助学生明确应该怎样写。

(1)批改的内容范围。构成文章要素的内容、结构、语言,均属于批改的范围。具体包括:

①思想内容方面:观点是否正确,中心是否突出,内容是否充实具体,感情是否真实健康。

②篇章结构方面:层次是否清晰条理,结构是否严谨完整。

③语言表达方面:语言是否通顺、连贯、得体。

④其他方面:有无错别字,标点是否正确,书写是否工整、是否合乎款式等。

　　上述批改内容，要分清主次、有所侧重，并要根据年级的不同，在要求上应有差异。

　　(2)批改的要求，主要有：

　　①一分为二，鼓励为主。批改作文应坚持一分为二的观点：既要充分肯定作文的优点，又要明确指出缺点；既要看到原来的基础与问题，又要看到发展与进步。要坚持正面引导，以鼓励为主。作文是极为复杂的精神活动，作文能力的提高也要有一个过程。因此，批改者应尊重习作者的劳动，热情地予以鼓励与引导。对优秀习作如此，对水平差的作文更应如此。要善于发现其长处，哪怕是些微的进步，也要通过批语、讲评或谈话，满腔热情地给予肯定、鼓励。但这个鼓励要适当，应有实在的内容，要力戒空泛的表扬。

　　②多就少改，批改结合。学生作文是习作，很难一次就达到训练的要求，要有一个反复实践的过程。因而作文中出现一些不合要求的现象是正常的。批改时要珍惜学生的劳动成果，尽量不要大批大改。凡是尚通顺者，即可保留。古人对文章的要求，尚且是"辞达而已矣"，何况中学生的练习之作。所以，只改动那些明显的不足之处，并作必要说明，即让学生知其所以然，以免挫伤他们的积极性。另外，还要注意批与改的结合。批改，本来也是批与改两方面。批与改的范围都较广，但又有所侧重：改，一般限于段以下，主要解决字、词、句及文面的问题；而批，重点应是全文的思想内容、篇章结构和表达方法方面的问题。但在实际操作中，应使二者结合起来。

　　③照顾全面，突出重点。所谓全面，一是指训练的整体要求，一是文章的内容与形式。但对每次作文的批改应有侧重点，要根据训练的目的、指导的重点以及学生的实际，集中解决一两个问

题,力戒面面俱到,泛泛批改。

④严格要求,循序渐进。作文指导是给学生以"规矩",批改则是检查符合"规矩"的情况。再加作文是运用语言文字表达思想的基础训练,批改时应当严格要求。当然,要"严"得合理,在表达上,一般是先求"通",后求"好"。并应视年级的高低而有所不同。如有的学校对初中各年级的指导与批改,应有不同的要求:对初一的指导要求是严格的,叫"严";初二的要求是灵活的,叫"活";初三的要求是放手的,叫"放"。在批改方面,初一倾向于"详";初二倾向于"简";初三则倾向于"点"。

(3)批改的方式,大致有三种

①教师批改,又可分为:a. 全批全改,即精批细改全部作文。这种方式,有助于全面了解学生的作文情况,使每个学生都能直接得到作文后的指导。鉴于教师负担过重,次数可酌定。b. 选择批改,也叫轮流批改。每次批改三分之一或二分之一个小组。c. 全收重点批,即批改一部分,其余作检查式的略批。d. 典型批改,选取不同类型的作文批改,发现倾向性问题,进行讲评。e. 面批,这是行之有效的方式,也深受学生欢迎,但因用时过多,只能量力而行。

②师生批改,一是教师批,学生改;一是师生各批改一部分,是学生先批改,后由教师批改学生的批改。

③学生批改,包括自改与互改。开始阶段教师要指导、示范,做好组织工作,特别是互改或轮改;要巡视指导、纠正,改后应检查。

2.作文讲评

讲评,是一次作文训练的总结,是批改的发展与深入,也是有效地发挥批改作用的方式。这里仅就讲评的原则与方式,作简要的阐述。

（1）讲评的原则

①要有针对性。每次讲评要有重点，要针对训练的目标、指导的重点进行讲评，力求做到全面落实训练目标；要针对学生实际，力求讲到学生心里，评在点子上，使学生确有所得，切忌泛泛评论。

②要有鼓励性。讲评应以正面鼓励为主，在鼓励中指导。教师一定要正确对待学生作文中的缺点。讲评时要以习作中的优点、进步为主，切忌只抓消极的东西。即使是缺点、问题，也要从正面加以指导。

③要有计划性。讲评应有计划，一个学期或一个学年，要有总体设计，使每次讲评都有明确的重点，各点之间要有相应的联系。

④要有多样性。讲评的多样性，一是讲评的方式应有所变化，即应根据训练的重点、学生作文实际，以及文体的不同等，确定讲评的方式，切忌千篇一律。二是既可教师讲评，也可组织学生讲评；既可全班讲评，也可就一个训练单元或一个学期总结讲评等。

此外，作文讲评还应注意与阅读教学、课外读写活动结合。

（2）讲评的方式

①综合讲评。这是讲评最常用的方式，师生均可采用，要求讲评者对全班作文进行分析总结，既指出共性的优缺点，又选读分析有关作文，并分层次进行表扬。这类讲评的优点是能以反映全貌，照顾的面宽。但也要注意避免面面俱到，力求做到点面结合。

②专题讲评。抓住作文中普遍存在的一两个主要问题，如立意、选材、布局等。可结合有关的语文知识，针对实例进行讲评，

也可进行相应的练习。

③典型讲评。可选出一二篇优秀习作,印发给学生(也可由作者朗读),让学生根据训练的要求、讲评的意图进行讨论,然后由讲评者作结。

④对比讲评。可选取不同题材、不同结构或不同写法,但却各有千秋的文章作比较;可将原文与修改稿对比;也可将习作与范文对比;也可与上一次相近练习相比等。对比讲评可以整篇文章对比,也可以是局部或某一点的对比。实践证明,这是一种有效的讲评方式。

⑤总结式讲评。可在有准备的基础上,交流作文的心得体会;可评论集体或个人习作的特点与进步。如有的教师指导学生举行习作推荐会,学生互阅作文,就一次或数次练习,概括其特点、分析发展变化。这实际是一种群众性的讲评活动。如果说,讲评是作文结果反馈的话,这便是一种多向、多层的反馈,而且比较广泛、准确、有效。

讲评还有其他一些方式,如教师批改后,选择佳作或有某些特点的文章,予以张贴或让学生传阅等。

每次讲评后,可提倡学生写讲评后记或作文后记,以总结此次练习的得与失;也可布置相应的练习。

第六节　作文训练体系

要提高作文教学的效率,使之适应现代社会发展的需要,就要努力实现作文教学的科学化、序列化。因此探索一套科学的作文训练体系,是当前作文教学深入进行改革所应解决的重要课题。

而一个有价值的作文训练体系的形成,必须有一个探索的过程。近年来,广大语文教育工作者对此进行了深入的研究与实验。他们以培养能力为核心,以发展智力为方向,设计了多种作文训练体系,进行反复的实验。有的已相当完备,并已初见成效。现对目前普遍使用的或影响较大的训练体系作些述评。

一、文体训练体系

这种体系,按文章体裁为训练序列:先记叙文,再说明文,后议论文、应用文,贯穿整个初中学段;高中阶段反复、深化。这是一种传统的训练序列,其雏形形成于 20 世纪 20 年代。多年来一直有着较普遍的影响,并在实践中有所发展。现行的中学语文教学大纲对各年级的作文训练要求,便是以此为序。现行语文教材中关于作文练习的设计,也是这种体系的体现。

近年来,国内外出现的一些实验方案,多是随着有关学科的研究,以及现代社会日益强调发挥书面语言的社会功能的趋势,对这一体系充实了新的内容,并派生出许多同中有异、各具特色的训练系统。如下面介绍的国内某些训练体系便是如此。国外许多国家的作文训练体系,也多以文体为序,并兼及写作的角度、内容。如美、英、日三国均按新的区分法,将中小学作文进行分类:美国分为自叙文、实用文;英国分为跟学生个人经验有联系的作文,跟学生的个人经验无联系而与事实的客观叙述有联系的作文;日本则将书面语言的表达分为表现自己、社会通讯。并据此分别安排相应的训练序列。

二、知能训练体系

知能训练体系,是以写作知识与写作能力结合为序组元的训练系统。这种体系重视写作知识对作文能力提高的作用,以写作知识贯串作文训练的全过程,组成以写作知识专题为核心的作文单元。同时,也注重训练并讲究训练程序。如"高中作文指导"一册的训练安排(供一学期使用)共 13 次:1.移步换形;2.寓情于景;3.分类说明和引用说明;4.定义说明和数字说明;5.比喻说明与拟人说明;6.叙述、议论、抒情相结合;7.如何在生活中选材;8.材料的剪裁与组织;9.主题的确立;10.论点的提炼和提出;11.记叙的线索;12.细节描写;13.书信。① 每次训练又由四个部分组成:训练目的(明确用意所在);知识提示(给以理性启发);练习题目(导入实际操作);例文指导(使练习者有所依傍)。

以上安排,从全学期、从每次训练,均以写作知识引导,进而落实训练。并体现了明显的训练系统。

三、"三级"训练体系

"三级"训练体系,也叫"三基"训练体系。是以观察、分析、表达三种基本能力,分三个阶段为序的训练体系,也称"作文三级训练体系"。

观察、分析、表达,原是写作任何文章所要经历的自然过程,体系的设计者把它引进作文训练的过程。为了有效地进行训练,把这三种基本能力的训练,处理为相对独立的三个教学阶段,并规定明确的训练目标,安排具体的训练内容,选用相应的训练方式与方法,形成一种富有特色的、行之有效的训练体系。这是一个新型的初中阶段的作文训练体系,对高中阶段的作文训练也有重要启迪。

---

① 参见于亚中主编:《高中作文指导》第一册,东北师范大学出版社 1986 年版。

整个体系共分三级六段四十四步。

第一级训练（初中一年级），着重培养观察能力。分两个阶段：一是一般观察训练，分九步；二是深入观察训练，分九步。采用写观察日记的训练方式，侧重练习记叙、描写。训练的方法，是交替进行定向观察与机遇观察的练习。

第二级训练（初中二年级），着重培养分析能力。分两个阶段：一是分析起步阶段，分八步；二是分析入门训练，也分八步。采取写分析笔记的训练方式，侧重练习说明、议论。训练的方法，是交替进行命题分析与选题分析练习。

第三级训练（初中三年级），着重培养表达能力。分两个阶段：一是语感训练，分五步；二是章法训练，也分五步。采用写随笔的训练方式，侧重练习语感与结构章法。训练方法是，交替进行借鉴性表达和创造性表达练习。

在教学过程中，这三个阶段，既相对独立，又有联系、交叉。每个阶段又分别设计若干单元和一系列具体训练项目。既有理论知识，又有可资借鉴的例文，也有相应的练习设计与指导，使之形成一个较科学的训练系统，并在反复实验的基础上，编成训练教材。该体系在训练的课型上，也作了探索，主要有：讲练型、读议型、答疑型、评议型、示范型、交流型等。也摸索了作业处理的方法，即程序编码积分法。

这个体系的设计者，是北京月坛中学的刘朏朏与首都师范大学中文系的高原。从 1977 年创设以来，一直广泛受到语文界的重视，参加实验的已有两千多个教学班，分布全国各地。这是目前国内影响较大，并颇有成效的一种训练体系。

四、"双分"训练体系①

即分类集中分阶段进行语言训练的体系。设计者着眼于应用,把听、说、读、写四种语文能力中的"写",视为主要矛盾,并以之为中心组成训练序列。把作文能力分为三大类,每类又划分若干阶段:一是记叙能力,又分为状物、记事、写人三个训练阶段;二是说明能力,分为特征说明、结构说明和过程说明三个训练阶段;三是议论能力,又分为一般论述和特性论述两个阶段。

每个训练阶段再划分若干单元,每个单元由一二个训练点组成。整个初中阶段共 108 个训练点,每个训练点都配有相应的例文,形成读写结合的细胞。通过系统训练,做到点点落实,点点相连,使学生一课一得,得得相连。

这个训练体系通过反复实验,已编写出版了一套训练教材,摸索了一套与之相适应的训练方法,积累了较丰富的经验。目前实验正不断向纵深发展。即在重视语言训练的同时,日益重视思维训练,并运用新的方法论作指导。这表现在编排教学单元之时,还注意使之符合事物发展和学生的认识规律。每一个作文训练点的基本结构如下图:

---

① 这一体系的设计者是华东师范大学附中的陆继椿。

这里每个训练点，从"课文"到"作文"，都有两个检索过程，即对学生的思维进行训练的过程。

这也是当前国内设计科学、成效显著的一种作文训练体系。

五、"分格"训练体系

"分格"训练体系，即作文基本能力分格教学的训练体系，也叫写作基本训练分格教学法。它以提高写作能力为目的，将写作内容、写作知识与写作技能分解成"点"，再将"点"由浅入深地组成"线"。这种"点"，在写作中称作"格"，是作文教学的最小单位。已编成的分格训练教材共分五条线：即观察线、分析线、想象线、表达线、语言线。每条线又由具有规格性、规范性的"格"集结而成。全套教材共设计了265个格。如观察线，就由"五味辨析"、"七情辨析"、"十景辨析"共二十余格组成。

这样，以格为基础，连格成线，再连线成面，形成分格法的布局，组成了训练的体系。

上述作文训练体系，只是目前众多研究、实验中的一部分，又多是完成初中阶段的教学设计，并还要在实践中不断完善、发展。

作文教改的实践告诉我们，作文能力是一个含有多种因素的复杂结构，其中的每一个方面，都要多次反复与循环，方能奏效。因此，要充分认识建立作文训练体系的复杂性与艰巨性，进一步寻求提高作文教学的客观规律，努力实现作文训练的科学化、系统化。

本章四至六节小结

一般写作的过程，分为准备、行文、修改三个阶段。

学生作文的过程，可分为四个阶段：准备、构思、起草、修改。

准备阶段,主要是作文前的准备,即作文材料的积累、认识与体验的储备。材料积累,一是平时积累;一是临时准备。构思阶段,是对作文的整体设计,主要任务有:确定中心、选取材料、安排结构、考虑写法等。确定中心,即立意。"意"对材料起统摄作用,即"意犹帅也";对方法与语言起支配作用,即"以意役法","意能遣辞"。立意的要求是:简明、集中、新颖、深刻。起草阶段,是将构思的内容,用语言文字表达出来。修改阶段,主要是对初稿的内容、结构、语言等进行修改。美、英学者研究的作文教学过程和美国新兴起三阶段写作进程。

研究学生作文过程有多方面的意义:一是有助于正确理解作文能力的构成要素;二是有助于设计较为科学的作文教学过程;三是有利加强对作文训练的全程指导。

作文教学过程是学生在教师指导下,培养写作能力、发展智力、提高思想修养和审美情趣的过程。

传统的作文教学过程由命题、指导、批改、讲评四个阶段组成。国外较流行的作文教学过程是写前指导、写中指导、写后指导三阶段。

当代较科学的作文教学过程,充分考虑教与学两个方面。一次作文训练包括定题、准备、写作与评改四个阶段。定题阶段,应注意命题的依据:联系阅读教学,联系学生实际,联系社会生活;准备阶段,包括教师的写前指导和学生的写前构思两个方面;写作阶段,教师切不可放松指导;评改阶段包括作文的批改与讲评。

作文训练的体系是作文教学科学化的标志之一。目前普遍使用或影响较大的训练体系有:文体训练体系,知能训练体系,"三级"训练体系,"双分"训练体系,"分格"训练体系等。

下编　语文教育文选

一、散文美学观的多向拓展

——郭保林散文论①

郭保林是位富有创新意识而实绩丰硕的散文作家,近年来在人民文学出版社、作家出版社等相继出版了五个散文集。他在散文创作中,注意更新美学观念,"锐意追求新的突破"②,多向拓展了散文的美学境界,对打破散文长期以来封闭的思维模式,促进散文创作审美意识的思维开放作了可贵的探索。

一

郭保林散文美学观的拓展,首先是审美视野的扩大和开放——摒弃狭窄封闭的散文审美模式,致力于多层审美空间的营造,对"单一性"的积弊进行疗治和审美突破。这种审美突破,是对散文美学观念的一种根本性变革。打开郭保林的散文,可以发现,他的审美视野,不仅立足于齐鲁山川,骋目于五洲四海,吞吐于时代风云;而且也探幽于人世义理,坦言地披露内心隐秘,公开自我人格,将审美视角深入到社会、人生、自然、宇宙和人的深层

①本文系著者与曹明海合作撰写。
②鲍昌:《郭保林散文集〈五彩树〉序》,中原农民出版社1990年版。

意识的各个层面，全方位地审视社会、人生和自然世界的底蕴。特别是他的散文多采用俯视的审美角度，将镜头对准湖水、海洋、草原、奇峰、蓝天、森林、太阳等景物形象，重彩浓墨地挥洒出一幅幅磅礴浩荡的山水画卷，具有一种广阔深远、任情吐纳的气概与胸襟，表现出撼魂动魄的力量，潜涌着澎湃豪放的激情。因而，郭保林艺术地构筑起了一个蓬勃的散文世界。

　　这种散文审美视野的开放与拓展，从表象来看，是审美界域的展衍，其实不然，其实质上是作家在新的审美价值观念的导引下，对审美取向关系所作的一种调整——倾听时代和生活的审美要求和呼唤，自觉地从人、社会、自然和民族传统、世界文化中汲取生命之泉，培养自己健康的开放的审美个性，以获得审美创造的内在自由性，进而强化散文对于社会和人生的审美感应力。如《我寄情思与明月》的审美分量，为什么能够超出一些描写"月是故乡明"的乡情散文？就是因为从作者的"这里有生息与繁衍、挣扎与拼搏"，"是我们古老民族煌煌历史巨著沉甸甸的一页"。在这种独特的审美发现中，可以触摸到郭保林那颗深怀"重重的乡情"和"沉重的使命感"，与故乡的苦难历史共反思的颤动心灵。散文集《青春的橄榄树》①中那些描写少男少女爱情的篇章，为什么能比不少写爱情的作品的境界美高出一筹？就是因为在明快纯净的笔墨中潜涌着当代青年男女所寻求的那种"博大深沉的爱的旋涡和波涛"，"使得真实的人性人情更加完善"。这正如著名评论家荒煤所指出的："保林的散文，有一个很大的特点，就是他能在祖国大地上自由地驰骋、奔腾，把祖国的江河、大海、森林、高山、平原、乡村沐浴在朝阳与黄昏、春色与秋光中无比丰富多彩的

①郭保林著：《青春的橄榄树》，人民文学出版社1991年版。

种种形态,用浓郁的情感,自由奔放的诗的语言描绘的那样美,打开人们的心扉,激发人们去玩味、思考,让自己的心灵在祖国大地上自由地遨游飞翔。"①由此来看,郭保林散文审美视野的这种扩展,显然并不是审美界域的简单伸衍,而是在新的审美价值观念的导引下,对审美取向关系的一种调整。通过这种调整,实现了散文审美选择的多面化、审美视野的开放化,使审美触角深深地探入外界的现实,探入社会生活和宇宙人生的各种审美领域。

　　作家审美视野的这种开放和拓展,打破了镜映式的摹写生活、生硬的点染升华和单义象征的审美模式,能够强化作品美学意蕴的多层性、多义性和丰厚性。因为作者不仅可以把审美视角对准人生世相,风土人情中的社会文化积淀,还能够站在历史、时代和宇宙人生的水准线上加以深层性的审美透视,在自然图景和世态人事的画面观照中融注浓郁的文化批判精神、民族历史意识、现代文化精神和宇宙人生的情怀。《郭保林抒情散文选》②中所展示的故乡风景画、风俗画,既氤氲着湖光水色,又渗透着浓厚的社会文化内容,既有地方特色和民族特色,又有历史和现实的烙痕。《有一抹蓝色属于我》③中描绘的大海景观,充溢着"青春的蓬勃",跳跃着"永久生命的脉搏"。那滚涌的潮是"无私的燃烧"、"生命的火焰";那起伏的浪是"热烈的追求"、"执着的信念";那雄壮的涛声是"蓝色的呼唤"、"英雄的呐喊"、"生命的音符"。在作者的笔下,大海景观与宇宙人生叠合,自然图景与个人沉思

---

① 荒煤:《〈青春的橄榄树〉——读〈郭保林抒情散文选〉》,《光明日报》1991 年 12 月 10 日。

② 郭保林著:《郭保林抒情散文选》,陕西人民出版社 1992 年版。

③ 郭保林著:《有一抹蓝色属于我》,作家出版社 1991 年版。

交织，外物的美与内在的美融注，于自然、人生、宇宙与生命的艺术同构中生发出一种深层意蕴，流露出对人生世故的关怀，饱含着对生命价值和人生真谛的诠释。

二

　　弘扬审美个性意识和心灵的开放，也是郭保林散文美学观拓展的一个重要方面。他打破过去那种隐蔽心灵和伪饰情感的自我封闭模式，注重吐我之情，言我之志，从而披露自我人格，传达出对人生和社会的审美见解，以自己真切的心声感应读者。可以说，郭保林的散文是"血和感情的燃烧"，是激越奔放的"心灵的咏叹"，不管是对茫茫的北国草原、壮丽的沂山蒙山、神奇的大海景观的抒写，还是对沂蒙风情、鲁西民俗，以及幽微"爱情"的描述，都是在一系列人事景物的描绘中饱蘸着作者对自然和社会的关怀。

　　郭保林散文的这种美学品格，显然是一种审美个性意识的弘扬和审美心灵的开放。它具有两个鲜明的审美特征。一是在主体意识定点上进行人、事、景物形象的描述，使人感到在各种景物形象的背后流淌着一种浓烈的纯情，一股无形涌动的"情绪流"，把深层性的内心情绪消解溶化在景物表象的气氛之中。如《远方的诱惑》描写女主人公——一个山里少女"深深地爱上了海"。作者写她幻觉中的海、想象中的海、梦境中的海；写傍晚波动的峡谷雾霭，满眼的山的浪涌；写夜色中各种抚慰人心的缥缈形态、感觉；写黑黝黝的山、重重叠叠的山、沉重的山的景象。这些景观真实而又奇幻，撩人情怀而又发人深思，显然是作者复杂的内心情绪折射出来的产物，是作者心灵的意象，是情绪的物化、具象化。

它表现了女主人公对"海"的向往与憧憬,对宽阔博大、蓄含已久的爱的追求,对凝固、滞涩、闭塞的现实生活的一种怨怼和愤懑,隐含着深沉浓烈的感情内容,跃动着一颗爱的心灵。应该说,郭保林的散文显然是一种主体审美意识的弘扬,一种心灵的开放。二是任凭主体意识的自然流动,具有一种兴致意足的美感效应。如《海之月》是写在海滨小城"到海边赏月"的思绪,作者眼观暮色苍茫、朦胧、混沌的海面,不禁神游四海,想到英国声震遐迩的画家透纳为大海画的"许多肖像画";看到初升的海月,想到"月的感情",想到城市"楼群挤瘦的天空",想到古人"咏月的诗篇"。但思绪没有伸延下去,而是随着"回到友人家里",海涛入室把"我"送进绮丽的梦而止。《远方的海》却与此不同,冲动是亢奋的,感情是强烈的:"博大汹涌的海,那闪烁不安的灵魂,像巨大的鸟,拍打着有力的翅膀,向我扑来,一下子包围了我的心",使"我"的叹息和泪水被"无情地淹没","波涛充溢在我整个心灵的空间","让我欢乐,让我狂放","让我身临其境中又难以领悟全部内涵"。可见,郭保林的散文所以别具风采,就在于他弘扬审美个性意识,使其散文具有了"个性美",成为闪耀着个性光华的心灵的宣言。

三

　　郭保林散文美学观的拓展,还有一个显著的表现,就是具有独到的审美发现——即对散文美学意蕴的创造,能够打破"概念"化的诠释审美模式,不是人云亦云的"点染和升华",而是对生活和人生进行美学观照的独特的审美发现和认识。如散文集

《五彩树》①和《郭保林抒情散文选》中那些写乡情的篇章,不只是
乡土民俗画的描述,而是民族性格和文化精神的发掘,闪耀着一
种挣扎、拼搏、创造的生命火焰,"引燃别人的心灵"。如《八月,成
熟的故乡》,既挥洒了庄稼人往昔的辛酸,又抒发着他们今日的欢
乐。多少年来在贫困、落后、愚昧中挣扎的庄稼人,开始了解外面
世界的变化,在精神上被蹂躏了半生的旷男怨女,竟也开始自由
恋爱。作家透过这幅令人动情的生活图景,"仿佛看到故乡正迈
着艰难而执着的步子,从古老的柴扉和阴暗的茅屋中走出来,从
呆滞和愚昧的云层中走出来,从小四合院的禁锢和木犁弯曲的垄
沟里走出来,走向霞光腾飞的早晨,走向阳光灿烂的未来"。作家
把生活中的审美发现和心灵体验的独到感悟引发于笔底,使深沉
的感情以及从中迸涌出的哲理,构成了作品丰厚的审美意蕴,给
人以无限的遐思和美的享受。

　　郭保林散文意蕴的这种发现性审美特征,闪动着超俗的思想
光焰,具有创造性的精神审美价值。因为他的这种审美发现都是
与审美创造紧密相联系的,是与新鲜的理念、智慧、精神境界结合
在一起的。这种发现,就是"言前人所未言,发前人所未发",表现
了作家对生活的独特感悟。在散文创作中只有富于这种审美发
现,才有可能创构作品美学意蕴的深层境界。当然,郭保林散文
意蕴的这种发现性审美特征,并不都是对全新的审美发现和认
识,也包括从司空见惯的事物中所作出的审美开掘。如散文集
《有一抹蓝色属于我》中那些描写大海的数十个篇章,对审美意蕴
的创造有不少就是化庸俗为神奇的审美发现。面对古往今来,众
多文人墨客抒写大海的名篇佳作,郭保林没有却步。面对大海这

---

① 郭保林著:《五彩树》,中原农民出版社 1990 年版。

个被多面发现的世界,郭保林并没有气馁,而是洋洋洒洒十几万字,以其独到的审美发现,揭示了大海层出不穷、绝无底蕴的奥秘——从物我同构的审美角度,写"海之梦"、"海之歌"、"海之月";写海滩、海潮、海神、海岛;写海的夏天、秋光、春色。他笔下的大海是人化的大海,被赋予人的思想和性格,揭示了海的生命真谛。请看《海之梦》中的描写:"礁石被海浪猛烈地撞击着,沉重而又浑厚,海却不慌不忙地后退,引诱我走向它逗留的地方。无数发青的鹅卵石躺在一边,质地和礁石相似,海谦逊地从滑油油的石块上退去。但海深知自己的胜利,它早在那些棱角全无的石头上,留下了力量的痕迹。""浪花,一团团,一簇簇,在我身边飞扬,激溅,跳跃,歌唱,那是海的思绪么? 是海在呼唤我么? 我真想采撷一朵盛开的美丽。但是浪花在空中化为粉末,粉末颤栗着,痉挛着,又回到大海的怀抱,于是又开始了新的歌唱,绽开了灿烂的青春。"这是一曲大海生命的赞歌。作家赋予大海以灵性,使它具有了人的渴望与希冀,从中也可以窥见作者的理想与寄托、生命与灵魂,这是一种物我同构的美学境界。这种美学境界超尘脱俗,隽逸清丽,是作家化习见的事物为神奇的一种审美发现。如果没有这种审美发现,拘泥于概念化模式,作品就不会有这样令人振奋的生气与活力。

（原载《东岳论丛》1992 年第 4 期）

二、破除封闭性语文教学刍议

近年来,我国思想界开展了对传统文化的反思和再评价,语文教学界对传统语文教学也进行了多角度多层次的研讨。实践证明:要把语文教改引向深入,有效地提高教学质量,就必须认真研究并彻底破除传统语文教学的消极部分及其影响,即语文教学的封闭性。本文试图就封闭性语文教学的有关问题作一些粗浅的论述,以期引起同行们的进一步探讨。

一

在全国教育工作会议上,万里同志明确指出:"我国陈腐的传统教育思想和教授方法,可以说是一种封闭型的教育思想和教学方法。""如果不彻底改变这种教育思想和教学方法,即使国家增加很多经费,仍然培养不出大量的适应新时代需要的新型人才,特别是第一流的人才。"这就深刻地指出了传统教育的弊端,以及破除它的迫切性与必要性。我国的教学史,从某种意义上说,就是语文教学史。语文教学与其他学科的教学相比较,所受传统教育中消极部分的影响也就更深更广。新中国成立以来,语文教学曾多次进行改革,也取得了某些成效,但不论从宏观上审视,还是从微观上考察,语文教学的封闭性仍严重存在,其主要表现有:

在教学思想上,表现为教学目的上的唯一性与教学过程中的唯师性。由于片面追求升学率和教学评估失当的影响,尽管中学教育也提双重任务,但实际上,语文及其他有关学科的教学,仍把升学当作唯一目的。教学不是为了学生将来的实用,而是为了应试。因此,钻研教材、设计教学、组织训练等一切教学活动,几乎都是为升学时的 150 分钟服务,使广大教师和学生,甚至各级教研人员不得不把主要精力都集中到升学这一点上来。这就势必严重影响对语文教学理论的研究和语文教学改革的全面展开。

教学是一个由多种因素构成的动态结构,教与学的关系本应和谐统一、各得其所。但封闭性语文教学的全过程则是唯师是从、唯书是从。从课堂教学到课外活动,从课文的讲析到作业的批改,教师都是处于中心地位,起着主宰的作用。而作为接受知识主体的学生,却处于被动地位,被动地接受着教师所灌输的知识,在课堂上很少有参与语言实践活动的机会。这对学生来说,既学不到系统灵活的知识,能力也得不到应有的培养和提高,而智力的发展,也必定受到严重的影响。

在教学内容上,表现为教材的单一性与内容的陈旧性。新中国成立以来,我们一直使用统编的综合型教材进行语文教学,这固然有统一教学内容与考核内容之便,但在我们这样一个疆域辽阔、人口众多、经济文化千差万别的国家,只使用一种教材显然是有局限性的。另一方面,现行的教材虽几经修订,其科学性、系统性有了明显的加强,但仍存在着题材狭窄、内容较陈旧、体系松散等缺陷。所选课文虽不乏名家名篇,但反映当代生活的文章过少,这就容易使教学脱离现实生活。人们把统编教材比作一座庄严肃穆的殿堂,尽管也不乏其艺术价值和认识作用,但缺乏时代生活气息,很难反映现代科学文化的先进水平。这便使语文教学很难与现代社会的发展同步,也容易导致读写活动脱离学生的实际,影响学生对知识的积累和视野的开阔。

在教学方法上,则表现为教学渠道的残缺性与教学方式的灌输性以及思维训练的限制性。语文教学的重要原则之一是课内与课外的有机结合。而现行的语文教学,则往往是只管课堂不抓课外。教师的主要任务是备课、上课,对课外读写指导,则很少纳入议事日程。近年来,第二课堂活动正在展开,但发展极不平衡,未能发挥应有的作用。在课堂教学中,满堂灌、注入式的现象还相当普遍。随着语文教改的展开,有人把满堂灌变满堂问,盲无目的、漫无边际,学生同样所得甚少。思维训练已引起许多教师的重视,并在实践中积累了一些宝贵的经验。但不少教师在课堂上虽有设计的提问,也给学生质疑问难以及议论发言的机会,而实际上是教师按自己的主观设计控制学生的思路,引导学生逐步纳入既定的轨道,得出既定的结论。这只能限制学生思维能力的发展。至于质疑问难、议论发言,则多是流于形式,既无精心的设计,也无巧妙的引导,只是热闹一阵,学生的思维能力并未受到真正的训练。

语文教学的封闭性还表现在,教学中重视书面语言的训练,轻视口头语言的训练,忽视对非智力因素的培养与开发等等。语文教学封闭性的原因,是与传统语文教育中消极部分的影响分不开的。从历史渊源上考察,我国是一个古老的封闭性国家,封建小农经济是它的经济基础,传统的语文教育便是在这样的社会制度之中、这样的经济基础之上形成发展起来的。而长期以来与外界隔绝,缺乏应有的交流,又使封闭性的传统教育一直受不到冲击。封闭性传统语文教育的本质特征是凝固、僵化。它的教学目的、教学内容和教学方法,无不脱离社会和人民的需要。从现实来看,我国的经济还处于开始腾飞的时期,教育体制还存有弊端,办学思想还不甚端正,这必定影响到语文教改的发展。从教学本身看,不少语文教师的文化素质比较差,信息闭塞,知识面狭窄,思路不开阔;教学思想上重知识、轻能力,重教师、轻学生,重课内、轻课外,教学评估往往只看分数和升学率,很少研究教学实际效果。总之,主要是由于观念的陈旧、思维的闭塞,形成语文教学的封闭性,阻碍着语文教学的深入改革。

二

　　近年来,许多语文教育工作者进行了深入的理论研究和大量的教改实验,取得了喜人的成果和可资借鉴的经验,他们在破除封闭性语文教学的道路上迈出了坚实的一步。其主要经验是:

　　1.明确培养目标,树立新的人才观

　　明确培养目标,就语文教学而言,即明确本学科的教学目的。这不仅教育部门、教学大纲要有明确的规定,每一个教师也必须真正了然于心,并用以指导教学实践。"教学的目的是教给学生符合需要的学问。……教学成功的唯一正确标准是教师使学生获得符合需要的学问的程度。"①这就是说,语文教学应当教给学生适应现代社会生活所需要的知识与能力。这就要彻底改变那种为升学而教、为升学而练的局面,把注意力用在学生未来工作、学习、生活的需求上,努力完成新修订的中学语文教学大纲所规定的目的任务。树立新的人才观,即要认清我们的时代需要培养

---

① [美]L. H. 克拉克、I. S. 斯塔尔:《中学教学法》(上册),北京:人民教育出版社,1985 年版,第 3 页。

什么样的人。《中共中央关于教育体制改革的决定》在列举了现代社会及未来发展中所需要的各种人才之后指出"所有这些人才,都应该有理想、有道德、有文化、有纪律,热爱社会主义祖国和社会主义事业,具有为国家富强和人民富裕而艰苦奋斗的献身精神,都应该不断追求新知,具有实事求是、独立思考、勇于创造的科学精神"。这就是我们的一代新人所应具有的思想道德素质和知识能力结构,也就是我们应当确立的新的人才观。语文教育工作者必须清醒地认识到这一点。只有这样,才能冲破封闭性语文教学思想的束缚,明确本学科在培养一代新人的任务中所应承担的责任,并以此指导自己的实践,使教学与科研具有明确的方向性。

2.学习现代教育理论,确立新的教学观

语文教学改革,从某种意义上讲是一项系统工程。要破除封闭性语文教学,取得教改的成功,必须有理论的指导。这就要学习唯物辩证法,用辩证唯物主义的观点方法指导语文教改。还要学习现代教学论。现代教学论具有影响的代表人物,诸如布鲁纳、赞可夫、根舍因等的共同点是:重新处理教师、教材和学生的关系,强调学生的主体地位;教学从单纯传授知识转变为重视培养能力、开发智力,教学工作的重心由侧重研究教法转为同时注意研究学法;教学走出狭隘的课堂,与社会、科技、生产活动建立联系。与此同时,还要十分重视学习我国近现代著名教育家关于语文教学的精辟论述。如梁启超先生提倡单元比较和讨论式讲授法,认为"善于教人者是教人以研究的方法"①。叶圣陶先生有

---

① 梁启超:《教授法》,转摘自福建教育学院语文组编:《语文教学研究资料》(1),第59页。

一句名言,可概括其整个教育思想,即"教是为了达到不需要教"。他主张语文教学的"最终目的为:自能读书,不待老师讲,自能作文,不待老师改"①。这些见解,都是值得吸取的。

　　确立新的教学观的基本点是:一是确立加强基础,培养能力,发展智力的观点。语文教学不仅传授文化知识,而且要把培养新型人才的基本素质作为自己的任务。二是确立教师为主导,学生为主体,二者和谐统一的观点。教师的主导作用就在于教会学生学,而学生则应是学习过程中的主体。三是确立师生间多向多层活动的观点。教学活动实际上是一种信息传递活动,师生间的信息反馈应是多向的、多层的。

　　3.改变单一型的教材,形成"一纲多本"的新格局

　　如前所述,新中国成立以来,中学语文教学除50年代的《文学》、《汉语》分科型教材外,主要是使用人民教育出版社编写的综合型的教材。实践证明,这种长期使用一种教材的局面应当改变,即根据新修订的语文教学大纲的精神,逐步形成"一纲多本"的新格局,以适应形势发展与培养新型人才的需要。新大纲规定了课文的基本篇目(共190篇),并允许各地教育部门根据实际情况,可以抽换教材中的非基本篇目,也可自编补充教材。而人民教育出版社编写的《阅读》、《写作》分科实验教材,经过一个周期的实验,已决定今年暑假后公开发行,供各地中学自行选用。国家教委关于中小学教材编审会议决定:今后教材的编与审分开,鼓励集体或个人根据新大纲自行编写教材,经审定,向社会推荐。可以预期,各种体系,各具特色的语文教材相继问世后,必将迎来

①叶圣陶:《语文教学书简》,见《叶圣陶语文教育论集》(下),北京:教育科学出版社1980年版,第717页。

教材改革的春天,对语文教改也将是一个推动。

4.深入改革教学方法,探索教学过程的最佳途径。"教学方法是教师为达到教学目的而组织和使用教学技术、教材、教具和教学辅助材料的方法。"①达到教学目的,应是教法改革的出发点和落脚点。而方法的基本问题是选择,因为没有任何一种方法能适应各种教学情境。为破除封闭性的教学方法,应做到:教师应认真研究教法,但同时要十分重视学法的研究,要培养学生的自学能力与自学习惯;要坚决废除注入式,实行启发式,要让学生在语文训练过程中,积极主动地陶冶性情,获得知识,培养应用能力,训练与发展思维能力;重视第二课堂活动的开展,并与课堂教学有机地结合起来;课堂教学结构的研究已取得某些进展,还应进一步探索语文教学过程的最佳途径。

最后,破除封闭性语文教学还应切实注意以下几点:一是应致力于教学观念的更新,力戒一味追求形式,花样翻新,而忽视对实质性问题的探讨。二是为适应培养新型人才的需要,语文教学一定要创新,但研究语文教改,决不能割断历史,要有分析地继承与发展传统语文教育中的精华部分。三是国外行之有效的语文教学经验、理论,我们要学习、借鉴,但一定要和我国的实际相结合,决不能盲目照搬。50年代照搬苏联的教训应吸取。近年来,提高难度、教材逐级下放的做法已逐渐暴露出弊端,并正在改变,而最近兴起的语文测试标准化的热潮,也似应持更为审慎的态度。

（原载《山东师大学报（社会科学版）》1987年第6期）

---

① ［美］L. H. 克拉克、I. S. 斯塔尔:《中学教学法》（上册）,北京:人民教育出版社,1985年版,第6页。

三、通讯教学的几点体会

通讯是报刊、广播中常用的一种战斗性很强的新闻体裁。它具有反映形势及时紧密、写人记事真实生动、写法灵活多样等特点,如果按其报道的内容来划分,可分为人物通讯、事件通讯、经验通讯、概貌通讯和国际通讯等几种类型。通讯在中学语文教材中占有一定的比例,其中主要是人物通讯和事件通讯。搞好通讯教学,对于提高学生的阶级斗争、路线斗争和继续革命的觉悟及阅读、写作能力都有很重要的作用。本文拟就中学通讯教学谈几点粗浅的意见。

伟大领袖和导师毛主席在论述文艺批评的标准时指出:"我们的要求则是政治和艺术的统一,内容和形式的统一,革命的政治内容和尽可能完美的艺术形式的统一。"这一光辉指示,对我们进行通讯教学也是完全适用的。通讯的内容决定形式,而形式又是为内容服务的。因此,在通讯教学中,教师应引导学生掌握通讯所反映的事件的思想意义,英雄人物的崇高品质,明确文章的主题思想;同时也要分析作者运用了哪些表现手法,及其对叙述事件、刻画人物、突出主题的作用。这样,才能使学生既能受到思想教育,又有助于提高学生的读写能力,全面完成通讯教学的任务。

一、分析人物形象使学生受到感染和教育

通讯有的侧重写人,有的侧重写事,但都离不开写用毛泽东思想武装起来的人。因此,通讯教学要着力分析人物形象,使学生对英雄人物的思想言行有清楚正确的认识,对英雄行为的力量源泉有深刻的理解,从而引导学生学英雄的榜样、走英雄的道路、创英雄的业绩,做又红又专的无产阶级革命事业接班人。

怎样分析通讯中的人物形象呢?

1.分析英雄人物的先进事迹,讲清英雄的崇高思想和成长道路

通讯中的先进人物,是通过一系列的先进事迹来表现的。因此,在通讯教学中分析人物时,首先要分析人物的先进事迹,使学生了解他们做了哪些好事,从而对先进人物的光辉形象有具体的认识。但这还不够,还必须引导学生了解他们为什么会做出这些好事来,即把英雄人物的先进思想揭示出来。这样才能用先进人物的思想武装学生,使他们像英雄人物那样学习、工作、生活。例如《为人民鞠躬尽瘁》一文,主要记述了杨水才同志生命的最后一天的活动,他从清晨带病走出他的小屋,给大队学习毛主席著作辅导员作辅导报告,到深夜和学校的教师们座谈学习毛主席著作的体会,连续工作了十八个小时之后,还要继续学习工作,这是何等顽强的意志、惊人的毅力啊! 教师在分析杨水才这个英雄形象时,不仅要逐一地分析这些感人至深的动人事迹,更要引导学生体会杨水才同志"小车不倒只管推,只要还有一口气,就要干革命"的光辉誓言,从而深切理解他的一不怕苦、二不怕死,为人民鞠躬尽瘁的共产主义精神。

在分析先进人物时，还必须深入揭示其先进思想的形成，使学生明确学英雄的根本所在，更好地沿着英雄的道路前进。如在教学《革命青春红似火》一文时，教师不仅要分析欧阳海同志在千钧一发的紧急关头舍身抢救列车的惊天动地的英雄行为，使学生受到强烈的感染，而且要分析欧阳海同志孜孜不倦地学习毛主席著作的决心和毅力，还要从整理烈士遗物时发现封面火红火红的那本笔记簿这个细节，使学生认识到正是伟大的毛泽东思想这个真理的火炬，点燃了欧阳海的革命青春，用生命和鲜血创建了气贯长虹的英雄业绩。学习欧阳海，就要像他那样刻苦认真地读毛主席的书，自觉地用毛泽东思想武装自己的头脑。

在分析人物时，还必须引导学生正确认识先进人物关键时刻舍身忘我的英雄行为和平时自觉磨炼的关系。学生对英雄人物气壮山河的英雄行为是无限敬佩的，但对这种行为的产生，并不一定能够深切了解。因此，教师一定要帮助学生真正认识到，英雄人物关键时刻的献身精神，正是他们在平时生活工作中一心为公精神长期磨炼、积聚的结果。欧阳海同志舍身抢救列车的英雄壮举绝非偶然，从他平时以顽强的毅力勇于攀登思想理论高峰的情景，以及他在拥政爱民活动和回乡探家时的表现，还有他对世界革命人民斗争的鲜明态度，便不难得出答案。所以，教师应教育学生，学习英雄就要像英雄那样，在日常生活工作中脚踏实地，严格要求自己，自觉地进行磨练。

同时，还要在分析矛盾斗争中揭示人物的精神面貌。先进人物都是在尖锐复杂的矛盾斗争中锻炼成长起来的。先进人物的先进思想，也只有在矛盾斗争中才能展现出来。所以在分析人物形象时，要注意分析先进人物所处的客观环境和面临的种种矛盾与斗争。

2.抓住英雄人物的典型语言和描写英雄行为的主要词句,深入分析英雄人物的崇高思想境界

通讯中的先进人物,是通过他自身的语言和行动来表现其先进性的。特别是先进人物自己的典型语言,最能反映他的崇高思想境界。许多好的通讯正是这样写的。如无产阶级的优秀战士王国福,一看到旧北京市委推行的"包产到户,定垄到人"的黑货,立即气愤地说:"由大到小,由小到户,不成单干了? 这是死路一条,万万走不得!"表现了王国福高度的识别真假马列主义的能力和坚定地走社会主义道路的立场。再如他平常说的"俺们当干部的,一把草也得见见斤"、"一分钱要掰成两半花"、"干革命就不怕掉肉",生动地体现了他一心为公、艰苦奋斗的崇高品质。至于他那"拉革命车不松套,一直拉到共产主义"的豪言壮语,更是充分体现了他脚踏实地,勇敢坚定,一心奔共产主义的彻底革命精神。教这篇通讯时,就应抓住这些语句深入分析,启发学生反复领会。在《革命青春红似火》一文中,对欧阳海舍身救列车的英雄行为有一段极为生动的描写:"在这千钧一发的刹那间,欧阳海箭步飞身,抢上路心。只见他那湿漉漉的雨衣,呼啦啦地飘起,高高地扬向天空,他面不变色心不跳,把战马推离了轨道……"这气壮山河的英雄行为是多么惊心动魄、可歌可泣啊! 教师分析时,便应抓住"箭步飞身"、"抢上"、"推离"等动作描写,使学生对欧阳海的英雄壮举有真切形象的了解,并进而体会他关键时刻"甘洒热血为人民,脸不变色心不跳"的共产主义精神。

3.分析心理描写和侧面描写

心理描写是指对人物在一定环境中思想活动的描写,它对揭示人物的思想基础和力量源泉,刻画英雄人物的精神境界有重要作用。教师分析心理描写时,要与人物的语言、行动密切联系起

来,使学生不仅了解人物怎样做和怎样说,而且弄清为什么会那样做和那样说,从而把握人物的内心世界。如《谁是最可爱的人》一文,记叙志愿军战士马玉祥冒火抢救朝鲜儿童时,就采用了心理描写的手法。作者先描写了当时的情势,然后通过马玉祥的自述,写出了他当时的心理活动:"我想,要在祖国遇见这种情形,我能够进去,那么,在朝鲜我就可以不进去吗? 朝鲜人民和我们祖国的人民不是一样的吗?"教学时应具体剖析这段自述,使学生认识到这就是他"踹开门,扑了进去"的思想基础,也展示了马玉祥这个具有高度爱国主义思想和无产阶级国际主义精神的优秀战士的内心世界。

侧面描写是通过描写周围人物对英雄人物的评价、反映,来间接烘托英雄人物的思想性格。这种描写能够反映英雄人物与群众的密切关系,揭示英雄行为的本质意义,突出英雄的高大形象。如当水道杨的贫下中农、公社干部、农中师生听到杨水才同志逝世的噩耗后,他们哀痛地说:"水才呀,水才! 你算是为咱水道杨的贫下中农操尽了心,用尽了力,你最后一口气也用到咱的身上……"这段侧面描写,是通过群众之口高度评价了杨水才同志为人民鞠躬尽瘁的共产主义精神,也反映了他同广大群众的亲密关系。教学时应予注意,不可忽视。

通讯教学中的人物分析,还应包括分析作者的议论和抒情、肖像描写、细节描写以及景物描写等。

二、讲清写作特点,帮助学生掌握通讯的写法

写作特点是指文章的表现手法或表现形式。分析写作特点,不仅对深入理解文章的思想内容有很大作用,而且是加强语文基

础知识教学和基本技能训练,提高学生读写能力的重要环节。这里着重分析一下通讯的表达方法。

通讯的基本表达方法是叙述,也可以有较多的描写,还可以有一定的议论和抒情。

叙述,是对人物和事件的说明和交代。根据作者与叙述对象的关系,可分别采用第一人称或第三人称。按照叙述次序的不同,可分为顺叙、倒叙和插叙。在通讯中,这些叙述方法往往是综合运用,在教学时应作具体分析,并使学生逐步掌握不同叙述方法的要求和综合运用的技巧。例如《生命线》这篇通讯,基本上依照事件发展的顺序来写,又兼用倒叙、插叙,使文章组织得条理清楚又富有变化。全文的四个部分,就是以事件发生发展的先后顺序安排的。可是第一部分开头,采用了倒叙的写法,先写救护车飞奔而来,孩子的父母向车站求救,然后才回过来写孩子病的原委。教学时应使学生明白,这样写就突出了事件的危急严重,能够一下子抓住读者。第三部分,开始先写解放军战士宋俊臣驾驶小汽车向火车站奔来,后再用插叙的方法,说明这辆小汽车的来由。讲这一点时,要使学生懂得这样写的作用就在于有力地表现了大家都在为抢救孩子着想的焦急心情,也雄辩地显示了毛主席的革命路线是亿万人民的生命线这一深刻主题。

描写,本来是文艺创作的一种表达手法,通讯也常使用它来刻画人物、描写事件、烘托环境气氛,以增强通讯的生动性、形象性和感染力。在教学中,教师应抓住有关描写的句、段,进行具体分析,使学生从中受到教育和鼓舞,并且要学习运用这种写法。

议论,是在叙述、描写的基础上作理论的分析,对所描述的人物、事件作恰到好处的评价,从而增强通讯的思想性和战斗性。

如《生命线》的开头四句,便以充满激情的议论来歌颂毛主席的革命路线是亿万人民的生命线。《谁是最可爱的人》中的第三个故事之后和最后一段,作者直接发表议论,说明我们的志愿军战士是世界上、历史上第一流的战士、一流的人,他们确实是最可爱的人。这样便有力地点明了主题,增强了说服力。在教学中需要注意的是,要使学生明白通讯中的议论不宜过多,而且议论要以充分的事实为依据,不能离开叙述对象空泛地发议论。

抒情,是作者的阶级爱憎和思想感情在文章中的直接抒发,是紧紧结合叙述、描写的渲染之笔。在通讯中,好的抒情可以收到渲染气氛、歌颂先进人物、增强感染力的效果。通讯《为人民鞠躬尽瘁》,在叙述了杨水才临终前的最后一天战斗后,有这样几句抒情:

夜,人们都睡熟了,水才还在伏案工作。

京广线上的列车,向着北京奔驰;

满天的群星,朝着光辉的北斗,

杨水才的心啊,想着伟大领袖毛主席!

杨水才小屋的灯光彻夜通明……

作者在这里采取了寄情于景和直接抒情的手法,渲染了杨水才身患重病,仍通宵达旦工作的情景,字里行间充满激情,深挚感人。教学时,应引导学生由此深入体会杨水才的彻底革命精神和对伟大领袖毛主席的深厚无产阶级感情,以及他忘我工作的动力所在。

通讯的表达方法,往往是几种方法紧密结合使用的,《谁是最可爱的人》便是范例。

三、讲清语言运用上的特点，丰富学生的词汇，提高其表达能力

在通讯教学中，应在引导学生转变思想，掌握写法的同时，帮助学生学习语言，不断地丰富他们的词汇，提高其表达能力。

在通讯中，为了准确、鲜明、生动地表现先进人物，增强文章的感染力，常运用各种修辞方法。如为了使文章生动形象，常用比喻、拟人；为了使句式整齐，音调和谐，加强语言气势，表达强烈的感情，增强表达效果，常用排比、对偶；为了发人深省和强调自己观点正确，常用设问和反诘。在教学通讯时，应结合课文具体分析这些修辞方法的特点和作用，使学生掌握并学会运用这些手法。

在通讯教学中，要充分重视分析文章中生动活泼、富有表现力的词语，借以深刻理解文章的思想内容和丰富学生的词汇。富有表现力的词语包括成语、典故、警句、谚语等，如《罗盛教》一文中，罗盛教的父亲给他的信中连用"欣欣向荣"、"蒸蒸日上"、"亘古未有"几个成语，有力地说明了伟大祖国的繁荣景象和巨大变化。对通讯中大量准确、鲜明、生动的关键词语，即那些对塑造英雄形象，表现主题思想有重要作用的词语，要引导学生准确领会其意义，明确其作用。如《人民的好医生李月华》，开头用人们去"追"汽车，来反映贫下中农焦灼的心情，表达出对李月华的热爱。当李月华听到小孩的哭声，用"揪"心似的难过来表现她对贫下中农的深厚无产阶级感情。《谁是最可爱的人》在记叙松骨峰战斗时，用"匆匆"、"很低的"、"光光的"等词，描写志愿军战士面临的不利形势；用"汹涌卷来"、"打翻"、"烧红"来渲染敌人进攻的猖狂；用"一摔"、"扑去"、"抱住"、"烧死"等词语来表示战士们的勇

敢无畏、誓死歼敌的英雄气概。讲清讲透、深切体会这些词语,可以恰切地突出战斗的壮烈、环境的艰险、英雄形象的高大。讲解这类词语时,要注意讲清用法和感情色彩,教育学生正确运用。

四、紧密结合写作教学,指导学生
进行通讯写作

通讯是以迅速而准确地报道现实生活中的真人真事为基础的记叙文,它是宣传马列主义、毛泽东思想,鼓舞和教育群众的重要武器。对中学生来说,通讯不仅是将来投身三大革命运动所需要的,而且就是在校期间也经常运用。为此,通讯教学必须更直接地联系写作教学,有效地提高学生的写作能力。我们的主要做法是:

1.反复讲解通讯的写法,适当联系学生习作实际,肃清"帮八股"的流毒

讲解写法要反复进行。开始学一篇通讯时,要明确提出学习写法的要求,使学生做到心中有数,分析课文时,紧扣教材,讲清课文整体的和局部的写作方法,使学生对本文的主要写法有确切的了解;结束课时,再突出讲解这一课的写作特点,并联系课文,引导学生回忆、印证,课后布置写法方面的作业,让学生联系课文分析、练习。这样,几经反复,便有可能使学生较确切地掌握有关的写作方法,并在习作中学习运用。

在通讯教学中,还应联系学生的习作实际。一是用课文中的范例与学生习作中的弊病相对照,如选材不典型,中心不明确,叙述不具体、不真实,语言贫乏以及抄袭等。通过对照,使学生正视自己习作中的弱点,从范文中找到借鉴,并注意肃清"帮八股"的

恶劣影响和流毒。二是肯定、宣扬学生作文中好的例子,以鼓励学生写作的热情和信心。

2.作文练习与范文教学相结合

作文练习,一是命题作文,一是小品练习;与范文结合,一是从内容结合,一是从写法结合。如学习《人民的勤务员》,就让学生写学习雷锋活动中的好人好事。小品练习是指结合课文的某一个观点或开头、结尾,以及某种具体写法所作的练习,一般应作为语文作业进行。另外,在指导、批改、讲评时均应注意结合,对善于模仿范文写法,大胆运用学过的词语的,要大力表扬,以启发学生自觉地把作文练习与课文学习有机地结合起来。

3.大小课堂结合

为了使语文教学为三大革命运动服务,切实提高学生的写作能力,近年来,我们结合开门办学,实行大小课堂结合,重点进行了通讯的写作练习。我们在语文课学习通讯的基础上,又请人专门讲述了通讯的写作知识,在学生到工厂、农村参加工业学大庆、农业学大寨运动中,组织学生进行实地采访,写成小通讯,请工人、贫下中农修改,有的登在黑板报或专栏上,有的送交工地广播站广播。学生说,有课本中的通讯作范例,又占有大量的现实材料,还有工农群众当老师,便觉得有内容可写,也容易写得好,并及时发挥了通讯的战斗作用。

(原载《山东师院学报(社会科学版)》1977 年第 6 期)

四、一幅烟雨迷蒙的山水画卷

——《雨中登泰山》赏析

　　泰山,雄伟壮丽,气势磅礴,号为五岳之尊。在古今的一些文集中,记游泰山的诗文比比皆是。如"诗圣"杜甫的《望岳》,是晴日遥望,虚寄凌顶览小之壮志;清人姚鼐的《登泰山记》,是雪中登览,实绘登峰观日之奇景;今人杨朔的《泰山极顶》,是阴天游山,尽抒托山论世之豪情。这些诗文,真可谓东岳之大观,使后人叹为观止了。而李健吾的《雨中登泰山》,却另辟蹊径,写雨中登山,画出了别于前人、新于他人的另一幅泰山风貌,确是一篇不袭旧意、别具一格的佳作。作者不仅绘形绘色地描写了雨中的泰山景物,热情地赞美了祖国山河的壮丽,而且揭示了只有不怕风雨、坚韧不拔、勇于进取,才能享受斗争的幸福的人生哲理。

　　作者李健吾,1906 年 8 月 17 日出生,山西运城人。现代著名作家、翻译家。他生于一个辛亥革命的家庭,自幼逃亡在外。清华大学一毕业后留校任教;20 世纪 30 年代初,赴法国留学。回国后,在北京、上海从事教学、创作、翻译工作。新中国成立后,在上海戏专任戏剧文学系主任,后转到北京文学研究所、外国文学研究所任职。他长期从事创作和编译工作:编写了大量的剧木,翻译了不少莎士比亚、莫里哀、福楼拜、罗曼·罗兰、巴尔扎克等文学大师的名著,还创作了许多诗歌、散文、长短篇小说,是一位多才多产的作家。现在虽然年过古稀，仍精神抖擞地主持编译工作。

《雨中登泰山》是一篇游记散文，写于 1961 年，发表于同年 11 月的《人民文学》上，后由周立波编入《散文特写选（1959—1961）》。

全文共十一个自然段，可分为三部分。

第一部分，抒写登山不得的惋惜、焦躁心情。包括第一、第二两个自然段。

文章开头，作者从回忆自己多次坐车遥望泰山的经历写起，进而借孔子的壮举、杜甫的宏愿，抒写自己多次过泰山而未登览的心情，"象是欠下悠久的文化传统一笔债似的"，表达了登泰山是作者多年的夙愿，以及未能实现的惋惜之情。

第二自然段，写现在要登山而又因雨受阻的焦躁心情。作者终于要登泰山了，却"偏偏天公不作美，下起雨来"，而且"越下越大"，一个"不象……倒象"句，一个"沉"字，恰切地道出了作者心情的沉重、烦闷，甚至要诅咒天公了。于是作者毅然决定冒雨登山，并率先踏上了游程。

文章的第一部分虽不奇华，却也恰到好处。作者准确地描述了登山前的复杂心情：想登而未登的惋惜，要登而遇雨的焦躁，冒雨登山的兴奋，但此行能否饱览泰山风光，尚令人担心。这样写，既使文章有起伏，又颇引人入胜。

第二部分，详写雨中登山过程中的所见所感。这是本文的主体部分。随着作者的行踪，文章紧紧抓住"雨中登山"这一特点，将泰山的山光水色，淋漓尽致地展现在读者眼前，使人领略到雨中登山的独特乐趣，更增添了对祖国壮丽河山的热爱之情。

这一部分包括三—九共七个自然段。

　　第三自然段,写虎山水库。

　　先总写雨中的泰山:烟雾迷茫,上上下下裹了个严实,古老的泰山越发显得崔嵬了。这是透过雨景写出泰山的全貌,给人以巍峨神奇之感。接着写虎山水库。起笔便先声夺人,以"震天的吼声",写出惊人的水声,再寻声看去,桥孔中的七股大水奔腾而出,文章用了"跃出"、"直铺"、"碰着"、"激起"、"撒"五个富有特征性的动词,和"闪光的黄锦"、"脱线一般"两个生动形象的比喻,逼真地描绘出惊心动魄的水势。更为巧妙的是,作者以其娴熟的笔法,在如此紧凑的描写中,突然插入一段关于"蛇在湾"的"闲笔"。这个神话传说,作者好似信手拈来,既作为一个贴切的比喻,把七股大水写得活灵活现,气势磅礴,又给大自然的水景染上了神奇的色彩,使人更加神往,同时也使描写显得起伏跌宕,错落有致。以上是大坝前的所闻、所见、所思,写水声、水势,再转过虎山,登上大坝,写水态、水色。先用对句将风格迥异的景色加以对照:"一边是平静的湖水,迎着斜风细雨……一边却暗恶叱咤,似有千军万马,躲在绮丽的黄锦底下。"这里运用了比喻和拟人的手法,在形象鲜明的对照中,生动地写出了诱人的水态。最后,更近前,从解释上文的比喻入手,另设新喻:"其实是一幅细纱……压着透明的米黄花纹。"并以织女的高超技艺来映衬景色的瑰奇,这里也是运用比喻画出了迷人的水色。这一段,作者运用巧妙的艺术手法,由远及近,有声有色地描绘了一幅幅动人的画面,山光水色,交映成趣。

　　第四自然段,写七真祠。

　　作者因躲雨进了"七真祠",欣赏起庙中的塑像来,先交代命名的由来,接着对塑像的造型美,发了一番议论,对无名雕塑家的超群技艺作了极力的赞扬。最后以"年轻人提醒",说明作者已达到入神的地步,从而也进一步反衬了塑像的美。

第五自然段,写从一天门到黄岘岭的所见。

先扣题、交代行踪:雨中穿过三座石坊。接着把写人行与写水情、山形结合在一起。作者在景色描绘中运用了拟人的手法,使人和山水融成一体。写山,一个被"挡",一个"来到",用山对人的依恋写人对山的眷爱,写水,不说人离开了水,而说"水声落在我们后面",不说水顺着中溪流,而说水像难分难解的挚友"陪我们",而且一直"陪到二天门",真是写尽了山水的深情,字里行间,洋溢着作者对祖国山水的无限情思。然后作者继续写水,滴泉、雨水、溪流,"涓涓水声,变成訇訇雷鸣"。再写山,随着风云的变化而变幻莫测,一会儿"风过云开",仰望南天门,影影绰绰,紧十八盘仿佛一条灰白大蟒,一会儿"乌云四合",层峦叠嶂成了一轴"水墨山水"画。这是作者从虚处着笔,把雨中的山色写得变幻多姿、妙趣横生。写经石峪,只寥寥数语便将它的位置、面积、所刻经名以及字迹,交代得清清楚楚。最后略写"回到正路",兴致勃勃地穿过"柏洞",精神抖擞地走过壶天阁,登上黄岘岭。

第六自然段,写作者在二天门向下眺望时的感慨和继续行进中的喜悦心情。

第七自然段,写飞瀑。这是只有雨中登山才能看到的奇景。在交代山路变化后,先写远在半空中的飞瀑。仰头西望,这条飞瀑好像"一条两尺来宽的白带子,随风摆动"。其景可谓神奇壮观,但却隔着辽阔的山沟过不去,只能望空兴叹了。后写云步桥的飞瀑。在赞叹中,不料"细雨打湿了浑身上下",引出另一种类型的飞瀑,它近在眼前,"紧贴桥后,我们不提防,几乎和它撞个正着"。一个"贴"字,一个"撞"字,极为传神地描画了瀑布飞流的情态。接着写飞瀑的形——"水面有两三丈宽";势——"发出一泻千里的龙虎声威"，真是奇景大观。最后顺笔交代山涧的变化，水声淙淙，一直"跟到南天门"。看来作者是把"水"作为伴随游人行踪，贯穿全文的线索的。同时写出了山有意，人有情，情景交融，雨趣更浓。

第八自然段，写作者沿着十八盘，攀登南天门的情景。先承上交代行踪，并虚写了一笔：南天门近而不见，显示了山路的险峻多变。从作者对野花野草的喜爱之情，引出对松树的描写。先点出它可以"把人的心灵带到一种崇高的境界"，再对松树作具体的描绘。在作者笔下，泰山主峰的松树，千姿百态："有的身子扭得象盘龙柱子，在半空展开枝叶"；有的望穿秋水，斜身张望；有的"象一顶墨绿大伞，支开了等你"；有的自得其乐，潇洒自如……由于作者成功地运用了比喻、拟人的手法，因而不仅描绘了松树的婀娜多姿的风貌，而且勾画了它栩栩如生的神态，仿佛"让你觉得它们是泰山的天然的主人"，决然缺少不得。然后着力写紧十八盘的险峻难走：先设喻，"仿佛一架长梯，搭在南天门口"，足见其陡峭；再写石级的狭窄；进而联想到东汉应劭关于盘道艰险的描述。正当作者胆怯彷徨之际，忽然有两位老人走过：一个"斜着脚步，穿花一般……赶到我们前头"，何等轻松，一个"尽管脚小，也稳稳当当，从我们身边过去"，令人钦敬！这是作者登山以来，除同伴外，第一次写行人。正是老人爬山的劲头和精神鼓舞了作者，使他决心"抓住铁扶手，揪牢年轻人"，终于登上了南天门。登山之难，不言而喻，欣喜之情，溢于言表。

第九自然段，写走在天街上所见，着重写山石和云海。先承上抒写感受，并饶有风趣地介绍留宿小店。进而写那些别具一格的石头：先从"泰山岩岩"这句古诗谈起，接着用了一系列比喻，对岩石作了具体的描绘，使静止的岩石，一个个都活生生的了。再略写几个传说：登封台、洗头盆、白云洞。然后着力写云海：先引用杜甫、宋之问的诗句；后用积雪、棉絮、银涛为喻，使虚云和真云融为一体。作者犹如一个出色的画家，寥寥几笔，就勾勒出一幅云海茫茫的奇景。最后，写云开日出后，山下如画的景物，及其瞬息即变的神奇。

第三部分，略写下山的情景，点出雨中登山的"独特之乐"，收束全篇。第十自然段，先写此行"没有看到日出的奇景"，似乎是憾事，但接着点出自己有独得之乐：雨中看飞瀑。然后略写了下山的情景，结束了游程。最后一段，先设喻说明山中有水的重要，再次强调"敢于在雨中登泰山，看到有声有势的飞泉流布"，领略到泰山的独特风光，"有雨趣而无淋漓之苦"，因而"意兴益然"，这是雨中游泰山的最大收获。看到结尾，使人立刻悟出开头因雨受阻的焦躁，甚至恨雨怨天的描写，原来是后文饱览雨中风光，进而喜雨的衬笔。正由于经过这种先抑后扬的巧妙安排，才使人得到"柳暗花明又一村"的艺术享受，并感到文章的首尾呼应，一气贯通。

作为一篇游记散文，本文不仅成功地体现了这类文体的一般特点，并且具有自己独特的表现技巧。

结构精巧。游记散文的结构艺术，最重要的就是"线"与"点"的有机结合，使文章既有条理清晰的线索，又有绚丽多彩的景物。作者在本文中，便将记游的"线"和写景的"点"自然精巧地结合在一起。先看记游的"线"：岱宗坊——虎山水库——七真祠——三座石坊——经石峪——云步桥——十八盘——南天门——天街。再看写景的"点"：虎山水库的洪波、云步桥的飞瀑、陪到二天门和跟到南天门的溪流、雨后的青松、云海等等，都写得神奇多姿，情趣盎然。作者所以精心选择这些景色点，因是雨中登山，又认为水是山的眼睛,因而在诸景中,写水景最多,而且写得最好、最具特色、最有新意。尤见匠心的是,作者不仅描绘了雨水、溪水、洞流、滴泉、飞瀑、山池、水库以及浮云迷雾等神奇画面,而且在"人朝上走,水朝下流"的意识的支配下,让这些有声、无声,液态、气态等变化无穷的水,或明或暗地伴随着行人的整个游程。反映在文章结构上,水又成了贯穿全文的重要线索,这也正是文章结构精巧之所在。

状物准确。游记主要是写景,而状物使景更迷人。因此作者在本文中,用生花的妙笔,既描绘了祖国名山的绮丽风光,又写了泰山上的"松"、"石"。作者抓住"松、石"的特征,出色地运用了大量的比喻、拟人、拟物的修辞方法,将青松、山石写得姿态万千,跃然纸上。

语言优美。游记散文以描绘山水景物、名胜古迹的状貌为主要内容,因此运用语言力求准确、鲜明、生动。作者在写景状物中,选择色彩鲜明的词语,生动地再现了雨中的泰山美,更增添了文章的艺术魅力。

文章贵在有新意。本文新就新在突出了"雨趣"。山有情趣,水有情趣,松有情趣,石有情趣,云有情趣,人更有情趣,而且一切皆赖于雨中登泰山的"雨趣"。因此,文章才成为"轻松、愉快和优美"的艺术佳品。

（原载《山东师大学报〔哲学社会科学版〕》1982 年第 3 期）

五、注重综合训练，培养分析能力

——1986年普通高考语文阅卷札记

1986年的普通高考语文阅卷工作已经结束了。综观来自各方面的反馈信息，普遍对今年的语文试题比较满意。认为它吸收了语文教改与语文测试研究的新成果，与往年相较，试题有发展，有新意，能考查出学生的实际水平。考生的语文成绩好于去年。据两千份试卷的抽样分析，平均分为75分，及格率（按72分计）占68％，最高分为111分。但也毋庸讳言，试题仍有值得商榷之处。而考生试卷中所反映出的倾向性问题，则是今后中学语文教学中亟待解决的。

一

今年的语文试题与1985年相比，有些明显的变化，这表现在：阅读总量有了减少，1985年提供给考生的阅读量近6000字，而今年则不足3000字，其中现代文阅读材料，去年是2400余字，今年则约1000字；客观性的题目有所增加，语文知识与阅读分析题共28个小题，其中选择题15个，填空题5个，占总题的71.4％。客观性试题的增加，是语文测试向标准化靠拢的标志，既有利于考查学生的思维能力，又可减少阅卷中的误差率；出现了新题型,如第二题要求解释课文题目中关键字的含义,旨在引导学生认真研读课文,第六题要求排列诗句的顺序,需灵活运用所学过的多种知识。

但我认为,试题的突出特点在于继续保持了注重综合能力的考查,并相应地扩大了范围,增加了难度,多角度多层次地考查了学生的语文能力。试题中绝大多数单项题都是合成型的。如第六题虽只要求调整一首绝句的顺序,却需要考生多方面的知识与能力:既要从句意上理解,又要运用古诗押韵规律及比兴写法等知识。而综合题则多是在更高层次上的合成。如第十题,不仅考查学生的语法、篇章和逻辑知识及其运用能力,而且考查多学科知识的综合理解运用能力。现代文的选读,从1984年摩尔根的《古代社会》的摘录,到1985年朱自清的《经典常谈》的节选,均属社会科学的范畴。而今年的选文,则是较新的生物科学内容,其中第三小题,不仅需要准确的阅读能力,而且还要运用所学的动物学、地理、数学知识。该题的命题意图是显而易见的,它注意语文能力的迁移,各学科之间的交叉、渗透,这是一种更高层次的合成,也体现了一种趋势,对中学语文的教与学富有启示意义。

至于作文试题,仍是提供条件的限制性作文。提供的材料,考生并不陌生,但难度却有所增加。这就是内容上的多面性多层次性,它包含了四个方面的要点和三重关系及其逆反关系;并且明确地规定了写法;提示了文体,要求联系社会生活中的类似现象作对应分析。这在历年高考作文命题中是少见的。前几年的试题多是两个方面、一重关系,如毁树与种树、先忧与后乐、教师与学生等。平时的作文训练也似较少涉及这样多的内容。

试题的上述特点提示我们,必须在语文教学中重视综合性训练,培养学生的辨析能力。

　　试题也有不足之处，总的感觉的是前十题偏易，量偏少。一至八题注意了类型的变化，知识点的分布，但有的题过于简单，缺乏应有的难度。而第十题，命题的意图是好的，但选文的内容与考生的实际水平有距离，而试题的设计、标准答案的确定也有欠妥之处。作文试题的内容较复杂、限制也较多，而在字数上的要求（600字）又过低。但综观整个试题，上述问题属瑕不掩瑜，今年试题的意图、内容、类型及方向是应当肯定的。

二

　　如前所述，今年的语文成绩比去年有所提高。我们从九个地、市抽取40个试场（其中理工26个、文史11个、外语3个），1000份试卷作了分题统计分析（下列数据皆依此），结果是：前十题得42分（满分70分）以上者占81.8％，最高分为69分；作文三类以上的试卷占84.4％，四五类卷明显减少，最高分为49分（满分50分）。

　　上述成绩的提高固然与试题较易有关，但也足以说明，近年来我省广大中学语文教师在"三个面向"精神的指引下，在加强基础、培养能力、发展智力等方面，付出了艰辛的劳动，取得了明显的进步。不过，也应看到，考生成绩的优秀率还不高。前十题中，63分以上者仅一人；作文成绩一、二类卷占23.6％，其中一类卷仅占0.5％。大多数考生的成绩集中在中线上下，这固然有合理的一面，但我省考生已经过预选，而今年的试题又较去年浅易，因而优秀率应该高一些。考生在试卷中反映出哪些问题呢？现从前十题和作文两个部分作些简要分析。

　　前十题，包括一至八的单项题和九、十两个阅读分析综合题。

考生在这一部分的主要问题有:(1)对语文基础知识理解不准、掌握不牢、运用不活。应当说,前八题是较浅易的,而且多与中学语文教材和平时训练相近,某些差错理应避免。但实际上有的考生却失分不少。如第二题,由于对关键词的含义理解不准确,全对率只 36.8%。第三题标点符号的运用,全对率仅占 12%。第五题是要求说明现代文引文中一个成语的出处,考查学生对所学过的文言文掌握的程度,这个题出自课本,但全对率仅占 18%,而全错率竟达 42%。(2)对试题的比较分析与灵活运用所学知识的能力较差。九、十两题是阅读分析题,需阅读的文字量和小题数量均明显减少,有的小题也较简单。结果这两大题千人中无一人全对。第九题中的 4、5、6 题,是要求从两段选文中找出对同一人物或事件的相同说法,许多考生不能从比较中选出正确答案。第十题中的第 3 题要求画出加德纳学说的系统树。这道题所涉及的知识有初中的动物、几何,高中的地理、生物,由于综合运用所学知识的能力较差,能正确画出者仅占 8‰。(3)对试题的要求、内容审视不细致、不全面。如第七题要求改写句型,这个题近似送分题,但有的考生将第 1 题未画横线的部分也作了改写;而第 2 小题不少考生漏掉画有横线的"他"字,使改后的句子残缺,有的考生则未改成排比句。

　　从上述问题不难看出,平时阅读训练中的某些倾向,大致是:在训练内容上,重文言文、轻现代文,毕业年级更突出些;在训练的重点上,重知识、轻能力,知识固然是能力的基础,而能力则是运用知识、学习新知识的手段;在训练方法上,重讲授、轻自学,这实质是教学观念问题,应当让学生成为学习实践中的主体;在训练形式上,重单项、轻综合,致使学生的分析综合、抽象概括能力达不到应有水平。

　　作文试卷中的问题有：(1)审题与应变能力不强。试题明确要求"从现实生活中选择一个有意义的话题,用上述现象作比喻,发表自己的见解"。有的考生却写了两个话题,甚至三个;有的只分析自然现象,而不类比社会生活中的类似现象,有的只就现实生活中的话题进行分析,而完全丢掉了比喻,有的运用了比喻,却不是从整体上作类比分析,而是机械地对号说明。提供的材料及类比的要求应当是四个方面、三重关系(行文中可有所侧重),有的只写了一点或两点。凡此种种,均说明某些考生的审题能力较差。实际上也是缺乏应有的辨析能力。更值得注意的倾向是应变能力不强。许多考生不是根据题目的要求去立意、选材,而是把事先准备好的或练习过的文章拿来硬套,有的几乎是原文照抄;有的改头换面,却留下明显的穿靴戴帽及硬贴标签的痕迹;有的则是文不对题,另写一套了。(2)选择文体的能力比较差。试题要求写以议论为主的文章,它应从提供的自然现象出发,选择现实生活中类似的有意义的话题,运用所提供的比喻,作类比论述,因此在表达方式和写法的选择上有较大的余地。而有的考生按习惯写成一般的读后感,有的按老三段的格局安排结构,有的硬套提出问题、分析问题、解决问题的模式,有的叙述部分过多,有的竟写成对致富典型的访问记,与试题对文体的要求相悖。(3)语言表达方面的问题仍不少。试卷中行文流畅者少见,文从字顺者已相当不错,许多试卷中的病句、错别字较多。

　　出现上述问题及优秀作文较少的现象,除试题本身有一定的难度,不易掌握外,作文训练方面似有下列原因:在作文指导中重形式轻内容,重课内轻课外,重常规轻多变,重结构轻语言。

三

从以上对今年试题和考生试卷的粗略分析可知,要大面积地提高语文教学质量,避免应试中的失误,以及适应未来工作与学习的需要,重要措施之一就是注重综合训练,培养辨析能力。要达此目的,笔者认为首要的是要转变观念,广大师生应在教学活动中确立新的教学观,即教师为主导,学生为主体;要致力于平时培养扎实的语文能力,即自能读文、自能作文的能力;这种能力应以系统的语文知识为基础,并通过严格的训练逐步转化而成。这种能力的形成,应视为整个中学阶段的系统工程,而不是靠毕业年级的突出复习和临考时的猜题押题。

针对历年来语文试题的综合性和重视思维能力考查的特点,应十分重视语文的综合训练,培养学生具有较强的辨析能力。这主要要求两点:

要培养学生的辨别能力。辨别能力也是初级的分析能力,即迅速准确全面地辨明读写对象和试题的要求,也可叫审题的能力。连续型、合成型的试题日益增多,试题的要求与平时的训练有距离,不少是从多角度多层次进行考查。所以要训练学生注意根据试题的说明、提示,认真揣摩,明确问题的基本点,以便有的放矢地回答。如今年试题的第四题,要求从文学常识的角度选出每一组中的一个与其他三个不同类的作家或作品。这不是一般地回答作家与作品,而是要从文学知识的某一角度,确定各题中三项共同所属的类,即按一定标准分类,然后加以选择。辨明题意对作文的意义,更是不言而喻的。我们平时对一般命题作文的审题训练还是重视的,也积累了许多行之有效的经验。而恢复高考以来的作文试题，多数是提供材料的限制性作文。因而作文的审题，首先应辨明所提供材料的内蕴，进而辨明有哪些限制性要求，然后进入构思阶段。

要培养学生的分析能力。分析能力是人的思维过程中的基本能力之一，也是思维力的一个重要组成因素。人的思维过程是从对问题的分析开始的。所谓分析是人在头脑中把事物的整体分解为若干部分、若干方面或若干属性。如把一篇文章的内容、篇章、语言分别理解，把一道综合性试题包含的因素分解开来。分析有过滤式的，即通过尝试对问题情境作初级分析，如上文所述；有综合的、有方向的分析，即通过问题条件和要求的相互联系的综合而实现的分析。人的思维过程基本上是分析综合的过程，一般包括三个环节：第一综合（指事物的整体、原貌）——分析（由已知到未知、到需知）——第二综合（经分析对事物更深刻、更高度的概括），只有三个环节协调一致，才能顺利完成思维任务。培养分析能力主要是通过课内外的教学活动。教师应引导学生主动地参加读写实践，通过学生自己动脑动手，使他们在想和做的过程中形成和发展分析能力。实践证明，只有培养学生具有较强的分析能力，在平时的读写活动中才能应付裕如，在应试时才能迅速地对试题作出判断，准确地把握它的要求、内容、关键以及解题的方法步骤。

培养学生的分析能力，还应帮助学生根据不同的对象采取不同的方法。下面着重从今年试题的不同类型探索如何进行分析。

对单项题，应分析其合成因素，从而确定答题的重点、角度及步骤。如第五题，这是出自教材的记忆性的题，要求回答引文中一个成语的出处，即作品、作者及其生活的时代，这是文学常识问题，接着试题转入填写词语，便是考查背诵了。又如第二题，要求选择课文题目中关键字的确切含义。每题均提供了四种解释让考生选择,这除结合整个题目来推敲、比较、筛选外,还可回忆文章的主要内容,以帮助正确的选择。

对综合题,如第十题,应先从引文的整体上把握其内容、层次、重点;进而辨明各小题要回答的重点;然后再分析这些问题答案在引文中之所在;最后有针对性地重点阅读,仔细辨析、确定答案。该题中的第3题,要求画系统树。这种题型少见,且有难度,但提供了若干条件:前有供阅读的文字,一侧有表示传统观点的图样,要画图样已有若干个点。如能精心阅读提供的文字,回忆中学阶段的几何、动物、生物等有关知识及练习,准确地画出表示加德纳观点的系统树不是太难的。对这类较复杂的题,决不能停留在望之兴叹上,而应根据提供的条件,认真分析,找出回答的依据、角度与方法。

对作文试题,分析能力就更为重要了。提供材料的限制性作文一般有三种类型:感想型,材料是感想的基础,依据读后所感的基本点,联系实际抒写感受;联想型,或叫引申型,即材料是联想的起点,进而据此作引申论证;比喻型,把提供的材料用作比喻,联系与之有关的内容,作类比论证。这三种类型在议论的内容、重点以及所采用的方法上均有所不同。今年的试题属于后者,它不应写成一般的读后感,也不应写成引申型的文章,更不应将准备好的成文改头换面或照抄。而应从试题对内容、写法、体裁等方面的要求为依据去立意、选材、谋篇。即从提供的自然现象出发,首先着眼于现实生活中的类似现象,选定有意义的话题,以提供的现象作比喻,发表见解。这样才能写出切合题意、见解深刻、中心突出的好文章。如一考生谈农民致富的话题,既写了个人致富、共同致富与国家繁荣的关系,又写了由个人致富发展到集体致富必须有"富民政策"这个条件，文章的中心明确、内容充实、颇有见地。

注重综合训练，绝不意味着放弃单项训练，反而必须以它为基础；培养辨析能力，不仅是应试的需要，而且是全面提高语文能力的需要，同时也是有效地发展学生的创造思维能力，造就富有创造意识、创造才能的一代新人的需要。

（原载《山东师大学报〔社会科学版〕》1986 年第 5 期）

六、泉城秋月朗

——忆夜大学的一次写作课

中秋节是家人团聚的好日子,也是人们喝酒、饮茶、赏月、聊天的美好时刻,就是在这样一个传统节日里,我给夜大学员上了一次写作课。虽然三十多年过去了,但迄今依然历历在目。

20世纪80年代初,经教育部批准,我校作为五个师范院校之一,恢复了夜大学、函授大学招生。我作为中文系的教师,担任夜大学一个班的写作课。

那天下午,我参加完系里的会议回到家,已近六时。妻子听到我回来便大声地说:"快来帮忙,孩子们快回来了。今天是十五,你忘啦?"我说:"没忘,今天夜大还有课呢。我不能等他们了。"她没再说话,旋即盛了一碗饭,拿了一个馒头,一块月饼,指着桌上菜说:"你先吃吧。"

我未再说什么,匆匆吃完饭,拿起包,走出家门。

路上已是夜色朦胧,行人稀少。大概是人们都忙着过节去了。我一边走,一边心里暗想:今天是中秋佳节,这是个大节啊,学员们能来上课吗?万一缺勤者过多怎么办?

夜大学的这个班是借用附属小学的教室。我怀着疑惑的心情走进教室。班长迎出来接过包,对我说:"我已检查过人数,绝大部分都到了,请您上课吧。"

　　我走上讲台,还未等班长喊起立,全班学员齐刷刷地站起来,我连忙请大家坐下。面对全班学员,环视一周,只见上了一天班的学员,个个精神振奋、毫无倦意。他们端坐在矮小的课桌前,打开了笔记本,亲切地注视着我,那一双双求知若渴的目光,似乎急切地等待我开讲。

　　我被这浓浓的气氛深深地感动了,我又为我刚才的疑惑感到有些羞愧。这些年轻人渴求知识的精神令人激动不已。我要先说几句题外的话:"同学们,今天是中秋佳节,这可是家人团聚的日子,也是全民都在欢庆的节日,而你们,不顾上班的辛苦,放弃节日的欢乐,依然按时到校学习,而且比平时来的还要早,还要齐。我很感动,也很敬佩……"我声音有些颤抖,有些说不下去。正好一位女学员喊报告,她站在教室门内,脸红红的,额头似乎闪动着汗珠。她还轻声地说些什么,我连忙挥手,让她赶快入座。

　　我借机平复了一下心情,转身在黑板上写下本节课要讲的内容:记叙文的写作。

　　我再次调整心绪。首先简要地讲析了记叙文的构成要素以及文体特征。再具体地讲述了这一文体的表达方式,然后结合实例重点讲解了诸种表达方式的结合,尤其叙事、写景与抒情的有机结合,更是应努力掌握的一种写作方法。

　　可能是为学员们勤奋好学的精神所感动,因而心情舒畅,我几乎未看讲稿,一口气讲了八十多分钟。教室内异常安静,学员们专注地听课,认真作笔记,并不时地露出会心的微笑。

　　这节课的作业,我原来设计的是:让学员自拟题目、自定题材写一篇记叙文。讲完课后,可能是因为这个特殊的日子,以及学员们那种求知若渴的精神,我被学员深深地感动,决定改变计划。我在黑板上写下"泉城秋月朗"五个大字,转身对学员说:"请大家以此为题,运用今天所学的知识,结合个人今天的所见、所闻、所思和所感,写一篇声情并茂的记叙文。

面对文题,学员们或相视微笑一下,或陷入沉思,或在翻阅笔记,或似乎低头写起来。

当我宣布下课后,学员们相继离开座位,但有的学员依然在沉思,有的仍在挥笔疾书。我被大多数学员簇拥着走出教室。室外已是一片光明,皓月当空,在如水的月光下,在徐徐的秋风中,我们分别散去。

写完这篇短文,还有两点补充说明:一是,下一周交上来的作文,经过批阅,确实有不少颇为感人的文章。我认真作了讲评,宣读了几篇优秀的作文。可惜我未能保留下其中最出色的文章。二是,从作文里了解到:那位迟到的女学员是因为孩子有病,住了院,打上吊针,她让自己的爱人接替后,才匆匆赶来的。多么不容易啊!

（原载《筑梦之路——六十载成教往事》,
山东人民出版社 2016 年版）

七、高教自考在中文系

高教自学考试既是一种国家考试制度,又是一种高等教育形式,是我国国民教育序列高等教育体系的重要组成部分,由个人自学、社会助学和国家考试三个部分组成。其中"社会助学"部分,主要由相关高校承担。我校中文系早在 20 世纪 80 年代,就被批准为汉语言文学专业的主考工作单位。1984 年开考专科,1985 年开考本科。后又批准我们与曲阜师大中文系联合主考文秘(后改为秘书)专业基础科,并于 1993 年 4 月开考。

多年来,我们在省自考办的指导下,在学校与成教学院(现为继续教育学院)的领导和支持配合下,做了一些工作,取得了一定的效果,也留下了诸多令人难以忘怀的记忆。

谁来主考文秘专业基础科

1992 年秋季的一个上午,省自考办的一位工作人员打来电话对我说:"你们不是有申报主考文秘专业的意向吗?怎么近期没有动静了?昨天,曲阜师大中文系的申请报告已交上来了,并由省政府办公厅的两位副秘书长签了字,估计近日即将研究批复。你们怎么办?"

这真是一个十分紧急的情况。事情还要从年初说起,1992 年

　　春节刚过,便听到省自考办准备开考文秘专科,我们研究后,当即向自考办领导口头表达了我们的意愿。后来又听说曲阜师大中文系也有此意。但由于未得到进一步的信息,便处于等待状态。未想到曲阜师大竟走在了前面。

　　怎么办? 确是十万火急。当即向中文系党总支书记郑太春同志作了汇报,紧接着与在外地讲课的中文系主任韩之友同志通了电话。在听取了他们的意见后,又与副主任周均平、文秘教研室主任宁茂昌同志一起紧急磋商,决定立即修改打印早已起草好的报告,并尽快交给正在省委党校学习的学校党委副书记宫志峰同志。宫书记是学校领导班子分工联系中文系的领导,对我系的各项工作都很关心。特别是对我系全日制文秘专科开办和申报自考文秘专业主考权的打算,更是给予大力支持。所以,我们把希望寄托在他身上了。下午,我们便赶到省委党校,向他详细汇报情况并送上报告,他接过报告后说:沉住气,我尽快联系。宫书记的态度使我们焦躁的心绪略有平静,但,心还是悬着……

　　次日上午刚上班,宫书记打来电话:今天上午党校有课,你们来拿报告吧。我们立即乘车赶往党校。接过报告一看:嗬! 省委办公厅秘书长已签了字,同意并支持我们申办。我们便顺道匆匆赶往省自考办。胡家俊主任不在,我们就把报告交给分管考务的吕斋训副主任,并请他多多关照。至此,我们才算松了一口气。但,心依然悬着。

　　回校后,我们又向几位校领导汇报了这一最新情况,并请求刚从省教委调来我校的张启新副校长,出面帮助我们做做工作。他欣然答应相助,于当晚就与我和茂昌一起,去拜见省教委主任,并向他说明了我们的优势:一是我们有多年主考汉语言文学专业的经验;二是我们已开办全日制文秘本科,并已招生,且有专门的文秘教研室,有一支文秘专业的教师队伍;三是我校驻地在济,与省考办联系工作方便。教委主任听后说:你们都有自己的优势,也都有资格主考,不过此事,你们还得与胡主任协商,由省考办最后决定。我可以给胡主任打个电话,你们现在就可以去谈谈。我们表达了谢意,便又匆匆赶往省考办。

胡主任已在办公室等我们。见面时,已不见往日的和颜悦色,冷冷地请我们在他对面坐下。写字台上放着两份材料。张校长表明来意后,让我向胡主任说明情况。胡主任摆了一下手说:不用说了,你们的报告上都有。张校长、老朱啊!你们真是给我出了个大难题。你们看,两份报告:一个省政府的两个副秘书长签了字,一个是省委秘书长签了字,让我该听谁的?你们两所大学各有优势,和我们关系都很密切,我又能得罪谁?固然,你们山师大确有优势,但曲师大也有自己的长处,而且还是送报告在先。按习惯,啥事总得有个先来后到吧。当然,这件事不能完全照此办理。另外,你们也确实先给考办打过招呼,我也知道。昨天,你们的张建义副校长还给我打了两次电话,内容我就不再说了。但球在我这里,究竟应该怎么办?我现在也没有想好。要不这样吧:容我再考虑考虑,明天我与几位副主任和有关同志研究后,再作最后决定。你们看行吗?我们不好再说什么,只好与胡主任告别。走出自考办的大门,尽管当晚皓月当空,月光如水,我们却是心乱如麻,在朦胧的夜色中默默走回学校。

第二天,无任何消息。

第三天,依然无消息。我们真是坐不住了。但又不便再到省考办去问。

直到下午临下班时,省考办终于来了电话:明天上午九时准时到自考办开会,商讨文秘专业开考的有关事宜,请你们派人出席。

　　我接着给胡主任打电话。他一听是我，便说：老朱同志，你们把我害得好苦啊！不过，我先问你：你在济南争文秘专业主考权，你可知道曲师大带头争的是谁吗？我说：是马主任吧。他说：不，是你的老同学聂健军！他现在是副校长。还有个马怀忠和吴绍全。马怀忠是山师大毕业，在曲师大中文系当主任；而你是曲师大中文系毕业，在山师大中文系当主任（我是副的）。有意思吧，而且都在竭尽全力地争。我急忙打断他的话，问道：你最后是怎么决定的？这是我最想知道的。他缓缓地说：别着急嘛。为你们的事，我几乎想了一夜，翻来覆去，给你们哪一家都合情合理，又都不合情合理。直到天快亮时，我突然想起一个好主意：让你们两家联合主考！怎么样？公平合理吧。你也该高兴了。好啦！明天要按时来开会。未等我再说什么，便挂了电话。

　　次日上午，我与宁茂昌准时到达省考办，见到曲阜师大中文系的同志也来参加会议，我们互相招手致意。可至此，我们仍摸不清头绪。

　　会议由吕主任主持。他说：综合各方面的情况，我们反复研究，决定由你们两家联合主办文秘专业基础科。你们看有什么意见？我们互相看了看对方，尽管内心有些不情愿，但此时还能说什么呢？当即都表示同意。吕主任又说：两家分工进行助学与阅卷。以济南、胶济线为界，南片归曲师大，北片归山师大，怎么样？稍作沉默后，曲师大的同志说，分工负责，我们同意。但南片的地市少，北片的地市多，且又是发达地区。可否将聊城、德州、滨州再划归我们？协商后，我们只同意将德州、聊城划归南片，否则，北片就太少了。曲师大的同志又提出：他们与胜利油田有联系，要求保留，并且最好连东营一块也划给他们。前者我们表示同意,后者我们未能再作出让步。

　　会议是在友好的气氛中结束的,大家相互握手言笑。并表示,今后一定相互配合,多进行交流,保证把这个专业办好。

　　在该专业开考以后的日子里,我们在助学与阅卷等方面,时有沟通,并互派专人交换意见,也未出现任何矛盾。这个专业得以健康发展。后来,还协商争取开考本科呢!

繁难有序的助学活动

　　社会助学,是高教自考中的重要环节。它是在学员个人积极自学的基础上,进行系统有效的助学,帮助学员提高专业知识水平,顺利通过国家考试。因此说,这个环节相当关键。

　　由于我们系先后承担了汉语言文学专业和文秘专业的主考任务,后又增加"小学教育专业"的《大学语文》和《儿童文学概论》等课程,因此,我们的助学任务异常繁重。

　　那些年,我们主要做了以下几项工作:

　　一是,精心选派教师,认真组织老师们备课。

　　助学老师不仅需要专业知识扎实,驾驭教材的能力强,而且须有较丰富的教学经验,甚至还要有吃苦精神。因此必须精心选派教师。由于涉及课程多,需要的老师也必然多。有些公共课如政治、历史、教育与心理学等,就要选派外系的老师,并要根据辅导的情况作些调整。涉及本系的课程,对相关的专业老师也要精心挑选,并适当轮换。但也有些课程,系内外均无专职老师,困难就多了。如文秘专业的《社会心理学》、《领导学》等。前一门课选定教学经验丰富,并具有钻研精神的老教师吕家乡承担,而后一门由文秘教研室宁茂昌担任。有的中青年教师确定助学新课程后,还组织他们专门到山东大学听课,再进一步学习,备课。而《儿童文学概论》,连本合适的教材也没有。便请在这方面有所研究的王兆彤老师担任主编,由其约请几位老师参与,以最快速度编写适用教材,新书拿到手后,再集体研究备课。

教师选定后,要反复向他们说明、提醒,切实注意助学工作的特点:比如时间比较集中、讲授的内容多,学员已不年轻等。因此,备课时,一方面要充分研究教材,多数情况是一次助学要讲完一本教材。因此,要从教材的整个系统上,帮助学员建立一个框架,再就重点难点部分作较为深入的讲析,而且要引导学员全面掌握。另外,助学时还应与考试对接。当然,绝不是帮助学员猜题押题,也不能随意地给学员画所谓重点。但对知识点的轻重大小,还是应当给学员讲清楚的。对不同类型的试题,也应从解题的思路与方法上予以指导。对其他课程试卷中出现的问题,也可对学员讲析,以防止他们走弯路。备课时的另一方面,如前所述,也要充分考虑自考学员学习的特点与规律。这些学员多是在职的,学习是业余的,他们的年龄也多数偏大,而学习的内容又多,接受起来相当困难。再加上他们的原有程度参差不齐。还又在隆冬酷暑季节上课,有的食宿条件也不好,势必影响他们的学习情绪。因此,在备课时要切实组织好助学内容,设计好助学辅导的计划与方法,以期收到良好的助学效果。

二是,助学前,必须编制好助学运行表,以使助学活动有序开展。

由于助学的课程多,需要的老师也多,助学的地点也多。一般情况是:一个老师要到几个助学点上课,一个助学点有几门课,也就有几位老师,助学点之间要衔接,老师在各点之间要衔接,而时间上有限定,更必须衔接好。因此,编制助学课程辅导运行表是一件极为繁杂困难的事。而我们系里的运行表,是必须在成教学院的运行总表排完后,我们才能编制。而且还必须服从总表的安排,这更增加了我们编制的难度。所以,负责编制汉语言文学专业的张廉新老师和负责文秘专业的吕家乡老师,在每次助学活动前,他们都要用很长时间精心做这件事情,甚至还要熬夜加班,经过他们煞费苦心,细心安排,而且要反复修改,运行表方能完成。他们最怕编好后,老师有事,助学点有情况,更怕总表有变化,那就出大麻烦了。有时,甚至要推倒重来,他们就要花费更大的心力。即使局部调整,也是牵一发而动全身,异常费事。所以说,他们在编制过程中所遇到的困难是我们一般人难以想象的。

好在由于他们劳神费力、科学安排,那些年里,每次助学活动尚能有序正常开展,并未出现大的问题。

三是,切实做好助学活动中的协调工作。

助学的协调工作主要有两个方面,一个在校内,一个是外出巡视、走访。

在校内,因我负责这项工作,每次助学活动开始后,特别是在暑假,牵扯的人员、助学点多,便不敢外出。整天守在宿舍里,守着两大张(一大张纸的对开)运行表,写字台上放着内、外线两部电话,随时准备与"前方"联系,以便协调、解决发生的问题。说实话,当时我颇有点指挥员指挥作战的感觉。有时还真有来电:或老师有病,或老师未按时到点,或助学点之间衔接不顺,甚至还有的老师在助学点上吃不饱饭,有的点冬天寒冷难以入眠等等。我们都及时回复,或直接、或通过成教学院、或联系当地有关人员及时予以解决,以保证助学活动的顺利进行。

这里,我想说一下那部外线电话。电话在当时是挺稀缺的,但系里为便于对外联系,也是为了便于管理,就将电话安在我家里。为了这部电话，系里动用了得力的关系，花了 3200 元，才得以安装。安上后，又专门设宴请客招待人家。多不容易啊！正是有了这部电话，与外部联系畅通了，也推动了助学活动的有序开展。

在校外，每次助学活动展开并走向正轨后，我们便外出巡视、走访。巡视，主要是观察了解老师上课和学员学习的情况，发现问题及时解决，同时也倾听老师、学员的意见与建议，以改进助学工作。走访，主要是会见助学点的负责人或相关机构的领导人。这往往是在巡视中发现了较大问题需要处理，或需要协商与助学点的合作发展，以及下一步的助学工作部署等。而这往往是不可或缺的。

在回忆外出巡视助学活动时，我想起了一个人，一件事。

一个人，就是鹿国治老师，他是中文系助学总站唯一的在职中年教师。是我系最大的助学点——威海片区的开发者。同时，也是我每次外出的同伴、得力助手。我虽年长于他，但他的阅历比较广，解决问题特别是应变能力比我强，而且每次外出都是随叫随到、不辞劳苦、勇于担当。许多工作都是他出主意、打头阵。生活上，对我照顾有加，特别是最初，我对参加宴会不知如何应对，他事先便提示我如何当主宾，如何应对敬酒，宴会临结束时应做些什么，等等。有时宴会上我被敬酒者"包围"了，他便屡屡为我开脱或直接代饮。有一次，还主动高歌一曲转移气氛。这一些似乎与助学无直接关系，但也确是助学生活中的一部分，想起来，蛮有意味。

一件事，是 1994 年春天，我们去威海路经潍坊。正在那里上辅导课的谭德姿、刘静敏老师，休息时对我说：主任啊，你外出得代表咱系里形象啊！说着，拿出一张照片给我看，是去年在威海助学点上照的。照片上两排年轻人个个西装革履,精神焕发。而在前排居中的我,穿了件旧夹克衫,也未拉上拉练。颇像个拣废品的小老头。我就有些不好意思。她们马上说,你别见怪,你还是蛮有气质的,也显得挺朴素。不过也该适当打扮打扮,那也就显得帅了。我连忙解释:我平时穿着不太讲究,家里倒有两身西服,那次走得有点急,便这个样子了。接着便郑重表示:虚心接受您善意的、友好的批评,并立即改正。次日,路过烟台时,正好天气也冷,便在国治的参谋下,花三百多元买了件挺像样的风衣。我试穿时,售货员小姑娘还逗趣说:您穿这件衣服有点像李鹏总理出国访问回来的样子。每当想起这件事,我都会悄悄地笑起来,而心里也是暖暖的。

就这样,在多次外出协调助学活动中,我们困惑过、焦虑过,甚至绝望过,有时也经历过一些有趣的令人难以忘却的事。特别面对良好的助学效果,以及学员的过关人数,更给我们带来喜悦,增强我们继续前进的动力。

四是,我们有个社会助学总站。

助学总站,是1990年初由当时中文系副主任朱恩彬教授创议设立的,建站过程可谓一波三折,困难重重。后经多方多次协调,始得正常运转。退休后,他又继续参与领导管理多年。工作人员都是我系退休人员中身体较好而又愿意参加者。他们兢兢业业,不辞劳苦,在站内工作多年,付出了艰辛的劳动。

该站的主要任务是:1.协助选派助学的任课老师;2.编制各专业的助学运行表;3.组织编写并负责印刷、发放各科辅导材料;4.管理助学站的经费,我们聘请陈淑华同志为财务顾问,请研究唐诗宋词的薛祥生教授(退休)管理收、支账目;5.接待助学点来济的工作人员等等。

　　我们的助学总站，由于全体工作人员的齐心协力，做了许多实实在在的工作，因而保证了我系各科各次助学活动的顺利开展，在校内，也赢得了良好的声誉。

　　那些年里，我们系里的自考助学活动，夸张点说：规模宏大，人员众多。可谓轰轰烈烈，颇有气势，并能做到井然有序，细致周到。因此，也取得了较好的效果，受到学员和社会各界的好评。

批阅试卷的日日夜夜

　　这里所说的试卷，是指属于国家考试的高教自学考试试卷，主要是指 20 世纪八九十年代人工批阅的纸质试卷。标题中用了"日日夜夜"这个人们较为熟悉的词，并非故弄玄虚，而是试图显示阅卷工作的艰巨和辛苦。

　　多年的阅卷体验，使我深切地感受到，批阅自学考试的试卷，不仅是一项高强度的劳动，而且也有点像一场场紧张的战斗。

　　我可以先提供一组数据：

　　试卷的数量巨大。每次阅卷全校的总量最少二十万份左右，最多能达近五十万份，每三十份装订成一本，加上众多的考场，按最多数计就有近两万本。而我们系每次都是阅卷大户，往往能占到总量的二分之一，有时可能还多一些。

　　试卷的科目太多、题量很大。为全面考核学员对每门课程学习与掌握的情况，往往要注重试题对教材的覆盖面。一般每份试卷包括五六个大题（也就是五六种题型），四五十个小题，甚至更多。

　　阅卷老师队伍庞大。我校每次阅卷都有上百人或数百人。而我系每次则是数十人或上百人。

阅卷时间一般在一周左右。而我系则是同时开始,最晚结束。

阅卷的组织形式,全校分两种情况:一是大集中,即在图书馆五楼报告厅,多数情况还要加上对面的阅览室。二是小分散,就是其他院系集中在图书馆评阅,中文系则回系里阅卷,这往往是试卷最多的时候更增加了系里的工作负担,因为多了个保管试卷材料和调度试卷材料环节。这项工作,集中阅卷时都是由成教学院负责,是一项相当繁重、相当辛苦、相当仔细的工作。即阅卷的前一到两天,试卷送到后(有的地市考办晚饭前后才能送来)他们必须一袋一袋地先进行割包,然后抽出试卷,接着在试卷袋、试卷封面上再进行统一编号,并做到三号一致,编完号后就撕下封面上写有考点、考场信息的部分进行统一封存,交由专人保管,这个环节叫作保密处理。这看起来简单,实际做起来,必须精细、耐心,否则就会出大麻烦。由于试卷数量多,他们十几人要整天地做,有时甚至要通宵达旦!

这样的阅卷一般是每年两次,即每年的 4 月、10 月。后来有几年到了四次,加了个 1 月和 7 月。不过 1 月、7 月的规模比较小。

以上主要是从量上介绍阅卷的情况,应当说,是够繁重的了。而从阅卷的要求来看,那又是相当高的:一要做到掌握好标准,二要切实做到规范。

所谓掌握好标准,就是严格执行省考办提供的阅卷答案与评分标准。对标准的掌握要宽严适度、前后一致,不能随意提高或降低。对于答案,可在阅卷之初,由各阅卷组根据学员答卷的情况,研究补充答案,汇总筛选后,制定出各科评分细则。一份返还阅卷领导小组,一份交成教学院在阅卷结束后统一转交省考办备案。

自考阅卷是相当规范的。所谓规范,是指某些阅卷的格式。阅卷系流水式,即分题批阅。阅卷老师必须对分工的部分认真评判,要标出试卷错误点,写上应得分。每个小题得分与否都要有标识,或得分,或划0,然后将小题得分累计,登记在大题与卷首的得分栏内。要求书写必须清晰,同时还要签写阅卷者的姓名,而且每份都要签,后来变通为从第二份起可只签一个姓或名字中的一个字。但试卷封面的分数栏内必须登上分、签写全名,以示负责,也便于查证。

这样的要求应算是够细致、够难掌握的了。

由此可见,批阅自学考试试卷,是有鲜明特点的,那就是数量大、试题多、时间紧、要求高,且又是脑力、体力并用的高强度劳动。

那么,我们是怎样组织阅卷的呢?这里主要说一下集中阅卷的一些片段。

阅卷前,我们要认真组织阅卷队伍,不厌其烦地做好思想动员工作。

根据试卷的数量,有时是组织报名,有时以教研室为单位全体老师参加。人员不足时,还动员身体较好的退休老师参加。若还不足,便动员相关学科的高年级研究生参加进来。人员确定后,便编排阅卷组,阅卷组要照顾专业、要老中青搭配。每个组必须有一二位年轻教师,因为他们要看那些题量特别大的选择题。每组还必须确定两位老师负责复核质检工作。接着便召开全体阅卷人员大会,有时,在这之前还要先召开阅卷组长会。全体人员会议上主要反复强调阅卷的重要性,讲清楚本次阅卷的任务与要求,要特别注意把上次本系或外系阅卷中出现的问题向大家讲清楚，以便强化责任，引起警惕。

阅卷，对一位高校教师来说，本是很平常的事。学生考试完了，你坐在写字台前，泡上一杯茶，逐一批阅学生的试卷，一般并没有太大的紧迫感，有时遇到一份好试卷而又是你所熟悉的学生，还挺能提高你的情绪。而当你坐在阅卷大厅里，那就迥然不同了。几百平方米的大厅，单是中文系就聚集着数十名或上百名阅卷老师，阅卷组紧紧地挨在一起，你的前后左右、身旁对面都有人，桌上、地上摆满了一堆堆试卷。偶尔还传来一阵阵的算盘声（那是在统分）。尽管阅卷秩序整体还算是好的，统一休息，有专人送水，执勤人员守卫着楼门和大厅门。但在这样拥挤的环境里，面对试卷，逐一批阅，要一个题一个题的评判，一个白天要工作七八个小时，要完成数百份试卷。既要求数量，又要求质量，能不累吗？特别是到阅卷的最后几天。几乎人人都累得腰酸背疼，头昏脑涨。中间休息时，有的年轻老师慵懒地活动活动身体，有的则叫苦不迭。年长者则闭目养神，有的站起来趁机去倒杯水，有的干脆伏案小憩。

至于挑灯夜战那是经常的事。因为任务太重，粗略地算一下，每人平均一天要批阅七八百份试卷，方能完成。所以，仅仅靠白天，是不够用的，这就必须夜战。入夜，周围大环境寂无声息了，大厅内也比白天显得安静些，有时能清晰地听到掀动纸页的声音。而老师们工作了一天，也已经筋疲力尽了。但，他们依然坚持着，依然在一份一份地批阅着。这时，如能站起来伸个懒腰，稍作喘息，便是一种幸福了。这样的情景有时能持续到深夜十时，方才被动员停下来。而那些在校外居住的老师，还要拖着疲惫的身躯，在朦胧的夜色中回家。

正因为如此，所以每次阅卷结束时，看着一个个面带倦容，坐在椅子上不愿动弹，甚至似乎不准备离去的老师们，我作为负责这项工作的人，常常是心潮涌动，感动不已，甚至满怀歉意。有时我还想到，尽管在阅卷大厅内外，听不到隆隆的炮声，看不到滚滚的硝烟，也不会有真正的流血牺牲（带病工作者却时有其人）。但老师们在进行着这种高强度的重复性劳动，而且要持续好多天，将会损伤多少细胞，耗费多大精力啊！这难道不像一场战斗，不是一种无形的牺牲吗？

尽管如此，每次阅卷任务下达后，老师们依然报名，依然参加。这是为什么？我想应当是，大家认为这是一种责任，一种义不容辞的神圣责任！

论文答辩三部曲

论文答辩，是高教自考学员修完本科段的所有课程，全部考试合格，并按要求完成毕业论文写作后安排的一个后续活动。目的在于进一步训练学员的科研能力，考核其口头表达能力和应变能力，同时，还要考查论文写作的真实性。

这里所回忆的，是我们亲历的论文答辩发展过程的三个阶段。所谓"三部曲"，只是"美其名曰"而已。

第一，是指首次论文答辩。首次论文答辩是汉语言文学专业本科的自考学员。时间是在1991年的4月上旬。是我省自考所有本科开考专业的第一批学员。据省考办介绍，也是全国的第二批答辩学员，第一批是天津市的，但具备答辩资格的仅有一人。而我省首次有答辩资格者，则是二十八人。

由于对我们而言是首次，又是全国第二，是新事物，这便引起诸多方面的重视。

省自考办的领导亲临我校,与学校领导以及成教学院(当时还是成教处)、中文系的有关人员专门开会,认真部署了这次答辩的具体任务,提出了明确要求,最后决定成立答辩领导组与答辩学术组。领导组由省自考办与学校有关领导和成教学院与中文系的主要负责人组成,指导整个答辩活动的开展,随时解决遇到的较大问题。学术组由中文系的领导和教授组成,负责制定答辩的评判标准、等级划定、答辩的流程、方式,以及有关的注意事项。经研究决定,答辩参照在校硕士研究生答辩的程序和方式。

系里有关人员,根据会议的要求,经研究后明确答辩前做好三件事:一是编排答辩组。先是把二十八名学员分成七个组,根据省考办提供的学员名单,适当考虑专业与地区分布。相对应的由有关专业的老师组成七个答辩组,每组三人,要求是副教授及以上的老师,答辩组长一般由教授担任。负责组织答辩工作、撰写评语、协商划定等级(分优秀、良好、及格、不及格四等)。各组还要配备一位秘书做好记录、誊写评语、传递论文等。还要安排一位工作人员,由系内职工或高年级的本科生担任,负责布置答辩场地、引导学员、为老师们服务等。二是学员报名交上论文(一式三份)后,立即分组集中,尽快交答辩组长,有时还要帮助送交答辩老师。每位老师要在答辩的前夜阅读本组学员的论文,并围绕论文准备三至五个问题,以便次日答辩时向学员提问。三是各组工作人员负责布置答辩场地。要按研究生答辩的要求,摆好桌椅,并为营造气氛,黑板上写上"××组论文答辩"的彩色大字,教室门上张贴答辩的组别。

论文答辩的流程大致是:首先,召集全体学员开会,讲明答辩的要求、方法、步骤,以及应注意的事项。继而,宣布学员分组名单与答辩组长的姓名和答辩地点,然后由该组工作人员带回。再与老师见面,并抽签排序。

答辩正式开始前,像在校研究生那样,教师与学员在指定的位置坐定。老师们对这场答辩非常重视,不仅事先做好准备,提前到达答辩场地,连衣着也很讲究,如朱恩彬、朱德发、韩之友等好几位教授把平时舍不得穿的出国时的服装都穿上了,一个个西装革履,系上鲜艳的领带(当时平日里穿西服者比较少见),往答辩席上一坐,尤显端庄、威严,更增添了答辩的庄重、肃穆气氛。

答辩开始后,老师们逐一向学员提问,一般提出的问题有五个左右。由于问题均是围绕论文提出的,因而学员尚能较好地作答。但由于多数学员初次参加答辩,有的显得很紧张。如有一位聊城地区的学员,老师还未提问,脸都黄了,神情紧张、局促不安。回答问题时,声音发颤说不下去。老师们便耐心开导,讲些轻松的话语,帮助其平复情绪,然后再继续回答。答辩时也可连续提出问题,并加以追问,以考查学员的应变能力,并可检验其论文的真实性。

本组学员依次答辩完后,稍作休息,老师们继续撰写、誊清评语,商定等级。然后再召回学员,向他们宣布答辩结果:只宣读评语和论文是否通过。等级由省自考办通过地市自考办公布,并发还一份论文。

答辩全部结束后,各答辩组要将等级定好、评语写好,并签上全组老师的姓名。然后由系里汇总,复查后再加盖公章。同时,还要收集答辩过程中的诸多情况,写成总结报告,连同两份毕业论文一起送交省自考办。

至此,我省首次中文自考本科毕业论文答辩才算圆满结束。

第二,从第二次论文答辩起,参加答辩的人数达到上百人,甚至二三百人。由于有了首次答辩的经验,对答辩的组织工作、答辩的程序与方式,以及在整个过程中可能出现的问题,我们都心中有数了。但由于答辩学员急剧增加,便加大了工作的难度与强度。

在我的记忆中,有三件事留下了不可磨灭的印象。

一是,答辩组的编排。我记得第二次答辩学员大约是一百五十人左右,要编成十五个答辩组,每组十人左右。动用的老师近五十人。还要适当照顾专业与地区,这样便增加了编组的难度。当时负责编组的年轻教务员用了两天时间都未编成,最后还累得发烧。只好又增加了两位老师,又用了一天时间,方才赶在学员报到之前编完。

二是,答辩的组织工作。由于人数的增多更增添了一些难以想象的困难。譬如答辩前的动员会,只好转移到图书馆五楼的报告厅,能容二百多人,有时还有站着的学员。尽管如此,我们还是坚持认真组织,做好动员说明工作。每次开会,由我主讲,而住在校外的周均平副主任总是匆匆赶来主持会议。我说,你不用赶来了,我自己讲讲就行了。他说,这表示我们重视,会议显得正规、郑重其事,也是为了引起学员的重视。然后,宣布学员名单以及答辩的地点、老师姓名等,再让工作人员认领,引导学员有序地离开。再如,答辩前的准备工作加重了:一位老师要在一个晚上阅读十份左右的论文,准备三十多个问题,这是多么大的工作量啊!另外在时间上,也是由于人数多,白天难以完成,而不少学员还要赶回去上班,只好挑灯夜战。所以,每逢答辩时,入夜了,教学三楼依然是灯火辉煌。

三是,答辩过程中,发现一些难以解决的问题。其一是论文选题过于集中。有一次答辩,竟然有数十名学员都选了《试论阿Q的性格特征》,且写法相近。而学员则因工作任务重、生活压力大、参考资料少而叫苦不迭。我们虽不能感情用事，但也不好轻易就判雷同卷。其二，论文的真实性问题。由于论文的数量多，又是连续组织答辩，而老师们工作非常繁忙，不可能作细致的查找对比。可我们又不敢轻易判为抄袭，有时挺焦虑的。

第三，随着中文本科段课程全部通过者越来越多，参加毕业论文写作与答辩的学员也必然日益增多。进入这一阶段，每次答辩的学员稳定在三四百人，经历最多的一次竟达八百多人。这是多么壮观的答辩队伍啊！而我于1995年退休，先后接替这一工作的是魏建、王化学老师。根据新出现的情况，他们也对答辩工作不断地进行改革、完善。因而，每次都顺利地完成了任务。这其中必定有许多精彩的小故事和令人称道的好经验。而这些往事，将由他们来回忆了。或者说，这一"曲"，期盼他们来"吟唱"了。

行文至此，我如释重负，终于可以松一口气了。

回眸高教自考在中文系的诸多往事，我思绪万千，感慨多多。而我毕竟是年过八十的老者，已步入耄耋之年，心力与笔耕均大不如前了。但面对继续教育学院的小郭院长的盛情相约，我不能拒写。我们之间，确是真正的忘年交，多年相处，配合默契，关系密切，感情甚笃。同时，又恰逢我校举办成人教育六十周年的喜庆日子，我参与成教工作多年，应有义不容辞的责任，来表达自己的心声。还有，我昔日的战友，当年中文系的主任韩之友、副主任周均平同志，我们并肩战斗，休戚与共，相互扶持，亲密无间。而他们近期或身体欠佳，或任务繁重，难以撰写这方面的往事。他们希望我能动笔，并提出许多好的建议。对此，我更无法推脱。凡此种种，于是，我只好抖擞精神，勉为其难地写了以上这一篇幅冗长,甚至有些杂乱的文章。其中定有许多不妥之处,因此,恳请阅读此文的诸君多多批评指正。

（原载《筑梦之路——六十载成教往事》,
山东人民出版社 2016 年版）

八、一套应需而生的中文
"专起本"系列教材①

1984年,经省教委批准,同意我校招收夜大、函大中文三年制本科。后又于1992年批准我校面向全省师范专科学校招生,单独编班(过去招收这类学生均随本科三年级学习)。再继续学习相关的本科课程,最后达到本科毕业的水平,取得相应证书。这样既为有志继续深造者开辟多渠道提高学历层次的途径,也为国家现代化建设培养更多的本科人才。

而在当时,这一特定教学阶段并没有专门的教材。从全国范围看,也选不出较为合适的代用教材,最后只好借用一般本科段的教学用书。这便造成某些学习内容的重复或缺失,给实际教学带来很大的不便,也使学员应具有完备的知识结构受到影响。

为适应这种专科起点本科教学的特殊需要,经反复研究,并取得青岛海洋大学出版社的支持,决定自己动手,编写一套中文(即汉语言文学专业)"专起本"系列教材。

首先,成立编辑委员会,以指导整套教材的编写工作。

经反复酝酿,编委会由系内各学位点带头人和现任系行政负责人组成,共九人。他们是现当代文学硕士学位授权点朱德发,

---

① 本文系著者与韩之友教授合作撰写。

文艺学学位点李衍柱,现代汉语学位点高更生,外国文学学位点刘念兹,古代文学学位点李伯齐;现任系主任韩之友,副主任朱本轩、周均平以及被聘为主编的冯中一先生。

在酝酿、组建编委会的过程中,陆续进行了以下几项工作。

一是,敦请冯中一教授担任系列教材的主编。

冯先生在系内德高望重,学术造诣深,是写作教研室主任,又是著名的诗歌评论家,还兼任省写作学会主席、省作家协会主席。由他任主编,深得大家的拥护。同时又商定,由分管教学工作的朱本轩担任副主编,协助冯先生做些事务性的工作,并负责教材出版、印刷及发行的有关事宜。

二是,明确教材编写的总体设想与原则要求。

在冯先生主持下,编委会研究认为,教材编写应以建设有中国特色社会主义理论为根本指针,认真贯彻党的教育方针和培养"四有"新人的时代要求,在现有专科教材的基础上开拓理论视野,更新知识结构,要特别注意与现行专科和一般本科教材的联系与区别,在内容上应是专科阶段必修基础课的拓宽与加深,以确保阶段性教学的质量。

教材编写的原则要求是:一要提高科学性。即必须按照中文专业四年制本科的培养规格及各科教学大纲,组织相应的学科内容,力求使每种教材都成为各学科专科阶段基础知识和基本理论的补充、深化与扩展。一般不再重复已学过的知识系统,也防止选修课式的过专过高的学术探讨。二要加强现代性。即要注意运用现代意识和多维视角,关注各学科的发展,适当吸收各学科研究的前沿成果,以使教材能跟上科技的发展与社会的进步。三要讲求实用性。即教材的编写既要为全日制专升本二年本科提供教学依据,更要充分顾及成人业余学习的特点与规律,力求论析深入浅出,行文简练概括,适当联系实际,注意突出重点难点的论述。编写体例要大体一致,一般应按篇、章、节的等次序列。每章后应提出适量的思考练习题和参考资料索引等。

三是,拟定系列教材的书目。

经反复研究,决定这套教材共包括十种十一个分册,各册的书目定为:1.古代汉语专题教程;2.现代汉语专题研究;3.中国古代文学分体研究,包括两册:上册为散文、诗歌卷,下册为戏曲、小说卷;4.中国现代文学史论;5.中国当代文学史论;6.外国文学专题研究;7.美学通论;8.古代写作学;9.语言学概论;10.语文教学专题研究。同时商定,随着教育、教学改革的发展,也可作适当调整。

四是,召开教研室主任会议。

传达编委会研究决定的有关事项,组织与会人员讨论,统一思想认识,明确教材编写的设想与要求,并议论各学科教材编写的思路与步骤。

五是,聘请外国文学教研室主任王化学老师负责整套教材的封面设计。

其次,组织系列教材的编写。

经反复研究,大家一致同意由各学科教研室主任负责组织编写。这样,一方面可以充分发挥各学科教师的聪明才智、教学经验与科研成果,也可作为本学科的一项研究课题,促进教学与科研的结合。教研室主任应带领全室老师反复讨论领会编委会关于教材编写的设想与原则。然后拟定编写大纲,明确编写的范围与内容,在此基础上分工编写。教研室主任应关注编写的进度与内容,并负责通稿工作。最后请本学科的资深教师审阅书稿。

再次,关于教材的出版、印刷与发行。

　　教材的出版由青岛海洋大学出版社承担。社领导很重视这套教材的编写与出版,由社长亲任责任编辑。根据教材编写的进展情况,安排、调整申报书号的计划,并负责各册教材的最后定稿。关于出版,要补充说明的是:教材编写展开后,我们曾派专人到教育部师范司汇报情况,期盼能够得到支持与帮助,并希望他们能参与审定书稿,有可能的话,加以推荐。但因他们的确繁忙,人员、资金也不足,因而未能取得他们的支持。

　　教材的印刷由出版社统一安排。第一册《语文教学专题研究》,由周村印刷厂印刷。后来考虑到书稿校对与修改的方便,经与出版社协商,改由我校印刷厂负责印刷。学校印刷厂更能做到密切配合,根据书稿完成的情况,及时排版、印刷。有时还加班加点,如《美学通论》、《语言学概论》两书,为配合教学进度与作者申报职称,便是这样赶印出来的。

　　教材的发行,由学校图书馆教材科负责。该科负责供应全校各专业的教学用书。由科长专门负责这套教材的发行。一般是每二三册与出版社结算一次。最后两册因财务制度的改变、人员的调整,拖延了一些时日,直至2005年底才完成教材款的结算。

　　这套应需而生的教材,从第一册《语文教学专题研究》(1994年7月出版),到最后一册《语言学概论》(1997年8月出版),共历时三年。而实际开始酝酿是在1992年春季,在与出版社商谈《语文教学专题研究》一书的出版事宜时,提出了这套教材编写计划。经反复协商,出版社才同意承担的。所以,到最后与出版社结算剩余教材款及部分稿酬和劳务费的分发,已是2005年底了。算来先后有十三年。其间,在出版、发行过程中也是几经曲折,有时几乎是停滞不前,尴尬的局面也时有发生。但由于编委会对这一任务的坚持、协调,更由于全体参编教师的辛勤耕耘,以及出版社、印刷厂和图书馆的鼎力相助,终于使这套教材的编写设想与计划得以圆满完成。也终于填补了这一特殊教学阶段多年来缺少专用教材的空白。至于高等教育出版社筹划编写出版"专起本"教材时,大约已是十余年以后的事了。

后来,省自考办也将这套教材列为高教自考汉语言文学专业本科学段的自学考试用书。山东省教育学院(现齐鲁师范学院)也选用了部分教材,作为其函授大学和培训班的教学用书。

最后,我们还要缅怀冯中一教授。冯先生尽管当时年事已高,校内外兼职多、任务重,还要带硕士研究生。但当我们提出邀请时,便毫不迟疑地欣然接受教材的主编任务。不久,就撰写出编辑前言,明确地提出了教材编写的总体设想与原则要求,又主持论证了前六种教材的编写大纲,还审定了封面设计的样稿。令人意外的是,在《语文教学专题研究》和《中国现代文学史论》两书出版后,我们敬重的冯先生不幸于1994年11月13日因病仙逝。先生为这套教材的编写、出版倾注了大量心血,付出了辛勤的劳动。所以,每当谈及或看到这套教材或某册书时,我们便由衷地想起了他。他依然活在我们心中。

(原载《筑梦之路——六十载成教往事》,
山东人民出版社2016年版)

九、传统作文教育述要

我国古代很早就有学校,并十分重视学样教育的作用。如孟子所说:"夏曰校,殷曰序,周曰痒;学则三代共之:皆所以明人伦也。"(《滕文公上》)《学记》中说:"君子如欲化民成俗,其必由学乎。"并据此,先后举办了官学、私学,设立了相应的课程。我国古代到清末,语文没有单独设科,也无"语文"这一名称。它是与经学、史学、哲学、伦理学等熔为一炉的。

我国早在殷商时代就有了文章。而《尚书·尧典》中就已有了"诗言志"这种萌芽状态的文章学理论,后来曹丕的《典论·论文》,特别是刘勰的《文心雕龙》,更是我国文章学,即写作学杰出的理论著作。《礼记·内则》则明确规定:儿童十岁要开始练习"肄简"(即写)和"肄谅"(即应对),这应是最早最基础的作文训练了。

古代的语文教育存在于启蒙教育之中,先秦两汉的"小学",后来的"蒙学",都有今天的读写训练内容,只是没有独立的"语文课"。一般认为传统语文教育大致有三个阶段:启蒙阶段(以识字教育为中心);读写基础训练;进一步阅读和作文训练。相当于现代小学至初中阶段的教学内容。

古代语文教育中的作文教育,也无独立系统的训练,往往是根据社会的需要培养相应的能力。先秦时期,为适应当时的需要,文人游说著述,重视培养独立思考问题和口头表达能力。如《论语》中的"侍坐"章,便是典型一例。为阐明政治主张,散文的形式广为应用。魏晋南北朝时期,常有赋与法律的辩论,固然多尚空谈,但也锻炼了口头表达与思辨能力。后来,与科举制度设立与发展的关系日益密切。隋朝起,设科考试,选拔官吏,分科取士。唐代,除"进士"科外,又设秀才、明经、明书诸科,多以诗赋取士,兼有"口试"。至宋代,王安石宣布废除口试,取消诗赋、帖经、墨义等,专用经义文取士,要求写策论,开始训练写经义文。明代以后,以"四书"、"五经"中的文句为题,限定文章的格式为八股,即八股文。解释须以朱熹的《四书集注》为据。于是,又开始训练八股文,直至清朝末年。

清末,废科举,兴学堂。光绪二十九年(1903)清廷颁布了《奏定中学堂章程》(另有小学堂、高等学堂、师范学堂等)。史称"癸卯学制"。"章程"中的课程设置,除"读经讲经"外,更有"中国文学"一科,并明确规定其内容为"读文、作文、习字"。一般研究认定,这是语文单独设科的起点,也是语文学科发展史的分界点。但,纵观我国学校教育的发展史,语文教育及其重要组成部分的作文教育,从古以来,或潜在、或孕育、或直接阅读与写作教学活动,一直客观地存在着。应当说,经历了一具漫长的发展过程,并积累了丰富的经验,形成了较为完整的作文训练体系,以及训练步骤、方法等,现择要阐述于下。

一、训练的要求

古代对作文训练的要求,先是文章大家提出对一般写作要求,后逐步有了对作文的训练要求,概括起来说,即文辞贵明通,笔气要清顺。

刘勰在《文心雕龙·养气篇》中指出:"率志委私,则理融而情畅;钻砺过分,则神疲而气衰,此性情之数也。"他认为生理的血气与心理的志气是相关联的,血气刚健,就志气清明;心理志气又是与作品的文气相关联的,志气清明,就文气流畅,这是就文章本身的规律看,对文章的写作提出较高的要求。他反对初学写作者,即学生的作文追求"奇"与"巧"。他指出:"若骨采未圆,风辞未练,而跨越旧规,驰骛新作,虽获巧意,危败亦多,岂空结奇字,纰缪而成经矣。"

陆游在《读近人诗》中批评当时诗文写作中的不正之风:"琢雕自是文章病,奇险尤伤骨气多。"

二人均主张初学写作者要有一个朴实的文风,即做到清顺明通。

梁代的沈约主张:"文章当从三易:易见事,一也;易识字,二也;易读诵,三也。"这是从读文的对象提出的要求,与上述二人均主张学生作文训练先求通畅表达,不事新奇雕琢。

宋代李涂在《文章精义》中作出更具体的阐述:"学文切不可学怪句,且先明白正大,务要十句百句只如一句,贯穿意脉,说得通处,尽管说去,说得反复,竭处自然住。所谓行乎其所当行,止乎其所不得不止,则作文之大法也。"

清代崔学古在他的专著《少学》里对写作的规定是:"造意要超卓,立格要正大,题旨要明透,笔气要清顺。"应当说,对文章的立意、布局、题旨与语言的论述简要而全面。但"超卓"、"正大"、"明透"对初学者要求太高,唯"清顺"的要求尚可。

至于"明通",则是张百熙、荣庆、张之洞等在《学务纲要》中对学生作文只提文辞方面的要求,即"中小学堂于中国文辞,止贵明通"。

对于文章的"意"、"气"、"志"等,古代文论家是极为重视的,都有明确的要求,但对初学写作者,首要的要求是做到文辞明通,笔气清顺就可以了。

二、训练的原则

1.读写结合,古人很重视读对写的作用,认为读是写的前提、基础。要写文,首先要读文;要指导学生作文,首先要指导学生读文。

汉代扬雄说:"能读千赋,则能为文。"

诗圣杜甫认为:"读书破万卷,下笔如有神。"

还有"劳于读书,逸于作文"的说法。这是元代程端礼引用史果斋先生的话,形象地说明了读与写的关系,即"读书如销铜,聚铜入炉,大鞴扇之,不销不让,极为费力。作文如铸器,铜既销矣,随模铸器,一冶即成。只要识模,全不费力。所谓劳于读书,逸于作文,此也"。

清代唐彪对此作了更为详尽的阐述:"文章读之极熟,则与我为化,不知是人之文,我之文也。作文时,吾意所欲言,无不随我欲,应笔而出,如泉之涌,滔滔不竭。"他认为,这是因为"多读,且又得父师良友指点,则书中义理与作文法度了然于心,握笔构思时,自有确然见解,天然议论,出于心手"。

以上所述,均为古人为文经验之谈。

2.词意并重,古人训练学生作文,主张二者并重。或曰:"辞章"、"义理"并重。也就是说,作文应该以"意"为主,以"义理"为根本。但是,好的"意",正确的"义理",必须用恰当的"词",好的

"辞章"表达出来。这取决于对文章内容与形式关系的正确理解。

刘勰的《文心雕龙》中有《情采篇》，他指出"故情者文之经，辞者理之纬，经正而后纬成，理定而后辞畅，此立文之本也"。这就是说，"情"，指作品的思想感情，用以代表作品的内容；"采"，是作品的文采，兼指作品的声律，用以代表作品的形式。他认为内容是决定形式的，而从其对"情"与"采"的关系论述中，对"采"，即形式，也认为是重要的。

杨希闵引陆九渊的话说："吾友却不理会根本，只理会文字。若根本壮，怕不为做文字。今吾友文字自文字，学问自学问，若此而已，岂止两段，将百碎也。"

章学诚从另一方面指出："义理不可空言也，博学以实之，文章以达之。"

孙奕指出作文有三病：意到而辞不达，如讼者抱真理，口讷莫伸，一病；辞达而调不工，如委巷相尔汝，俚鄙厌闻，二病；调工而体不健，如堂堂衣冠美丈夫而无精神，三病。

唐彪引顾泾阳的话说：意与词相为联属者也。意铸矣而词不琢，将并其意而失之。……是作文不可有意无词也，然琢词不可无法。

以上所述，从不同侧面论述了作文应做到词意并重，不可有所偏废。

三、训练步骤

1. 从模仿到融会，古人认为，学生作文应从模仿开始，这是从大量的写作训练实践中总结出来的经验。

朱熹说："古人作文作诗，多是模仿前人而作之。盖学之既久，自然纯熟。"这就是说，熟读某人的文章，潜移默化，写出手就相像，也日益熟练。朱熹又说："读得韩文熟，便做出韩文的文字；读得苏文熟，便做出苏文的文字。"这不仅是他自己的经验之谈，也是一般写作的规律。

如何模仿？据古人的主张，大致有二。

一是模仿名家名篇，即所谓走"正路"。朱熹认为："大率古文章皆是行正路，后来杜撰，皆是行狭隘邪路去了。而今只是依正的路脉做得去，少间，文章自会高人。"即研究大家及其文章，吸其所长，坚持行正路，这也是大家成"家"的一般过程。

二是不袭古人诗文。清代陶石篑主张："读诸经书，诸史子，诸古文，熔金变化，做成自家一种手笔，而无模拟盗袭之迹，方称大家。譬如酿花为蜜。蜜成而不见花也；酿稻成酒，酒成而必去其糟也。"这个要求对初学者是不易做到的。不抄袭的模仿，要注意融会吸收，坚持如此练习，定有长进，而这种练习也便含有"创造"的因素了。

唐彪引用王守溪的话阐述得更为深入明确："所为文必师古，使人读之不知所师，善师古者也。韩师孟，今读韩文，不见其为孟也；欧学韩，今读欧文，不觉其为韩也，若枸枸模仿，如邯郸之学步，里人之效颦矣，所谓师其神，不师其貌，此最为文之真诀。"这也是强调在模仿古人时，要切注意融会与创造，不去抄袭性的模仿。

因此，模仿古人，不抄袭古人，这是学习古人写作的正确原则与途径。借鉴古人的写法，表达今天的内容，务必应在模仿的同时，切实加以融合，只是单纯的抄袭，便是行邪路，那是达不到练习作文的目的的。

2.先放后收，古人大多主张训练学生作文，要有一个先放后收的过程,即首先鼓励学生大胆地学,尽情地写,等到有了一定的基础,再要求其行文时做到精炼严谨。这应是符合学习作文的一般规律的。

苏轼认为:"凡文字少小时须令气象峥嵘,彩色绚烂,渐熟乃选平淡。其实不是平淡,乃绚烂之极也。"欧阳修最主张为文要严谨庄重,但他也认为"作文之体,初欲奔驰"。

宋人谢枋得特别强调:"凡学文,初要胆大,终要心小,由粗入细,由俗入雅,由繁入简,由豪荡入纯粹。此集皆粗枝大叶之文……初学熟之,开广其胸襟,发抒其志气,但见文之易,不见文之难,必能放言高论,笔端不窘束矣。"他根据"先放后收"的原则,编了一本阅读课本,名曰《文章轨范》。该书分两部分:前半为"放胆文",后半为"小心文",上文便是"放胆文"部分的引言。

清人王筠也是这种主张:"作诗文必须放,放之如野马,踢跳咆嗥,不受羁绊,久之必自厌而收束矣。此时加以衔辔,必俯首乐从。"他并以王木舟先生的作文经历作为实据。王先生"十四岁入学,文千余字;十八岁乡魁第四,文七百字;四十岁中会元,文不足六百字矣。此放极必收之验也"。这是总结了训练学生作文的有效途径。

初学者由于不会作文,时感无所适从,且有畏难情绪,如鼓励其放胆写、尽情写,发挥其想象,抒发其情志,便可能破除其畏难情绪,文章也会由生到熟,由粗到精,逐步提高。如开始就提出过高要求,过多的限制,势必束缚学生思想,影响写作水平的逐步提高。初学阶段,为不挫伤其信心和兴趣,批改也不宜过多。

当然,所谓倡导放胆写,并不意味着放松对用词造句的严格训练。

四、训练方法

1. 多作多改，古人十分重视读对写的作用，但又认为，读不能代替写，要写好文章，一定要常写多写。

宋陈师道说："永叔（欧阳修）谓为文有三多：看多、做多、商量多。"也就是说，要写好文章，就必须多读、多作、多商量。苏轼也曾说：学作文章，一定要多看多作。

对此，清姚鼐作过简明扼要的解释："大抵文字须熟乃妙，熟则利病自明。手之所至，随意生态，常语滞义，不遣而自去矣。"这里说的"利病自明"，自是作文熟练的表现，而达此境界，只有多作。所谓"多作"，主要指写成篇的文章，但也注意基本功夫的训练。如属对，便是一种初步的作文训练。"属对"，也叫对对子，是一种实际的语音、词汇和语法的训练，同时也包含修辞、逻辑训练的因素，是一种综合的语文基础训练。这种训练形式，一直延续到清末。

对多写常写，唐彪也有其主张。他指出："谚云'读十篇，不如写一篇'。盖常作则机关熟，题虽甚难，为之亦易；不常做则理数生，题虽易写，为之则难。"

也有人主张集中训练，认为人生作文，须有数月发愤功夫，而后文章始能大进。

多改，目的是深入揣摩，这是前人在作文训练方面的突出经验。贾岛的"推敲"，欧阳修的"环滁皆山也"，王安石的"绿"字，皆系轶闻美谈。所以，应鼓励初学者，为文勤于推敲，认真修改自己的文章。

多改，不仅依赖老师改，要求学生自己修改。不仅指个别词句的润饰，也指通篇文章的检点，唐彪就指出："如文章草创已定，你从头至尾，一一检点。"

多改，也指反复修改。宋吕本中举欧阳修改文为例，他说："文字频改，工夫自出。近世欧公作文，先贴于壁，时加窜定，有终篇不留一字者。"

也有人提倡看别人怎样修改文章。从中体会写法，汲取经验。宋朱弁以黄庭坚改文为例，指出："黄鲁直在桐国寺得宋子京唐史稿一册，归而熟视之，自是文章日进。此无他也，一见其窜易字句与初造不同，而识其用意所起故也。"

2.程式化训练

作文训练应适当讲究程序，但一旦程式化了，便将产生诸多弊端，束缚学生的思想，使之一味追求形式，言之无物之风盛行。

程式化的作文训练，源于唐代的帖经和应举诗。唐代以诗赋取士，作应举诗需有"破题、额比、颈比、后比、结尾"一些名目，并形成格局。至宋，废除诗赋，以经义文取士，便又开始训练经义文，也有相应的程式，但还不太死，而朝廷提倡，蒙馆训练作文走向程式化。大致把一篇文章分为几个部分：一是"冒"（义头），是个总冒，概括说明全文的主旨；二是"原"（原题），解说题意的本原；三是"讲"（入腹），即对题意的发挥；四是"证"（引证）引用古书上的话或别的事例来论证；五是"结"（结题），即结论。这五段程式，训练时分步进行：先练"冒"，练熟了再练"原"，进而再练后三步，及至最终练写整篇文章。这种程式从宋代起，经元至明代初年。

明代中后叶，文章写作演变成八股文，将文章的构成分为八股，即破题、承题、起讲、提比、虚比、中比、后比、大结。这样一个极为死板的程式，将文章的格式规定得死死的，在内容上则规定须以"四书"、"五经"中的文句为题,解释与议论须依朱熹的《四书章句集注》为据。也就是要体现儒家的正统思想,做到代圣贤立言。清初的三儒之一顾炎武对八股文的潮流和内容作过精辟的分析,他认为八股文是极其有害于天下的。八股取士,使人日至于消耗,学术日至于荒陋。他力主为文要"有益于天下,有益于将来"。

到了清代,还编了不少八股文选,供学生阅读学习。

这种训练方式,流行了千余年,除有适应科举考试的因素外,作为一种语文教育方法。从指导作文训练看,似还有一定的可取之处。

一是,无论"冒、原、讲、证、结",还是"破题、承题、分股、大结",作为板滞的公式是错误的,但是讲究文章写作的"起、承、转、合",还是符合作文规律的。与一般议论文的结构,还是与其相符的。这是说议论的一般步骤,无非是提出问题,分析(论述)问题,解决问题(得出结论)。论述也要求分层次,也常需从正反两个方面进行。因此,这个基本步骤,对初学者练习作文还是有一定帮助的。

二是,先学局部(分步练习),后学整体(练全篇),作为一种作文训练的方法对学生的基本技能的训练,作文能力的提高,还是有一定作用的。

一般认为,探究传统语文教育,着眼点应主要放在方法上。对传统作文教育也应如此,所谓方式方法,是指教学的步骤,训练的途径以及教材的编写等等,要通过认真的研究,汲取其行之有效,至今仍有借鉴意义的东西,并把它传承下来,予以应用。

十、唐彪的《家塾教学法》及其作文教学观

唐彪,字翼修,浙江金华人。清初教育家,语文教育家。他主要活动于康熙年间,曾受学于应嗣寅、王言远等人,一度出任武林(今杭州)学官,后退居归田,边教学,边整理教育著作。传世的有《家塾教学法》(含《父师善诱法》)、《读书作文谱》)等。唐彪的生平,现存的有关地方资料未著录,故无从考定。但从仇兆鳌、毛奇龄两人的序言及唐彪辑著中,可以推断出,他生活在明末崇祯至清初顺治、康熙年间。同时,也可推断出他从事教学多年,而且十分重视教学经验的积累和教学理论研究,并著书立说,对语文教育作出贡献。

一、唐彪的《家塾教学法》

《家塾教学法》,可以认定是我国第一部以"教学法"命名的教学法著作,也是最早的语文教学法专著。它包括诱导家庭子弟识字读书的《父师善诱法》和指导塾学童蒙语文教育的《读书作文谱》两部著作。它虽是语录体著作,但已形成较为完整的教学法体系,故应属教学法专著。被西方推崇为"教育史上第一个教学法理论家",古罗马的昆体良(35—95)其著作《论演说家的教育》,

约比我国的《学记》晚一百年，也未以教学法命名，而唐彪的《父师善诱法》，以论教法为主，遵循"善诱"的原则，充分体现指导学习方法，养成学习习惯，讲述学习效率的根本精神；《读书作文谱》以论学法为主，要求把学习心理的修养，作为"学基"，然后分论读写基本功诸法，旨在提高读写基本能力。17世纪捷克教育家夸美纽斯，于1632年写成《大教授学》，现译为《大教学论》，系统论述了教学法则、规律的理论。其略早于唐彪。但主要是讲教授学，而唐彪专论学法，兼论教法，这是优于夸美纽斯的。

《家塾教学法》是一部谈论家塾语文教育的辑著。它总结历代教学法理论精髓，其内容重在对宋元以来教学法理论的归纳和提要。著作中除推崇二程、朱熹等理学家的教学观，还博采许多文章学家、写作学家、书法家、文学家和文字学家的精辟言论，辅以一些个人的教学经验和教学调查，草创了一个包括教法和学法指导的教学体系，并逐步形成一个完整的读写训练体系。

《家塾教学法》包含《父师善诱法》与《读书作文谱》两个分册。

《父师善诱法》分上下两卷，专论识字、读书和作文的教法。上卷十三节，从宏观上把握教学的诸要素，分别论述教师、学生、教材、教法等方面。着重论述父兄教弟子之法，尊师择师之法。下卷十七节，专门从指导学生掌握学法的角度，重点讲述教法、学法以及作文、改文和识字、写字的方法，这一分册贯彻始终的是循循善诱的方法论。

另有补遗二则：

一是，"不习举业子弟工夫"。提出普及教育中重视实用文的教学问题。

二是"村落教童蒙法"，提出适用于农村教育的教学内容问题。

《读书作文谱》,全书共十二卷。

李国钧的序中认为是总结其写作八股文的经验,即"指点弟子如何作八股文"。仇序也认为"于制举之文尤注意焉"。赵伯英序认为,是一个指导语文学习方法的系统,总结了进行读写训练的经验与理论。

卷一,是总论,主要讲述教学目标,即"根本工夫"。含"学基"、"文源"、"读书总要",分别论述了学习的根本出发点,文学的渊源和读书的方法与技巧。

卷二,开始分论,重点介绍各类阅读方法。各小节均设小标题显示。

卷三,重点讲钻研的方法,即求学之道。特别突出了"优游渐积"、"专功深造"的方法,还强调深思、下问、切磋等。

卷四,讲书法技巧。

卷五,着重讲文章和作文的方法。

卷六,系写作指导专卷。侧重八股文的写作,其内容与现代作文中的审题立意、布局谋篇、取材剪裁、语言修辞以及作文应试的涵养等有相似之处。

卷七,专论文章写作技巧。举例多为八股文,但侧重揭示了一些写作规律,跌宕起伏、宾主照应等。

卷八、卷九、是八股文作法专论,说明了八股文的命题形式,写作程式与作文的对象,也可以认为是提供学习八股文写作入门的专章。

卷十,专评古文。如评《左传》、《孟子》、《庄子》、《史记》、韩文、欧文等,是分别评论,最后总评。

卷十一,指导古文的读法与作法。并列举科考的各类实用文体。

卷十二，着重讲述诸诗的格式，介绍其来源与特点，如乐府、古诗、近代律诗等。

最后，以"惜书"、"杂论"倡导养成良好的学习习惯和优良的学习作风。

《父师善诱法》与《读书作文谱》应为姊妹篇。两部书为语录体，多数卷有分类标题，每类包括几个语录段。凡列用别人的言论，都在引文前注明"×××曰"，在作者自己的言论前面，也均加上"唐彪曰"，多数用小字。

两书的版本，最早刊刻于康熙年间，系合刻本。现发现的有两种版本：一是只有毛奇龄作序的，写于康熙三十八年(1699)；一是仇兆鳌和毛奇龄两人作序的，仇序写于康熙三十七年(1698)两种版本内容一致，个别条目前后有参差。刻本的扉页均于右上方署"毛西河、韩慕庐、仇沧柱三太史鉴定"，正中大字为"读书作文谱、父师善诱法合刻"，左上方署"瀫水唐翼修辑著"。毛、仇两序在左下方有"学者堂发总"的印记。两种版本均未刻署梓行者。因此，估计这一著作为家刻本，且印过多版。

康熙四十七年(1708)印有文盛敦化堂版：作者署名"瀫水唐彪"，卷首有当时著名学者毛、仇写的序文。

1976年台湾伟文图书出版社有限公司印行两部书的初版。作为"秘籍丛编"，书前有"丛编"序，无毛、仇的序。

1984年岳麓书社出版《读书作文谱》，有仇兆鳌、李国钧序。1992年，华东师大出版社出版《家塾教学法》，由赵伯英、万恒德注。书中有"前言"，对该书的版本、作者、地位、框架内容等作了介绍、附有仇、毛序文，在顺序上，"父"前，"读"后。在体例上，均分类列小标题，每段有简要的注释，一类后有"说明"，实为简评。对某些条目作了调整或删节。这次出版，对该书的研究进了一步，为后来的研究提供了方便。但有些说法，如认为全书是一个指导自学的训练体系，可用于指导自学等，还是应当商榷的。

二、唐彪的作文教学观

唐彪在其著作中，对作文教学有专章论述，其主要观点有：

1. 认为读书是作文的基础

读写结合是我国传统语文教育中的行之有效的经验。实践也证明，只有多读书，读好书，才能学好作文。

唐彪认为："所读之文精，庶几所作之文美矣。"他还引用诸虎男的话："若曾多读，而又得父师良好指点，则书中义理与作文法度了然于心，握笔构思时，自有确然见解，天然议论，出于心手。"否则，"学无根底，识不高远，不置身题上，一题到手，无处非难，安得不畏"。

以上论述，从不同角度阐明了读书与作文的关系。"读书精"、"作文美"直接道出了二者之间的紧密联系。而后两段则从正反两个方面说明读书对作文的意义："多读"，又经"指点"，便能理解把握"书中义理与作文法度"，这便获得了作文的材料与技巧。"构思"议论起来。使得心应手，从而深刻说明读书是作文的基础这一论断。为强调这一观点，又从反面论述，即不读书，无所获，便必然望题生畏了。

这三段话，还含有必须有选择地读（书要精），要多读，有指点的读，才能收到更好的效果。

2. 主张多作常作

唐彪认为，作文应常作、多作。他引用谚语云："读十篇不如做一篇。"进而指出"盖常做到机关熟，题虽甚难，为之亦易；不常作,则理路生,题虽甚易,为之则难"。又引用沈虹野的话:"文章硬涩,由于不熟,不熟,由于不多做,信然。"

　　尽管读是写的基础,这是毋庸置疑的,但就写的效果而言,读十不如写一。这是强调实际"写"的重要性,进而说明"常作"的作用。他所说的"机关",指的是技巧;"理路",即现在常说的"思路"。多作、常作、多实践,技巧就能熟练,思路就能畅通。否则,写起来不熟、费力,写成后的文章则又硬涩难懂。

　　他还透辟地分析了人们不愿多作的原因:在认识上,"学人只喜多读文章,不喜多做文章,不知多读的借人之工夫,多做乃切实求已工夫,其盖相去远也"。在实践上,"人之不乐多做者,大抵因艰难费力之故,不知艰难费力者,由于手笔不熟也。若荒疏之后,作文艰难,每日即写一篇半篇亦无不可,渐演至熟,自然易矣"。

　　唐彪在这里不仅直接揭示了不愿多作的原因:作文艰难费力,而且还指出此感之故,则是"手笔不熟",即未多作所致。并进一步指出解决的办法,即常作、多作,哪怕是"每日一篇半篇"也好,只要坚持不懈,便可能达到由生到熟,由难到易了,畏难之心也必然改变了。这是符合在反复实践中形成写作能力规律的。

　　唐彪还主张集中进行作文训练,能收到良好的效果,他认为:"人生作文,须有数月发愤工夫,而后文章始能大进,盖平常作文,非不用力,然未用紧迫工夫,从心打透,故其获效自浅。心手专一致功,连作一二月,然后心窍开通,灵明焕发,文机增长,自有不可以常理论者。然须请明人详阅,方知是非,不然又无益也。"

　　这里提出了一个专一致功法,让学生集中一段时间进行作文练习,并要求学生要切实下功夫,使之有所突破,探得门路,增强信心,作文能力便得以提高。同时,又指出请明人详阅,把"自求"与"求人"结合起来。无疑,这是一种有效的办法。这大概也是唐氏个人写作、教学的经验之谈。

3. 强调作文前的构思

唐彪认为，在作文教学过程中，作前的构思至关重要。他指出"凡一题到手，必不轻易落笔……思索已遍。然后定一稳当格局：将所有几层意思，宜前者布之于前，宜中者布之于中，宜后与末者布之于后与末。然后举笔疾书，自然有结构，有剪裁，与他人逐段逐句经营者不同矣"。

这是唐彪所主张的临文"体认工夫"，即一题到手，不要急于动笔，而是要先审题布局，弄清整体与部分的关系，形成一定格局，安排好通篇材料，做到全局在胸，方可落笔行文。他反对那种无通盘考虑，即整一句写一句，想一段写一段，挤牙膏式的经营者，因为那是写不好文章的。

当然，构思不单是布局谋篇，而是作文前的一系列思维活动，一般包括：确立主旨，选取材料，安排顺序，选用技法等。所以，不仅是安排结构，但结构是构思活动中的重要内容。至于作文前的构思，历代名家多有生动的实践与精辟论述。如西汉辞赋家司马相如常口含毛笔构思，一赋写成，常含烂数个笔头。而杨雄因作赋构思甚苦，致使夜做噩梦腹破肠出。年青即负盛名的王勃，每作诗文，常蒙被大睡，醒来挥笔疾书，顷刻即成。理论方面，刘勰有《附会篇》，专讲文章的连缀，即文章的篇章结构。清人李渔导倡作文前要做到"袖手于前，始能疾书于后"。鲁迅先生将写文章的过程概括为四句话："静观默察，烂熟于心，凝神结想，一挥而就。"以上活动与言论，均是强调作文前的构思。

所以，唐彪强调作文前的构思，是符合写作训练规律的。也是必要的。而这，也是当前作文训练中的一个薄弱的环节，教师对此缺乏应有的重视与切实有效的指导，事实证明，引导学生掌握作前构思的技巧,培养其构思的能力,是提高学生作文水平极为关键的一步。

4.重视辞章训练

唐彪所谓的辞章,实际是指词句的运用与文风,亦即语言表达问题。他认为,作文不可有意无词,并引用顾泾阳的话说:"意与词相联属者也。意铸矣而词不琢,将并其意而失之……是作文不可有意无词也。"这是从文章的意义与词的关系,说明作文需要讲究辞章。

对文章的修辞还提出很高的要求,他指出"文章修辞一事,不过以凡有文词,贵乎出之以轻松透逸,古雅典确,奇偶相参,虚实长短相间,转掉处以高老雄健佐之,假止势尽处以抑扬顿挫参之,使意尽而余韵悠然,更得平仄谐和,句调协适。文章灿然可观矣"。这对初学者及一般学生只可作为追求的目标。

唐彪十分强调用词,认为用词"锤炼而后精,不锤炼未必能精也。淘洗而后清,不淘洗未必能清也"。他还借顾泾阳的话,指出修辞的方法,"琢词不可无法,短则欲赅,如欧阳公'环滁皆山也'一句,省略许多字而意未尝不尽也;长则欲逸,如昌黎公'若肆马驾轻车就熟路而王良、造父为之先后也',字虽多而逸致动人"。

5.提倡修改文章

唐彪对修改文章的必要性,有不少论述:

他认为"频改"方能入妙:"文章不能一做便精,须频改之,方入妙耳,此意学人不可不知也。"

他主张"细改",即对初稿要作具体细致的修改,并引武叔卿的话:"文章有一笔写成,不加点缀而自工者,此神到之文,尚矣!其次,须精心细改。文章草创已定,便从头至尾一一检点:气有不顺处,须疏之使顺;机有不圆处,须炼之使圆;血脉不贯处,须融之使贯;音节有不叶处,须调之使叶。如此仔细推敲,自然疵病稀少,倘一时潦草,便尔苟安,微疵不去,终为美玉之玷矣。"

他还主张"缓改",即脱稿后,停一段时间再修改。他指出:"凡人做之,心思一时多不能遍到,过数月后,遗漏之义始能见及,故易改也。又当其执着此意,即不能转改他意,异时心意虚平,无所执着,前日所作,有未见是处,俱能辨之,所以易改。"这段话,揭示写作心理活动的发展过程,对修改文章颇有参考价值。他又说:"古人虽云文章则疵病不待人指摘而自能改之,然当其有做就时,疵病亦不能自见,惟过数月始能知之。盖使当时即知,则亦不下笔矣。故当时能确见当改,则改之;不然,且置之。迟数月,取出一观,妍丑了然于心,改之自易。亦惟斯时改之始确耳。"以上论及的缓改之法,对中学生的正常作文难以使用,而高年级的课外练笔与成年人的写作练习,似可用之。

他还主张旧题重作,即"作中改"他说:"作文有深造之法,如文章一次做不佳,迟数月又将此题为之,必有胜境出矣。再作复不佳,再迟数月又将此题为之,必有胜境出矣。"

6.注意教师的指导作用

一是,学生作文前,教师应作必要的指引。他认为:"童子开手,宜先读有用之文,如学问、故事、伦纪、品行之事,则有文料可以取资,不然,腹空之至,将以何物撰写成文。"又说:"童子某时读某类文,即以此类命题课之,则最佳法也。"这便指出作文的命题应结合学生的生活、思想以用所读的文章,使学生作文时有话可说,有法可学。

唐彪认为作前帮助学生审题非常必要。他说:"童子学识疏庸,作文时,题中所有实义,先生宜与讲明。如'学而时习之'一题,内有致知、力行诸义。又凡题有轻重虚实,我虽明教之,而文终属彼自作,使言及无害也。不然,题义不明,将一日之工夫心力,俱付之无用,岂不甚可惜乎?"

　　帮助学生作文前审清题意,准确掌握文题的要求、重点、不致盲目动笔,或苦思不得其解,这样的指导是必要的。但此举,不宜讲得过于具体,也不需每次皆为之。因为容易束缚学生的思维,甚至造成作文的雷同,不利于培养学生的创造思维能力。

　　二是,作文后,学生完成作文后,教师要作恰当的批改。他引用王虚中的话说:"阅童子之文,凡宜随其立意而改之,通畅其气脉字句,极能长发才思。若拘题理而尽改之,则阻挫其才思,以后即不能发出矣。"因此,唐彪认为:"先生于弟子之文,改亦不佳者,宁置之。盖不可改而强改,徒费精神,终不能亲切条畅,学生阅之,反增隔膜之见。惟可改处,宜细心笔削,令有点铁成金之妙,斯善矣。"

　　以上论述,可以看出王虚中主张顺着学生的思路改,顾及文章的立意,反对大批大改,使作文面目全非,势必挫伤学生的积极性。唐彪主张,作文较差者,宁不改,不强改,以免增加隔膜;可改时,则细改,且能点铁成金。他还要求学生反复研究老师的批改,弄清原委,作文方能有明显长进。他提倡"善学者,于改就之文,或涂抹难阅者,宜将自己原本,照旧誊清;先生改者,亦誊于侧,细心推究:我之非处何在? 先生改之,妙处何在? 愈数月,又玩索之,愈玩索再四,则通塞是非之故明,而学识进矣"。

　　综观唐彪有关读书与作文的系列言论,还是体现了我国古代优秀的传统教学经验,对今天的语文教育仍有重要的借鉴意义。当然,在他的著作中的内容还较杂,可谓瑕瑜互见。书中的反应的作者的教育思想,主要是为适应封建社会的需要,教学生读书作文,参加科举考试成为"贤士"、"名臣",也有一些唯心主义的论述等等。但唐彪作为当时一个并不著名的人物,生平事迹也不见经传。特别是当时一般先生只知教书,并不重视教学研究,而他却能较为系统地总结读书作文的种种经验,并归纳整理出两部著作,这确是难能可贵的。尤应指出,两书都引用了古代教育家,著名学者和作家的精辟言论,作为自己主张的依据和佐证,这无疑是对以往宝贵经验的继承与吸收,另一方面,书中的诸多言论,则是个人教学的经验之谈,有的是还具有一些独特的见解,揭示了读书作文的规律,体现了他在教学实践中的研究探索精神,因此,认真研究他的读书作文的论述,既有理论价值,也有实用价值。

十一、梁启超作文教育思想简析

梁启超作为中国近代资产阶级改良主义者、教育家，晚年脱离政界，潜心著述和讲学。他任教时间虽然很短，但对教育，尤其是作文教学特别关注，发表了许多为当时以及后世许多学者所推崇、所折服的深刻见解。早在 1922 年，他就在南京高等师范作了《中学以上作文教学法》的专题讲演，并整理成文，后收入《饮冰室合集》第 15 册。

《作文教学法》是梁启超对作文和作文教学所作的开拓性研究，是我国语文教育史上第一部作文教学法专著，它集中地体现了梁氏的作文教育思想。本文试就其在该书中对作文规律和作文教学一系列问题的阐述，从作文教学的目标、要点和方法三个方面，对梁氏的作文教育思想作些简要分析。

一、明晰的作文教育目标

一般地说，作文教育目标最能体现作文教育的总体特征，也是作文教育思想的核心。

梁氏的作文教育目标，主要从两个方面作了明晰的表述：

一是在文章体裁上，他认为"中学学生以会作应用之文为最重要"。

　　何谓"应用之文"？他有明确的界定。他认为："文章可大体为三种：一记载之文；二论辩之文；三情感之文。"进而指出："作文教学本来三种都应教都应学，但第三种情感之文，美术性含的格外多，算是专门文学家所当有的事。"因此，"中学学生以会作应用之文为最重要"。由此可知，梁氏所认为的"应用之文"，是指记载之文与论辩之文，而对"情感之文"则视为非应用之文。

　　对记载文，他又分为四类：记物（记物件之内容或状态），记地（记地方之形势或风景），记人（记个人言论行事及性格），记事（记事件之原委因果）；对论辩文，则分为说谕、倡导、剖释、质驳、批评五种。他详述了各种文体的写作"规矩"，为作文教学提供了理论依据。

　　梁启超强调中学生练习应用之文，并非完全排斥情感之文，而是为了强调作文教育的重点目标，并与培养人的目标保持一致。

　　在应用之文的教学中，他认为最重要的应是记载之文，即叙事文。他指出"现在学校中作文一科，所作者大率偏重议事文，我以为是很不对的。因为这种教法，在文章不见得容易进步，而在学术上德性上已生出无数恶影响来"。并进而列举了专教论事文的六大弊端。而重视叙事文的训练，则有许多益处：写作记载文，无论记物、记地，抑或记人、记事，都不能凭空编选，而要如实地叙述，这将会养成注重实际的良好习惯；要写叙事文，必须要搜集材料，而且要费力气、动脑筋，这便有助于磨炼学生的意志与性格；在搜集材料的过程中，了解事物的真相及其优劣、因果，则有助于培养学生理解分析问题的能力；叙述的对象有异，通过对事物的分析综合，营构成篇，有助于训练学生布局谋篇的技能。由此看来，梁启超强调记载之文的教学，是考虑到作文不仅训练学生的技能,而且对人的心理、智能、品格等均有塑造的作用,即对人的素质的发展与培养有关。这种文体教学观是有价值的。他对论辩文教学的批评,并非对论辩文体的否定。他曾明确指出"论事文可以磨炼理解力、判断力",而且主张一学年中"一学期教记叙文,一学期教论辩文"。他所极力反对的是那种脱离学生实际,专做、滥做、速做论辩文的教学方法,而对论辩文的功效他是肯定的。

梁启超认定作文教育目标应对学作应用之文具有重要意义的:一是对传统作文教学目标有所突破。宋明以来作文教学训练的是八股文,目的是为了应试,写作的内容又是代圣贤立言。梁氏明确主张学写应用之文,应着眼于作文教学的实用性。目的是为了适应现实生活、工作的急需。这对作文教学文体作了明确的回答。另一方面,则是从学生的实际出发,全面认识作文教学的功能,它不仅能训练学生的写作技能,而且对学生心智的培养也具有重要作用。

二是从文章本身看,他所追求的目标是:求真求达。对学生作文的要求,他认为"最要牢记者仍不外我从前说的求真求达两句话。事迹要真,写出来还要逼真,务要完全达出自己所想讲的"。

所谓"真",是指内容而言。即作文的内容应真实,应照事物的原样说出。梁氏指出"原样有两种,一客观的原样;二主观的原样"。客观的原样,是指事物的客观性,所写事实必须真实确凿;主观的原样,指作者心里头的印象,即人的真情实感,应"毫厘不爽的复现到纸笔上来",也就是"写出来要逼真"。梁启超对学生作文"求真"的要求,是对八股遗风的批判,也是对健康文风的倡导。他要求学生学作文,对事实、对读者都应负严正责任。这是对学生"文德"培养给予足够的重视。这在今天,仍有现实意义。

所谓"达",是对形式的要求,即作文应把要写的内容完全表达出来,而且让别人明白。要做到这一点,文章的结构层次应清晰,叙述应有系统。这不仅是语言形式问题,而且涉及思维问题。而文章是否能达意,则应放到读者中去验证。

梁启超所追求的作文教育目标,既体现了他的作文教学的文体观,也反映了他的作文美学观。

二、突出的作文教育要点

梁启超关于作文教育的内容是系统而全面的。这里,仅摘要加以述评。

(一)注重记载之文的训练

如前所述,梁氏认为"中学生学会应用之文为最重要",而应用文中的记载文,又是重中之重。在《作文教学法》一书的十二讲中,他以八讲的篇幅,讲了记载文的分类与写作原则;记载文的各种作法;并遵循由静到动的顺序,先论述了记物、记地文章的作法,后论述记人、记事文章的作法。其中,又把记事文中的战记作为重点,他认为"记事文最难的莫如记战争,学会记战争,别的文自迎刃而解"。为突破这一难点,他以历史上八次著名战役为例,归纳了战记的通例:就时间而论,每回战争总可分为三大段,"即战前、战时、战后"。而"大率叙战前者居十之七八,叙战时及战后者不过居其二三,因为胜败原因,多半在开火以前便已决定",所以注重战前是普遍原则。梁氏在运用大量例证剖析了记战文的结构原则、通例之后,又设计了十个文题,并作出必要提示,让学生练习。

梁氏在作文教育文体训练中,重点异常鲜明:在应用文中,重点论述了记载文;在记载文中,又具体阐述了记事文的作法;在记事文中,又十分详细地论述了记战文的结构通例与作法。这除了受讲课时间制约外,主要应视为作文教育思想的体现,即文体训练中的重点相当明确、具体、科学,也便于操作。

(二)强调文章结构的教学

梁启超十分重视文章结构的教学,他认为"教人作文当以结构为主",而他在该书中,"专从全篇结构上讲",着重"根据科学方法研究文章结构之原则,令学生对于作文技术得有规矩准绳以为上达之基础"。

为阐明这一问题,梁氏在第二讲中,首先引用孟子的话:"能与人规矩,不能使人巧。"并据此进行剖析:"如何才能作成一篇文章,这是规矩范围内事,规矩是可以教可以学的。我不敢说,懂了规矩之后便会巧,然而敢说,懂了规矩之后,便有巧的可能性,又敢说不懂规矩的人,绝对不会巧,无规矩的,绝对不算巧。"

这里所讲的"规矩",即结构文章的法度、原则。认为"规矩是可以教可以学的",这对传统作文教育学中的"不可知论"是一个突破。传统作文教育靠模仿和实践中的感悟去体察为文之妙,而不重视写作知识、规律的传授。因而,使学生在作文活动中具有很大的盲目性。梁启超则明确主张:作文是有"规矩"可循的,而"规矩是可以教可以学的"。在此基础上,他又论述了"规矩"与"巧"的关系,重点还在于强调"规矩"的重要,并作为自己讲授的重点。

进而,提出结构一篇文章最低限度的要求,是"该说的话或要说的话不多不少照原样说出，令读者完全了解我的意思"。这实是对一篇妥当文章的要求，涉及内容与形式两个方面。对此，他又作了具体分析。

所谓"该说的话""是构成文章的必要的原料"，而材料的取舍，"要相题而定"——要看时间与作者、读者地位如何。

所谓"要说的话照原样说出"，从客观上，所写事实应确凿，叙述要忠实；从主观上，要有真情实感，要与事实相吻合。而要真正做到"照原样说出"，以要善于驾驭材料，叙述要有系统；二要分清主从，妥为组织材料。

所谓"令读者完全了解"，指是否"完全达出自己所想讲的"，即通过读者能否接受来验证文章表达得如何。

梁启超强调文章结构的教学，研究文章结构的原则，实是揭示作文的规律与学习作文的规律，给学生以作文的规矩准绳，这对学生的实践有重要指导作用。

（三）重视理清思路的训练

作文教学中，训练学生的语言表达能力是必要的，但更应重视学生思维能力的训练。对此，梁启超异常重视。他认为，要避免对众多材料苦于无法驾驭，"最要紧的把思想理出个系统来，然后将材料分种类分层次令它配搭得宜"。"把思想理出个系统"，就是要理清思路。只有思路清晰了，作文才可能有层次、有条理，读者也才能了解。因此，作文教学中，应当把思路训练视为头等大事。

如何训练呢？他指出："未动笔前，先要观察事实和事实的关系，究竟有多少处主要脉络，把全篇组织先理出个系统，然后一切材料能由我自由驾驭。"这样，既教给理清思路的步骤，又培养了学生的思维能力。

三、科学的作文教育方法

梁启超研究作文教育的方法,也是科学的,主要表现在:

(一)从作文法到作文教学法

梁氏先着力于作文法的研究,诸如对文章构造之原则与要求。记载文的分类、写作原则,各类文体具体作法等等,均作了较为系统深入的探讨,这便为教师准备了作文教学的理论,丰富了作文教学的内容。事实也证明,只有教师真正弄清文章构造的原则和作文的规律,对学生作文的指导,才能是切实的,有效的。

在阐明作文法之后,进而研究如何运用到教学中去,即在教学中如何操作。如在对记战文作了全面研究得出结论后,便具体指出如何指导学生进行练习。从全篇看,前十一讲侧重讲作文法,最后一讲,集中扼要的泛论作文教学法。

这样,先研究作文法,便有了基础,这也是根本,再研究作文教学法,便落实了如何运作。

(二)以范文为例,使学生明确结构文章的法度

记事文是记载文中最难的一种,而记战文又是记事文中最难的一种。对于如何有效的理解掌握记战文的构造原则与作法,梁氏作了必要的理论阐释之后,列举了历史上八次著名战役,并逐一作了分析。从而概括出记战文的结构通例。这样,不仅使学生较快的掌握了记战文的一般组织构造和各部分的内容及其所占比重,而且训练了学生结构文章的技能。

(三)总论教学法概要

梁氏不仅对作文法有深入研究,而且对作文教学法既有总体构思,又有具体安排。如一学年的教学计划应按文体穿插、循环安排;一学期开始要上导言课,帮助学生了解本学期训练的重点;教师在具体指导时,要引导学生自学,要注意方式的多样化;对范文应精心选用;作文的次数不宜过多,重在使学生得到益处;命题应贴近学生生活,课外应练习札记等。这些论述虽简略,但对实施作文教学都有具体有效的作用。

作为晚清著名的教育家、政治家,梁启超对中学作文教学的研究,是系统全面的。他从社会需求、文章构成、学生基础出发,对作文教育的目标、内容和方法进行深入的研究。尽管他的认识可能有些局限,但其对作文教育的一系列见解还是值得我们认真继承与发扬的。

(本文写于 2004 年)

十二、黎锦熙的作文教学构想与改革

　　黎锦熙（1890—1978），字劭西，湖南湘潭人。我国第一代研究现代汉语语法的著名语言学家，现代语文教学法奠基者之一。在现代汉语语法方面有突出贡献，对我国中小学语文教学与改革，也做出过重要贡献。他在语文教学领域里的探索，主要体现在教材和教法两个方面。教材的编选，把《西游记》的某些篇章改编成课文；选入自然科学知识短文等。这在当时，是有突破性的。

　　有关语文教学方面的专著有：

　　一是，1924年，商务印书馆出版发行的《新著国语教学法》，具有较为严整的科学体系，是我国当前见到的最早的一部语文教学法专著。它的问世，标志着我国语文教学理论研究已进入一个新的阶段，是语文教学发展史上的一座里程碑。

　　二是，1950年，北京师范大学出版部出版的《新国文教学法》全面提出了语文教学改革的方案，并几经修订，相继付诸实践。这部书的内容（方案），1938年拟订，40年代修订，50年代初再修订并正式出版。由此也不难看出他对语文教改研究的严谨态度与科学精神。

　　这两部书中，对中小学的作文教学都有专章论述和改革的具体设想，并紧密结合实际使论述更为系统，设想更为科学、完善。

现就其作文教学的构想与改革,分别阐述于下。

一、作文教学的整体构想

黎锦熙的作文教学整体构想,主要表现在其《新著国语教学法》中的有关论述中,它包括作文教学的宗旨、内容与方法三个方面。

1.作文教学的宗旨

黎锦熙认定,语文科学的性质是"表情达意"的工具,把作文视为"发表",其宗旨为:

在语文形式方面,培养学生具有语言与文字发表己意的能力,即能说(话法)能作(作法)。能写(书法),以适应社交上的应用。

在心意方面,使学生扩充知识与经验,启发想象与思想,涵养感性与德性,辅以锻炼人格,养成个性与兴趣。

后者,从心意上,即从实质上、思想上的要求,应使国语学科的整体目标,作为国语学科组成部分的作文教学也必然要肩负着这方面的任务。这取决于对学科性质的正确全面的认识。因此,作文训练的宗旨,不仅要培养学生"发表己意"的能力,而且还要启发智德。

2.作文教学的内容

该书第六章的"国语文法与缀法",对此有专门的论述与说明。

缀法即作文。在小学国语科的作文,向来称缀法。据说,这是从日本寻常小学的课程中沿袭而来的,可"缀法"一词,其来已久。《汉书·贾谊传》中有"年十八,以能诵诗书、属文称于郡中"

的记述。"属文"即"缀文",缀与属,是一声之转,"属书"即所谓"属字"即"辑字以成文也"。但在当时的法令中,则明确称"作文"。

在该章的第二节,明确列出各年级缀法的课程纲要,并以小学为例,分学年编写了训练的内容与指导重点。

一、二学年,主要是训练简单的语言记录与发表。三、四学年,实用文体的设计与训练,如通信、条告、记录以及说明文等。有三个要点:一是用设计法,即先对有关实用文作出具体设计,明确写作格式要求,再作练习。二是,注意初级作文的两个要素,即真切——"不以词害意";迅速——"不以意害词"。三是,依文法指导并矫正错误,重视语言的规范。

第五、六学年中,要进行实用文、记叙文、说明文与议论文的作法研究与练习设计。首先就四种文体略作说明,进而指出训练重点。

实用文,如书信、契约、公文等,只须从文法与修辞法上指导。强调运用通行的文体,改良旧式。因此,实用文的训练,应以"实用"为第一要义。

记叙文,主张观察以占有事实,次讨论对已有事实的认识,再出题,以使题目源于事实。他反对只凭空在教室里临时命题,使学生茫然失措。所以,记叙文的训练,重在客观的描写,以"真实"为第一要义。

说明文,重在科学的分析与说明,训练应以"有条理"为第一要义。

议论文,议论的要点,重在批评,训练应以"有见解"为第一要义。

以上对作文教学内容的安排,有两个明显的特点:一是,以文体为序,由简单的语言运用,到实用文,再到其他常用文体;二是以知识为纲,明确不同文体指导的重点,有正面的明确的要求,如三、四年级的两要素;五、六年级常用文体训练的"第一义"。也有反面的恰当的应注意之点,如命题应充分顾及学生的实际。

3.作文教学的方法

该章的第三节为"缀法教学的要项和实例",明确指出缀法教学的基本方法,并举实例印证。

关于缀法教学的要项

一是缀法外的缀法,指话法中的缀法,如讲演、辩论;读法中的缀法,如表演、演剧等。

二是,共同构成作品,如实用的启事、公告、契约、记叙文以及剧本的编写。"共同构成"有一定的程序:首先决定目的,次即事实和材料的观察或搜集,再即共同讨论,这些材料中应该记述的要点与方法;再次即进入即述或各自拟稿,或一个人主拟再大家相助;随即进行批评指正;最后,按照初定的目的去应用。

三是,作文的艺术化。作文的语言运用应更为准确、生动、形象、感人。

黎氏对作文教学方法的构想,从语文教学的整体与学生实际作综合研究:不仅就缀法本身考虑,而是与话法、读法等结合起来考虑,还要注意理论的阐述与实例的列举相结合,更要充分顾及学生的心理特征与思维规律。

综上所述,黎锦熙对作文教学的整体构想,能做到如此全面、系统、科学,实属空前。构想的形成,继承了我国传统语文教育的精华所在,又吸收了国外的有效经验,还有自己的独特见解,由此,不难看出对作文教学的理论研究与实践探索达到相当高的水平,对当时的语文界有重要的影响。

二、作文教学的改革设计

黎氏在《新国文教学法》中,对作文教学改革的方案有专门的设计与论述。

1.作文教学改革的原则,他提出了三条:

(1)写作重于讲读

由于教员负担太重,时间不足,因而对学生的作文指导与批改,表现轻忽。他认为中学生运用语言能力的提高,主要应凭借各种形式的写作练习,只靠讲读是远远不够的。只有通过自己的写作,通过写作过程中的思索、推敲、揣摩、修改等,才能真正体会到语言运用的规律以及其中的甘苦。这是提出"写作重于讲读"原则的依据。

据说,美国一位教育家做先写作后讲读的实验,也取得良好的效果。

(2)改错先于求美

他认为,作文训练应先求"通",再求"美"。求通,就要设法纠正各种不同的说法、作法,这就是改错。改正错误而求得大体通达,这是写文章的基本功。在此基础上再求美,求得文章富有美感,富有吸引力。作为基础,他十分重视改错工作,并据此提出符号批评法,设计"错误订正表",认为此举的要义有二:一是使学生自省自改,方能不贰过,否则,错误成了习惯,就不易转移;二是制定公布四种错误订正表,那是师生合作,共同发现不足,分析原因,探寻改进途径。

(3)日札优于作文

除一般作文外,他极力倡导养成学生写"修养日记"和"读书札记"的能力与习惯,并认为,对培养学生的实际写作能力,后者的效能更大些,即日札优于作文。

这三条原则,正确解释了语文教学中写作与讲读、训练中的求通与求实以及课内作文与课外写作的关系。这既有认识问题,也有方法安排问题。他据此拟定了改革的具体方案

2.作文教学改革的设想

这个设想,实是一个方案,见于《新国文教学法》,1938年修订,1946年修改发表,1950年再次修订出版。

这个设想(方案)共分三个部分。

其一,写作前的准备条件。

主要解决几个认识问题。

(1)"通"与"美"的标准及其指导和认识。通与美是思想表达的正确方式与技巧,属"作法"和"修辞学"的范围,与逻辑学文艺学有关。应与讲读结合有关教材予以指导。

(2)字体和词汇错误的矫正与通融。此属"文字学"、"语言学"的范围,讲读应涉及,重心在批改。

(3)出题法及作文前的指导。使用"作文法",随即予以指导。

其二,写作时的批改过程和写作后的错误检讨。

设想对作文批改与指导,共列出九条办法:

一是,批改中小学与专科以上学生作文都应采用一定的符号,先让学生自行修改。即采用"符号批改法"。

二是,运用批改符号,要用红色笔,标在作文中相关字句的右旁。所用符号,务求简明。方案共设计五种错误及符号与有关说明,这五种错误是:字体、文法、事实、思维与一般错误。

三是,教师可加批语或圈点赞赏,但当改处都不可以改,而要标明符号,让学生自改。

四是，标明符号后，让学生自改，限定改毕上交，教师核正记分。

五是，每次作文，教师指定公布四种错误表：字体错误表（简称错字表）、文法错误表、事实错误表、思维错误表。对每项错误表的使用要求是：记出实例、系统分类、分析错误原因。

六是，除表一外，其余将错误归类分布。

七是，相同错误的标注。

八是，建立"学生写作错误登记表"。

九是，期末将"错误表"、"登记表"汇总，制成统计表并加评断，提出改进方案，师生集体发表论文或专著。

3.修养日记与读书札记的写作

修养日记，是记述自己生活中的点滴感受与体会，他指出"日记应逐日以睡前写毕为原则，以对自己生活反省与认识为宗旨，以每日起居、行动、思想、言语、治学、应事与待人等为内容"。

读书札记，记自己听讲或阅读中的体会与心得。一事一条，长短不论，贵在坚持。要求每条眉端标上分类符号。他规定：零为总部、一哲学、二宗教、三社会科学、四语言学、五自然科学、六应用科学、七艺术、八文学、九史地。并要求满一学期或一学年，即可按标类号码，检辑同类条目，积成单篇，分标题目，如顾炎武的《日知录》。积久即为各种专题研究论文之资料。这是把阅读、写作与积累资料三者有机结合起来，其作用将定然大大超出一般作文了。

黎氏关于作文教学改革的原则是可取的，设想也相当精准、具体，若能认真做起来，定有收获，但有的指导过于烦琐，不易落实，且工作量大，不易坚持，而让学生长时间地进行改错、纠正，极易挫伤其积极性，不利于写作兴趣的培养与作文水平的提高。

　　但有一点应特别提及：这个改革设想融进了黎氏因专业特点或专业偏爱而产生的特殊见解，作为一个杰出的语言学家，具有严谨治学态度的科学家的品格，精心设计了这一改革举措，除关注青年学生对汉民族语言运用规律掌握外，也有意识地注重培养青年一代独立进行科研的能力与习惯。这，确实是难能可贵的。

十三、叶圣陶的作文教育思想撮要

叶圣陶(1894—1988),名绍钧,江苏苏州人。我国著名的语文教育家、现代作家、语言学家。

他从1912年起,即从事语文教学与编辑出版工作,前后达七十余年。他在语文教学、教材编写、汉语规范化、文字改革、普通话推广等方面,发表了许多独到见解。其著作二十部,论文近百篇。为语文教育事业的发展做出了极为重要的贡献。

吕叔湘先生认为,叶圣老的语文教育思想主要有两点:一是关于语文学科的性质,认为语文是工具,是人生日用不可缺少的工具;二是关于语文教学的任务,认为教语文是帮助学生养成使用语文的良好习惯。

叶圣老大力倡导的"教,是为了达到不需要教"集中概括了他的语文教育思想,一般均认为,是其语文教育思想的核心。而在作文教学目标方面,他力主学生"自然作文"、"自然改文"。

叶圣陶的作文教育思想,博大精深,主要有以下几个方面。

一、作文主体说

叶圣陶很注重作文主体的文德修养,核心是"求诚"。他在《作文论》中指出:"我们作文,要写出诚实的、自己的话。"他认为,从作文本体的价值取向上看,所谓"求诚",应使"假若有所表白,这当是有关人间事情的,则必须合于事理的真际,且乎生活的实况;假若有所感受,这当是不倾吐不舒快的,则必须在于内心的郁积,发乎性情的自然"。这种要求,可以称为"求诚"。

作文上的"求诚","从原材料讲,要是真实的,深厚的,不可说那些不可征验言、浮游无着的话;从写作讲,要是诚恳的,严肃的,不取那些油滑轻薄、卑鄙的态度。"

这里,是把"求诚"分为"内求"与"外求"两个方面。所谓"外求",即对客体对象的真切把握,亦即要材料真实、深厚;所谓"内求",是对主体的严格自律,即诚恳、严肃。

如何"求诚"? 他认为关键在于"生活充实"。"充实"的含义,"应是阅历得广,明白得多,有发现的能力,有推断的方法,性情丰厚,兴趣饶富,内外合一,即知即行"。

进而提出两个致力的目标:训练思想与培养感情。

从生活、从经验出发,训练思想、培养感情,做到内外同致,知行合一,做到有真情实感,方能写出"诚实的话"。

从教学看,训练学生写作,必须注重倾吐的积蓄,这是"求诚"的基础。也就是说,作文教学必须为学生"求诚"创造条件,让他们有积蓄可倾吐。

理解叶圣陶的"求诚"说,实是"作文与做人的统一"因此,作文训练应一戒泛论"修德"、"做人",而扩大作文教育的任务;二戒片面强调思想性,而趋迎时势,任意被拔高。以免使学生"说真话进来,说假话出去。"

二、作文"目的"说

叶圣陶认为,作文教育应以"应需"为首务,而不应以"应试"为目的。

他指出:"尽量运用文字,并不是生活上一种奢侈的要术,实是现代公民所必须具有的一种生活能力。"这是一种极具现代意识的作文教育观念:把作文视为人的一种生活能力,不是一种外在的要求,而是应生活之需,切生活之用。他的作文教育目的观就是建立在这一认识基础上的。他还明确指出:"练习作文是为了一辈子学习的需要,工作的需要,生活的需要,并不是为了应付升学考试的需要,也不是为了当专业的作家。"并指出,而"生活中的考试较之升学考试要多得多"。

据此,他力主课内外作文,均应立足于"应需",即切实做到让学生作文时,"叙非叙不可之事物,发非吐不可之议论"。这便把练习与应需二者统一起来。

为了把练习与应需结合起来,他主张教师作文训练中应注意做到"三问":

学生的训练是不是适应他的当前所有的积蓄?要多方诱导,使之全拿出来。

文题是不是切近他们的生活?

作文是不是认为非常自然地不做不快的事?不是为老师去做。

当前,作文训练则完全是为了"应试",而且成了定律,固然,练习作文的一部分任务是为了"应试",但更重要、更主要的,还应为了"应需"。

三、作文"自悟"说

叶圣陶认为,"写作是技能,不宜视作知识,宜于在实践中练习,自悟其理法",宜"令学生自求得之"。

因而,他主张作文教学中应让学生"亲知",即应尽多的"自悟"。

他否定"读"而"知",仅看作文法不行,临写作文,而去阅读这类书,则无实益。

他也否认"讲"而"知",对作文知识不讲,对范文写法不讲,而应是让学生"自悟"。

据此,叶圣陶倡导教师训练作文时,应"下水",即写"下水文",与学生同题作文,以亲自体验写作的甘苦以及作文的章法、技法。这样,才可能在作文训练中有效地培养学生的"自悟"能力。

叶圣陶强调"自悟"在实践练习中形成能力,不做过多地讲授知识,不做过细的指导是正确的。但如完全靠学生"自悟",似欠科学。

四、作文"创造"说

叶圣陶重视阅读对写作的作用,并认为是"吸收"与"倾吐"的关系。但从阅读中体会写作规律与方法,并非只是为了模仿,而应立足于创造。

他认为作文同于绘画中的临摹与写生,即"学写文章也有临摹的方法:熟读若干范文,然后动手试作,这是临摹;在准备动手时，翻看一些范文作参考，也是临摹。另外一个办法是不管读过什么文章，直接写出自己的所见所闻所感所思……这就是写生的办法"。

在实际训练中，他主张应以"写生为主"，"临摹"为辅。"临摹"训练的是模仿力；而"写生，训练的是创造力"。

他认为阅读是写作的基础，"但写作时，愈不把阅读的文章，放在心上愈好。阅读的文章并不是写作材料的仓库，尤其不是写作的模式"。

因此，他主张作文时"借鉴"。他指出："借鉴就是自己处于主动地位，活用人家的方法，而不为人家的方法所拘。为了恰当地表达思想感情的需要，利用人家的方法不妨斟酌损益，取长补短，还可创立自己的写法。"

所以，他力主作文训练要立足于创造。应从模仿性、求同性向创造性、求异性转型，让学生处于主动地位，势在必行。

五、作文"求通"、"求好"说

叶圣陶认为，所谓"通"，是指"'词'使用得适合，'篇章'组织得调顺，便是'通'。反过来，'词'使用得乖谬，'篇章'组织得错乱，便是'不通'"。他还说，"这里说的'通'与'不通'，专就文字而言，是假定内面的意思情感没有什么毛病。其实思想感情方面的毛病尤其要避免"。

以上所述，应视为对作文的最低要求。还应进一步"求好"。

"好"的标准是"诚实"与"精密"。

"诚实"是指作者的态度和文章的内容而言。他指出"'诚实'是'有什么说什么'或者是'内面怎么想怎么感，笔下就怎么写'"。

　　"精密"是指表达而言："文字里有作者深刻地发生的、亲切地感受到的意思情感，而写出时又能不偏失它的本质。"因此，要求切实做到"诚实"地观察事物，"精密"地表达情感。

　　"通"与"好"，都应是语言形式与思想内容的统一。他指出："语言系统杂乱无章就是思想杂乱无章。""说他写得好，不如说他想的好尤为贴切。"这对建立科学的测评标准至关重要。

　　目前，某些作文测评标将分别为：内容、语言、结构三项，分别划定相应的分数，并把语言强调为最重要。这在大规模的选择性的评阅试卷时，如"高考"、"中考"，便于掌握标准，减少评分误差，是有作用的。但，写作是一个创造精神活动和情感思想艺术化的过程，十分注重内容与形式的有机统一。如过于强调"文从字顺"，甚至建立"以语言训练为中心"的教学体系，实是把作文变为一种简单的文字符号的编码技术。这是不可取的。

主要参考书目

1. 王雨田主编：《控制论、信息论、系统科学与哲学》，中国人民大学出版社 1986 年版。

2. 文早：《系统科学与文学》，辽宁大学出版社 1986 年版。

3. 高振荣等：《信息论、系统论、控制论 120 题》，解放军出版社 1987 年版。

4. 查有梁：《系统科学与教育》，人民教育出版社 1993 年版。

5. ［德］恩格斯：《反杜林论》，人民出版社 1971 年版。

6. ［德］恩格斯：《自然辩证法》，人民出版社 1971 年版。

7. 陈依元：《走向系统、控制、信息时代》，人民出版社 1988 年版。

8. 黄麟雏等：《系统思想与方法》，人民出版社 1984 年版。

9. 叶圣陶：《叶圣陶语文教育论集》，教育科学出版社 1980 年版。

10. 张鸿苓主编：《语文教育学》，北京师范大学出版社 1993 年版。

11. 臧乐源主编：《教师学》，天津人民出版社 1987 年版。

12. 赵洪海等：《面向 21 世纪中小学素质教育论纲》，山东教育出版社 1996 年版。

13. 朱绍禹主编：《中学语文教材概观》，人民教育出版社 1997 年版。

14. 黄光硕：《语文教材论》，人民教育出版社 1996 年版。

15. 国家基础教育司主编：《语文教学大纲学习指导（供实验用）》，人民教育出版社 1997 年版。

16. 陈菊先主编:《语文教育学》,华中师范大学出版社 1994 年版。

17. 颜泽贤、赵铁明:《教育系统论》,河南教育出版社 1991 年版。

18. 中国大百科全书:《教育卷》,中国大百科全书出版社 1985 年版。

19. 张隆华主编:《中国语文教育史纲》,湖南师大出版社 1991 年版。

20.《实用语文教学词典》,天津出版社 1989 年版。

21.《阅读辞典》,四川辞书出版社 1988 年版。

22. 朱熹:《训学斋规》。

23. 叶圣陶:《语文教学二十韵》。

24. 舒新城编:《中国近代史教育资料》(中册),人民教育出版社 1961 年版。

25.《朱自清论语文教育》,河南教育出版社 1985 年版。

26. [苏]彼得罗夫斯基主编:《普通心理学》,人民教育出版社 1981 年版。

27. [苏]斯米尔诺夫总主编:《心理学》,人民教育出版社 1957 年版。

28. 朱绍禹编著:《中学语文教学法》,高等教育出版社 1988 年版。

29. 徐同主编:《外国语文教学概况》,希望出版社 1986 年版。

30. 于亚中主编:《高中作文指导》(第 1 册),东北师范大学出版社 1986 年版。

31. 张隆华、曾仲珊:《中国古代语文教育史》,四川教育出版社 1995 年版。

32. 李杏保、顾黄初:《中国现代语文教育史》,四川教育出版社 1997 年版。

附录：个人著作目录

一、参编著作：

1. 张广岩主编：《中学语文教材教法（上）》，天津教育出版社，1987年3月。

2. 杨殿奎、吴心田主编：《语文学习大全》，山东教育出版社，1990年10月。

3. 张广岩、郭术敏主编：《中学语文教育学》，青岛海洋大学出版社，1991年6月。

4. 高更生、王立廷主编：《现代汉语3500常用字字典》，山东教育出版社，1992年4月。香港、新加坡、马来西亚智力出版社重印出版

5. 曹明海主编：《整体与圆识——语文教学系统论》，青岛海洋大学出版社，1998年6月。

6. 郭玉锋主编：《筑梦之路——六十载成教往事》，山东人民出版社，2016年12月。

二、主编著作：

1. 朱本轩、冯守仲主编：《中学语文教材研究》，青岛海洋大学出版社，1991年4月。

2.冯中一、朱本轩主编:《中国当代文学史论》,青岛海洋大学出版社,1994 年 12 月。

3.《现代汉语专题研究》,青岛海洋大学出版社,1995 年 7 月。

4.《古代汉语专题教程》,青岛海洋大学出版社,1996 年 3 月。

5.《中国古代文学分体研究(诗歌、散文卷)》,青岛海洋大学出版社,1996 年 5 月。

6.《中国古代文学分体研究(戏曲、小说卷)》,青岛海洋大学出版社,1996 年 5 月。

7.《古代写作学概论》,青岛海洋大学出版社,1995 年 7 月。

8.《外国文学专题研究》,青岛海洋大学出版社,1997 年 1 月。

9.《美学通论》,青岛海洋大学出版社,1997 年 1 月。

10.《语言学概论》,青岛海洋大学出版社,1997 年 8 月。

11.《中国现代文学史论》,青岛海洋大学出版社,1995 年 6 月。

三、副主编著作

1.冯中一主编《语文教学专题研究》,青岛海洋大学出版社,1994 年 7 月。

2.曹明海主编《新世纪语文教师发展丛书》

　(1)理解与建构

　　　——语文阅读活动论

　(2)营构与创造

　　　——语文教学策略论

　(3)感应与塑造

　　　——语文审美教育论

　(4)追问与发现

　　　——语文学习心理论

(5)整体与圆识

　　——语文教学系统论

(6)存在与发展

　　——语文教学生态论

青岛海洋大学出版社,1998 年版。

后　记

这本《语文教育论稿》，所以能在较短时间内编辑成书付梓，首先，我要感谢昔日的学生、后来的同事、现文学院博导和山东师大文科学报（已入选 C 刊）主编李宗刚教授。在酷暑中，宗刚肩负着繁忙的任务，还亲自动手组织并认真定稿，这才使得昔日已经不甚完整的文字以较为完整的面貌呈现给读者。对此，我由衷地表示感谢。

其次，我感谢所从事的教育事业，尤其是语文教学工作。我从 1951 年教小学生注音字母、识字写字，到 2002 年参与毕业论文答辩送走我所带的最后一批硕士研究生，整整经历了五十一个年头。在这半个世纪的岁月里，我目睹了我国教育事业的迅速发展，亲身经历了语文教学工作的演变与改革。同时，也亲身体验了孔老夫子所讲的"教学相长"，切实尝到了这方面的甜头。正是在逐步提升学段的过程中，为适应教学的需要，我发奋读书，勤于思考，尽力备课，认真上课，使自己在学与教的活动中，得到锻炼与提升。从小学教员到大学教授的转换过程中，我就是这样一步一步地走过来的。从小学阶段开始，特别到高中、大学（我的课主要在大学四年级，后又带硕士研究生）阶段，我几乎把全部精力都投入教学工作中，日日夜夜忙于读书、思考、备课、上课。20 世纪 90 年代，我患上了眼疾，做了手术，后又遵命参与中文系的教学管理与创收工作,因而,用于著书撰文的时间就少了,科研方面的成果也就不多了。当然,通过教学,在同志们的帮助下,也参与了多部书的编写,担任了十多部教材与专著的主编、副主编,也写了一些论文,《论稿》便是在这个基础上编辑成书的。

再次,我要感谢我的学生。从 20 世纪 50 年代的小学生,到六七十年代的中学生,再到八九十年代的大学生,他们对我都很尊重,我也很热爱他们。虽然我的工作能力与学术水平有限,各方面的工作做得不够好,但依然得到他们的爱戴与信赖,也得到了他们不少的宽容与谅解。这是我一直深受感动并铭记心头的。至今,还与不少的学生保持着联系。有的学生建议我,能给他们留下点什么,譬如写自传、出本书等等。这本小书也算是给他们的一个回应吧。

在此还有三点需要说明:一是“下编”中最后几篇文章是我研究几位语文教育大家的。这组文章是在我为硕士研究生讲授“中国语文教育史”和本科生的专题选修课所用讲稿的基础上写成的。当时,为了备课,我参阅了多位前贤与同行的著作,吸收了他们的某些研究成果,因当时未能一一注明,现已过了二十多年,也不好查找了。尽管在“主要参考书目”中有所涉及,但可能挂一漏万,不能一一确切注明了。在此,我对他们表示真诚的谢意与深深的歉意。二是中国教育学会语文学习专业委员会第一副理事长兼学术委员会主任、语文教育专业委员会常务理事、中国阅读学会副会长、文学院博导曹明海教授为本选集撰写了长篇序言,真是非常感谢。三是感谢山东师范大学文学院领导的支持,本书得到了文学院的山东省双一流学科山东师范大学文学院中国语言文学学科建设经费资助。这些都是我永远铭记在心的。

　　《论稿》中的有些文章是急就章,缺乏深入的研究与精心写作,加以水平有限,其中的问题与错误定有不少,恳请阅读此书的诸君多多批评指正。

朱本轩

2018 年 9 月 5 日